"十四五"职业教育江苏省规划教材

高等职业教育"互联网+"道路桥梁工程技术专业系列教材

桥涵工程施工技术

主　编　温　巍　杨化奎

副主编　芦　军　胥民尧　刘伟宏

参　编　陆近涛　吴　凡　崔　灿

　　　　张文佳　张太玥　季海东

主　审　严　军　魏建军

南京大学出版社

图书在版编目(CIP)数据

桥涵工程施工技术 / 温巍,杨化奎主编. —南京:
南京大学出版社,2020.5(2022.7 重印)
 ISBN 978-7-305-23014-1

 Ⅰ.①桥… Ⅱ.①温… ②杨… Ⅲ.①桥涵工程—工
程施工—教材 Ⅳ.①U445.4

中国版本图书馆 CIP 数据核字(2020)第 037287 号

出版发行 南京大学出版社
社　　址 南京市汉口路 22 号　　　　邮编　210093
出 版 人 金鑫荣

书　　名 **桥涵工程施工技术**
主　　编 温　巍 杨化奎
责任编辑 朱彦霖　　　　　　　　　　编辑热线 025-83597482

照　　排 南京开卷文化传媒有限公司
印　　刷 南京人文印务有限公司
开　　本 787×1 092　1/16　印张 16.75　字数 410 千
版　　次 2022 年 7 月第 1 版第 2 次印刷
ISBN 978-7-305-23014-1

定　　价 48.00 元
网　　址:http://www.njupco.com
官方微博:http://weibo.com/njupco
微信服务号:njuyuexue
销售咨询热线:(025)83594756

前　言

　　《桥涵工程施工技术》是在国家职业教育改革实施方案出台背景下,为深入探索校企合作、产教融合的人才培养模式,按照企业需求构建的基于路桥工程施工过程的课程体系下的一门专业课程,是道路桥梁工程技术、市政工程技术、城市轨道交通工程技术等专业的核心课程之一。

　　教材根据高职院校的专业标准,坚持"以综合素质培养为基础,以能力培养为主线"的指导思想,紧紧围绕人才培养目标,依据本岗位典型工作任务对职业能力的需求确定教材内容的知识点、技能点和素质要求点,注重对学生自学能力、创新精神和实践技能的培养。

　　教材内容涉及施工准备与桥位测量、桥梁下部结构施工及桥梁上部结构施工等方面共6个学习情境,22个工作任务。具体内容包括学习情境一施工准备与桥位测量、学习情境二桥梁下部结构施工、学习情境三桥梁上部结构施工、学习情境四桥面系施工、学习情境五涵洞施工及学习情境六轻轨桥梁及寒区桥梁施工,使学生在掌握桥涵工程施工技术的同时,还能够进行桥梁工程施工质量控制与管理,并且在工程出现质量通病时,能够合理进行处治。

　　全书由江苏工程职业技术学院温巍、杨化奎担任主编,负责教材统稿和定稿工作,并负责编写学习情境一、学习情境二任务1~6、学习情境三、学习情境六;由江苏建筑职业技术学院芦军、盐城工业职业技术学院胥民尧、江苏工程职业技术学院刘伟宏担任副主编,负责实践性内容的操作性审核,并参与学习情境二任务7、任务8,学习情境三任务1、任务3的编写;江苏工程职业技术学院陆近涛参与学习情境四任务1、任务2的编写,吴凡参与学习情境四任务3的编写,崔灿参与学习情境五任务1的编写,张文佳参与学习情境五任务2的编写,张太玥参与学习情境五任务3的编写,南通市江海公路工程有限公司季海东参与学习情境五任务4的编写。本书在编写过程中得到了哈尔滨职业技术学院王天成教授、王瑞雪教授、南通市江海公路工程有限公司总经理严军正高级工程师、常州工程职业技术学院魏建军教授等的大力支持和悉心指导,全书由严军和魏建军担任主审,提出了很多宝贵意见和建议,在此深表感谢。

　　由于编写时间仓促,加之水平所限,书中错漏之处难免,敬请专家、读者多提宝贵意见,以便我们不断改进和完善。

编　者

2020 年 3 月

目 录

学习情境一　施工准备与桥位测量 …………………………………………… 1

任务单 ……………………………………………………………………… 1

信息单 ……………………………………………………………………… 2

任务1　桥梁施工准备 …………………………………………………… 3

任务2　桥位施工测量 …………………………………………………… 7

学习情境二　桥梁下部结构施工 ……………………………………………… 11

任务单 ……………………………………………………………………… 11

信息单 ……………………………………………………………………… 13

任务1　基础的类型 ……………………………………………………… 15

任务2　扩大基础施工 …………………………………………………… 16

任务3　桩基础施工 ……………………………………………………… 27

任务4　沉井基础施工 …………………………………………………… 38

任务5　桥梁墩、台构造 ………………………………………………… 42

任务6　圬工墩、台施工 ………………………………………………… 51

任务7　混凝土墩、台施工 ……………………………………………… 56

任务8　桥台附属工程施工 ……………………………………………… 61

学习情境三　桥梁上部结构施工 ……………………………………………… 66

任务单 ……………………………………………………………………… 66

信息单 ……………………………………………………………………… 67

任务1　钢筋混凝土简支梁桥施工 ……………………………………… 69

任务2　预应力混凝土梁桥施工 ………………………………………… 104

任务3　拱桥施工 ………………………………………………………… 131

学习情境四　桥面系施工 ……………………………………………………… 161

任务单 ……………………………………………………………………… 161

信息单 ……………………………………………………………………… 162

任务1　梁间铰接缝施工 ………………………………………………… 163

任务2　伸缩装置及其施工 ……………………………………………… 168

任务3　桥面铺装层及桥面防护设施的施工 …………………………… 178

学习情境五　涵洞施工 ·· 184

　任务单 ·· 184

　信息单 ·· 185

　任务1　涵洞的组成和分类 ·· 186

　任务2　圆管涵施工 ·· 194

　任务3　拱涵、盖板涵、箱涵施工 ·· 209

　任务4　涵洞附属工程施工 ·· 214

学习情境六　轻轨桥梁及寒区桥梁施工 ·· 221

　任务单 ·· 221

　信息单 ·· 222

　任务1　轻轨桥梁及其施工 ·· 223

　任务2　寒区桥梁施工 ·· 243

附　　表 ·· 255

参考文献 ·· 261

施工准备与桥位测量

任务单

布置任务	
学习目标	1. 了解桥梁施工步骤。 2. 了解桥梁施工现场的前期准备工作。 3. 理解准备工作对桥梁工程施工的作用。 4. 能进行桥位现场的场地布置。 5. 能对桥位处自然资料进行调查分析。 6. 能对当地施工材料进行调查、试验分析。 7. 能向施工队人员进行技术交底。

任务描述	施工单位在承接了施工任务后,应尽快做好各项准备工作,为桥梁工程施工建立必要的技术和物资条件,统筹安排施工力量和施工现场,为施工企业搞好目标管理、推行技术经济承包提供重要的依据。桥梁施工准备通常包括技术准备、施工组织准备、物资准备和施工现场准备等工作。
	    具体任务:
	    任务1 桥梁施工准备
	    任务2 桥位施工测量

学习要求	1. 掌握工程测量放线基础知识。 2. 学会使用测量工具,并做好维护和保养工作。 3. 掌握材料试验检测基础知识。 4. 学会常用工程试验仪器的使用,且操作一定要规范。 5. 学会识读路桥工程图。 6. 按任务完成桥梁施工前的准备工作的工作任务。 7. 培养团队合作的精神,以小组的形式完成工作任务。 8. 严格遵守课堂纪律和工作纪律,不迟到、不早退、不旷课。 9. 树立职业意识,按照企业的岗位职责要求自己。 10. 本情境工作任务完成后,需提交学习体会报告,要求另附。

信 息 单

学习方式	在图书馆、专业杂志、互联网及信息单上查询问题；咨询任课教师
重点问题	1. 桥梁施工前的准备工作包括哪些内容？
	2. 施工准备的核心是什么？
	3. 技术准备主要包括哪些内容？
	4. 设计技术交底一般由哪些人员参加？
	5. 怎样进行施工组织准备？
	6. 物资准备主要包括哪些内容？
	7. 施工现场准备具体包括哪些内容？
	8. 桥梁施工前应做哪些自然条件的调查？
	9. 钢筋的检查与保管应满足哪些要求？
	10. 水泥的检查与保管应满足那些要求？
	11. 施工水准点和基点的区别？
	12. 如何进行桥梁墩台定位与轴线测量？
	13. 如何进行桥梁施工的高程测量？
	14. 三角网的布设形式有哪些？
问题引导	问题可以在本学习情境中得到解答，也可在拓展阅读书目中进行查阅。
拓展阅读	［1］公路桥涵施工技术规范(JTG/T F50—2011)［S］.北京：人民交通出版社,2004. ［2］王瑞雪.桥梁工程施工技术［M］.北京：中国铁道出版社,2018. ［3］杨化奎,温巍.大跨径桥梁工程施工技术优化方法研究［M］.长春：吉林科学技术出版社,2019. ［4］杨化奎.寒区路桥工程施工技术［M］.北京：中国铁道出版社,2013. ［5］申爱国.桥梁工程施工技术［M］.武汉：武汉大学出版社,2016.

任务 1　桥梁施工准备

一、技术准备

技术准备是施工准备的核心。施工组织准备和施工现场准备都是在完成技术准备工作的基础上进行的。任何技术上的差错和隐患都可能对生命、财产和经济造成巨大的损失，因此必须认真做好技术准备工作。

1. 熟悉设计文件、研究施工图纸和现场核对

施工单位承接桥梁工程施工任务后，必须组织有关人员研究所有的资料、技术文件和图纸，领会设计意图，并到现场进行核对，必要时进行补充调查；检查所有文件、资料和图纸有无欠缺、错误和矛盾，几何尺寸、坐标、高程和说明等方面是否一致，技术要求是否正确；如有误应及时向设计单位提出，以求补全更正。

2. 原始资料的进一步调查分析

对拟建工程进行实地勘测，进一步获得原始数据的第一手资料，对正确选择施工方案、制定技术措施、合理安排施工工序和施工进度计划是非常必要的。

(1) 自然条件的调查分析

① 地质

调查的主要内容包括：地质构造、墩（台）位处基岩埋深、岩层状态、覆盖层土质、土的性质和类别、地基土承载力、土的冻结深度、妨碍基础施工的障碍物、地震级别和烈度等。

② 水文

调查的主要内容包括：河流的流量和水质、年水位变化情况、最高洪水位和最低枯水位的时期及持续时间、流速和漂浮物、地下水位高低变化、含水层厚度和流向；冰冻地区河流的封冻时间、融冰时间、流冰水位、冰块大小；受潮汐影响河流或水域中潮水涨落时间、潮水位变化频率和潮流等情况。

③ 气象

调查的主要内容包括：气温、气候、降雨、降雪、冰冻、台风（含龙卷风、雷雨大风等）、风向、风速等变化规律及历年记录；冬雨季的期限及冬季地层的冻结厚度等情况。

④ 施工现场地形地物

调查的主要内容包括：桥位处的地形情况、地物情况及对桥梁的影响。

(2) 技术经济条件的调查分析

调查的主要内容包括：施工现场动迁情况、当地可利用的地方材料情况、水泥和钢材等材料供应情况、地方能源和交通运输情况、地方劳动力和技术水平情况、当地生活物资供应状况、可提供的施工用水用电情况、设备租赁情况、当地消防治安状况及分包单位的实力状况等。

3. 施工前的设计技术交底

设计技术交底一般由建设单位（业主）主持，设计、监理和施工单位（承包商）参加。先由设计单位说明工程的设计依据、意图和功能要求，并对特殊结构、新材料、新工艺和新技术提出设计要求，进行技术交底。然后施工单位根据研究图纸的记录以及对设计图纸的理解，提

出对设计图纸的疑问、建议和变更。最后在统一认识的基础上,对所探研的问题逐一做好记录,形成"设计技术交底纪要",由建设单位正式行文,参加单位共同会签盖章,作为与设计文件同时使用的技术文件和指导施工的依据,以及建设单位与施工单位进行工程结算的依据。当工程为设计施工总承包时,应由总承包人主持进行内部设计技术交底。

4. 编制施工方案

在全面掌握设计文件和设计图纸,正确理解了设计意图和技术要求,以及进行了以施工为目的的各项调查之后,应根据进一步掌握的情况和资料,对投标时初步拟定的施工方法和技术措施等进行重要评价和深入研究,以制订出详尽的更符合现场实际情况的施工方案。

施工方案的基本内容包括:编制依据、工期要求、工程特点、主要工程、材料和机具数量、施工方法、施工力量部署、工程进度要求、完成工作量计划和临时设施的初步规划等。

5. 编制施工组织设计

施工组织设计是施工准备工作的重要组成部分,也是指导工程施工中全部生产活动的基本技术经济文件。施工组织设计文件用文、图、表三种形式表示,互相结合,互相补充。

施工组织设计的主要内容有:工程特点、主要施工方法、技术措施、施工进度、工程数量、完成工作计划、机料设备及劳力计划、施工现场布置平面图、施工图纸、施工安全、施工质量方针、质量目标、质量保证机构、质量保证程序及质量保证措施等。

6. 编制施工预算

施工预算是施工单位根据施工图纸、施工组织设计、施工方案和施工定额等文件进行编制的,是施工企业内部控制各项成本支出、考核用工、签发施工任务单、限额领料以及基层进行经济核算的依据,是签订分包合同时确定分包价格的依据,也是建设单位和建设银行拨款的依据。

二、施工组织准备

施工组织准备包括劳动组织准备和物资准备。

(一) 劳动组织准备

1. 建立组织机构

确定组织机构应遵循的原则是:根据工程项目的规模、结构特点和复杂机构中各职能部门的设置,人员的配置应力求精干,以适应任务的需要。坚持合理分工与密切协作相结合,使之便于指挥和管理,分工明确,责权具体。

2. 合理设置施工班组

施工班组的建立,应认真考虑专业和工种之间的合理配置,技工和普工的比例要满足合理的劳动组织,并符合流水作业方式的要求,同时制订出该工程的劳动力需要量计划。

3. 集结施工力量,组织劳动力进场

进场后应对工人进行技术、安全操作规程以及消防、文明施工等方面的培训教育。

4. 施工组织设计、施工计划和施工技术交底

在单位工程或分部工程开工之前,应将工程的设计内容、施工组织设计、施工计划和施工技术等要求,详尽地向施工班组和工人进行交底,以保证工程能严格按照设计图纸、施工工艺、安全技术措施、降低成本措施和施工验收规范的要求进行施工;新技术、新材料、新结

构及新工艺的实施方案和保证措施得以落实;有关部位的设计变更和技术措施等事项贯彻执行。

5. 建立健全各项管理制度

通常包括以下内容:技术质量责任制度、工程技术档案管理制度、施工图纸学习与会审制度、技术交底制度、技术部门及各级人员的岗位责任制度、工程材料和构件的检查验收制度、过程质量检查与验收制度、材料出入库制度、安全操作制度、机具使用保养制度等。

(二) 物资准备

1. 工程材料的准备

(1) 水泥的检查与保管

① 水泥进场之前应抽取样品进行检验,并报请建设、监理工程师检验,经监理工程师同意后才能进场。进场的水泥应按品种、强度等级、证明文件(质保书)以及出厂日期等情况分批进行检查、验收。

② 入库的水泥应按品种、强度等级、出厂日期分别堆放,并树立标志,做到先到先用,并防止混掺使用。

③ 为了防止水泥受潮,现场仓库应尽量密封。包装水泥存放时应垫离地面 30 cm,离墙亦在 30 cm 以上。临时露天暂存水泥时应用防雨篷布盖严,底板需垫高。

④ 水泥储存时间不宜过长,以免结板降低强度。常用水泥出厂日期超过 3 个月应视为过期水泥,使用时必须重新检验确定等级,因为水泥在正常环境存放超过 3 个月强度会降低 10%～20%,存放 6 个月,强度会降低 15%～30%。

⑤ 受潮、结块水泥一般不得用在结构工程中。

(2) 细集料

选择细集料时,应优先选择级配良好、质地坚硬、颗粒洁净的河砂或海砂,也可采用山砂或机制砂。砂中不得含有泥土及其他杂物,细砂不宜单独用于混凝土中。各种砂检验的指标均应满足《公路桥涵施工技术规范》(JTG/T F50—2011)方可使用。

细集料进场使用前,根据规范应完成:筛分、分泥量、有机质以及压碎值试验,必要时还要进行坚固性试验。试验应按《公路工程集料试验规程》(JTJ 058—2000)的规定进行。

(3) 粗集料

混凝土用的石子,有碎石和卵石两种,要求质地坚硬,有足够的强度,表面洁净,符合级配要求。若附有泥土,应用水冲洗干净;若混入煤渣、白灰、碎砖或煅烧过的石块以及被矿水特别是酸水侵蚀过的石灰岩碎石等均禁止使用。针状、片状颗粒以及泥土杂物含量不得超过规范的规定。石料应尽量采用较大的粒径,但最大粒径不得超过结构最小边尺寸的 1/4 和钢筋最小净距的 3/4;在两层或多层密布钢筋结构中不得超过钢筋最小净距的 1/2;同时最大粒径不得超过 100 mm。

选用的粗集料必须满足《公路桥涵施工技术规范》(JTG/T F50—2011)中的各项指标,并现场取样进行筛分、杂质含量、强度、针片状含量等试验,只有当试验结果满足规范要求时才能使用。

(4) 水及外加剂

搅拌混凝土的用水必须是人畜可用的洁净水,水中不得含有妨碍水泥正常硬化的有害杂质、油脂、糖类及游离碳等。污水、pH 值小于 4 的酸性水和含硫酸盐量按 SO_4^{2-} 计超过水的质量 0.27 mg/cm³ 的水不得使用。不得用海水拌制混凝土。

主要的外加剂类型有:普通和高效减水剂、缓凝减水剂、引气减水剂、抗冻剂、膨胀剂、阻锈剂和防水剂等。

2. 工程施工设备的准备

3. 其他各种小型生产工具、小型配件等的准备

三、施工现场准备

施工现场准备工作,主要是为工程施工创造有利的施工条件和物资保证。具体内容如下:

1. 施工控制网测量

按照勘测设计单位提供的桥位总平面图和测量控制网中设置的基线桩、水准高程以及重要桩的保护桩等资料,进行三角控制网的复测,并根据桥梁结构精度要求和施工方案补充加密的各种标桩,建立满足施工要求的平面和立面施工测量控制网。

2. 补充钻探

桥梁工程在初步设计时所依据的地质钻探资料往往因钻孔较少、孔位过远而不能满足施工需要,因此必须对地质情况不甚明了的桩位进行补充钻探,查明墩位处的地质情况和可能的隐蔽物,为基础工程的施工创造有利条件。

3. "四通一平"

"四通一平"是指水通、电通、通信通、路通和平整场地。

4. 建造临时设施

按照施工总平面图的布置,建造所有生产、办公、生活、居住和储存等临时用房,以及临时便道、码头、混凝土拌和站和构件预制场地等。

5. 安装调试施工机具

对所有施工机具都必须在开工之前进行检查和试运转。

6. 材料的试验和储存堆放

及时提供如混凝土和砂浆配合比与强度、钢材机械性能试验等材料试验申请计划,组织材料进场,按规定地点和指定方式进行储存堆放。

7. 新技术项目的试制和试验

按照设计文件和施工组织设计要求,组织新技术项目的试验研究。

8. 冬、雨季施工安排

按照施工组织设计要求,落实冬、雨季施工的临时和技术措施,做好施工安排。

9. 消防、保安措施

建立消防、保安等组织机构和有关规章制度,布置安排好消防保安等措施。

10. 建立健全施工现场各项管理制度

根据工程特点制定施工现场各项规章制度。

四、施工准备工作计划

为了较好的落实各项施工准备工作,应根据各项准备工作内容、时间和人员,编制出施工准备工作计划,责任落实到人,并加强计划的检查和监督,以使准备工作能如期完成。

表 1-1-1　施工准备工作计划可参照

序号	施工准备项目	简要内容	负责单位	负责人	起止期限		备注
					月　日	月　日	

任务 2　桥位施工测量

一、施工测量的内容和要求

（1）根据桥梁的形式、跨径及设计要求的施工精度,确定利用原设计网点加密或重新布设控制网点。

（2）补充施工需要的水准点、桥涵轴线、墩台控制桩。

（3）桥涵放样测量及要求：

① 当有良好的丈量条件时可采用直接丈量法进行墩台施工定位。直接丈量,应对尺长、温度、拉力、垂度和倾斜度进行改正计算（改正计算公式见规范 JTG/T F50—2011 附录 A）。

② 大、中桥的水中墩台和基础的位置,宜用校验过的电磁波测距仪测量。桥墩中心线在桥轴线方向上的位置中误差不应大于±15 mm。

③ 曲线上的桥梁施工测量,应按照设计文件参照公路曲线测定方法处理。

④ 涵洞测量放样时,应注意核对涵洞纵横轴线的地形剖面图是否与设计图相符,应注意涵洞长度、涵底高程的正确性。对斜交涵洞、曲线上和陡坡上涵洞,应考虑交角、加宽、超高和纵坡对涵洞具体位置、尺寸的影响,并注意锥坡、翼墙、一字墙和涵洞墙身顶部与上下游调治构造物的位置、方向、长度、高度、坡度,使之符合技术要求。

（4）桥梁施工过程中的测量和竣工测量：

① 施工过程中,应测定并经常检查桥涵结构浇砌和安装部分的位置与高程,并作出测量记录和结论,如超过允许偏差时,应分析原因,并予以补救和改正。各结构部分的允许偏差见各有关章节。

桥轴线超过 1 000 m 的特大桥梁和结构复杂的桥梁施工过程,应进行主要墩、台（或塔、锚）的沉降变形监测,桥梁控制网应每年复测 1 次,以确保施工安全和质量。

② 桥梁竣工后应进行竣工测量,测量项目如下：

a. 测定桥梁中线,丈量跨径；

b. 丈量墩、台（或塔、锚）各部尺寸；

c. 检查桥面高程。

（5）为防止差错,施工测量必须由两个人相互检查校对并作出测量和检查核对记录。

二、施工放样与质量要求

施工放样就是将图纸上的结构物尺寸与高程测设到现场实地上。

1. 基础中心放样

当墩台中心桩及控制桩施测完毕后,要进行墩台的基础施工,无论是桩基础还是刚性扩大基础,其墩台的中心桩均要破坏。因此,在基础混凝土浇筑前,先将墩台基础的中心线放测出来,立基础模板,将基础中心线控制点放测在模板上,如图1-2-1所示。方法如下:

将经纬仪架设在桥位中心线 AB 上的控制点 C 处,照准另一岸中心线控制桩 B 点,将经纬仪作倒镜,照准本岸控制桩 A 点,若无误后,即可进行基础中心线放样。将仪器照准 B 点,使目镜与地面有一倾角,直接观测已固定的基础侧模 H 与 K 点,H 与 K 点的连线就是该墩台基础顺桥向的中心轴线。

同理可得墩台基础横向的中心轴线,如图1-2-2所示。E 点就是原来通过交会法而得到的墩台中心桩位置,现通过施工放样转换至地面以下的基础模板上,待基础混凝土浇筑完毕后,再用图1-2-1、图1-2-2的放样方法,将墩台中心线放测到基础表面,以便进行墩台身的放样。

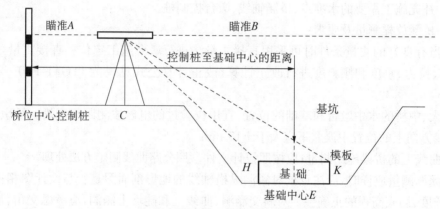

1-2-1　基础中心控制点放样示意图

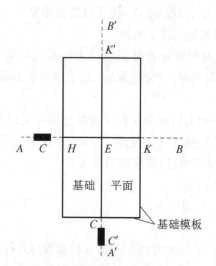

1-2-2　墩台基础横向中心轴线放样示意图

A、A'、B、B'、C、C'—桥位控制桩点

2. 基础高程放样

墩台中心位置确定后,应根据设计要求定出基础的尺寸与基础顶面的高程,以便进行混凝土浇筑。其放测的高程点也是放在基础模板的四个角上,放测方法如图 1－2－3 所示。放测地面以下高程,最好采用 5 m 的塔式水准尺或临时水准点布设在较低洼处。

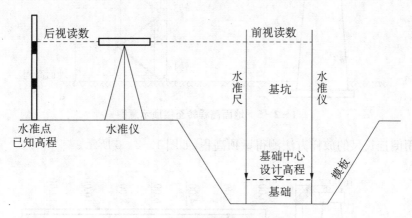

1－2－3 基础高程放样示意图

3. 盖梁(墩台帽)中心放样

当墩(台)基础(承台)施工完毕后,应进行立柱或墩(台)身的施工,施工完毕后进行盖梁或墩(台)帽的施工,首先必须将盖梁或墩(台)帽的中心线放测在其模板上。一般来说,盖梁或墩(台)帽常高出地面几米或十几米,就必须将地面上的中心线放测到墩(台)的盖梁或墩(台)帽上,如图 1－2－4 所示,其方法为:

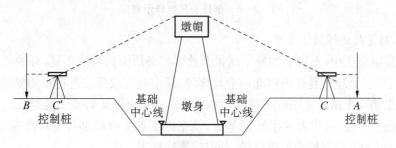

1－2－4 墩帽中心线放样示意图

当墩身完工以后,再用经纬仪从控制桩 A 点照准控制桩 B 点有时已不可能,则必须利用基础或承台的中心线与控制桩 A、B 点,用经纬仪照准 B 点,作倒镜下倾与基础中心线重合,然后再上倾,将桥位中心线放测到墩帽模板上 D 点,同理放测 D' 点,D、D' 连线,就是该桥位顺桥向中心线。再用相同方法放测出墩帽的横向中心线,其交点就是该墩的中心。

4. 盖梁或墩(台)帽高程放样

高墩(台)的高程控制,一般可将临时水准点的高程引至桥位附近高建筑物顶面,如图 1－2－5 所示,经若干次转点后,高程已到楼顶。

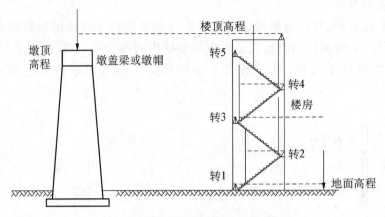

1-2-5　地面高程转至楼顶示意图

也可用倒挂长尺的放样方法测得墩顶高程,如图 1-2-6 所示。

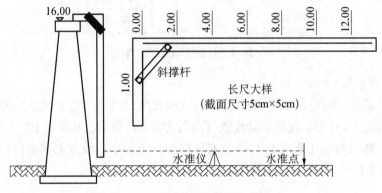

1-2-6　倒挂长尺放样示意图

5. 施工测量与放样质量要求

(1) 在桥梁施工中,对所有的施工测量及放样都必须做到有放必复,有的要进行三级复核(施工队、公司、监理),复核内容除内业计算外,还应对测放标志进行定期复测。

(2) 开工前应根据施工图纸将指定的水准标志点引至不妨碍施工的地点。

(3) 为施工方便,可设置若干辅助基点,使在施工各个阶段都可直接测量,辅助基点必须经常检查和校测,控制桩应妥善保护,并引出攀线标志。

(4) 桥梁中线一般应用经纬仪测量,墩、台间距均应校对其对角线是否相等,斜交桥应按设计角度算出的对角线进行校对。

(5) 为防止台后填土引起的桥台位移,桥台轴线放样时,一般向岸上偏移 1~4 cm;为防止墩、台自重引起的下沉,一般在墩、台高程放样时,放高 0.5~2 cm,桥面最后的设计高程可通过桥面铺装加以调整。

(6) 第 1 个墩(台)施工完毕后,以后所有的墩、台轴线与高程均应以筑成的墩、台轴线与高程为基准。

桥梁下部结构施工

任 务 单

布置任务	
学习目标	1. 了解桥梁基础的结构形式。 2. 了解桥梁基础的施工方法。 3. 熟悉明挖扩大基础施工的一般程序和主要技术方法。 4. 掌握钻孔灌注桩的施工流程。 5. 掌握钻孔灌注桩水下混凝土灌注程序。 6. 对桩基础施工中常见问题的处理有一定的认识。 7. 熟悉就地浇筑混凝土墩台施工要点。 8. 熟悉墩台附属工程的施工。

任务描述	基础是建筑物的下部结构,作为桥梁结构物的一个重要组成部分,它起着支承桥跨结构,保持体系稳定,把上部结构、墩、台自重及车辆荷载传给地基的重要作用。基础的施工质量直接决定着桥梁的强度、刚度、稳定性、耐久性和安全度。基础属于隐蔽工程,若出现质量问题不易发现和修补处理,因此,必须高度重视桥梁基础施工,严格按规范办事,确保工程质量。
	    桥梁墩、台是桥梁结构的重要组成部分,承担着桥梁上部结构产生的作用,并将作用有效地传递给地基基础。桥梁墩、台施工是桥梁工程施工中的一项重要内容,其施工质量的优劣,对桥梁工程的使用功能影响重大。在施工过程中,首先应选择合理、科学的施工方法,然后准确地测定墩、台的位置,采用验收合格的建筑材料,正确地进行模板制作与安装,严格执行施工规范的规定,确保施工质量达到设计要求。
	    具体任务要求:
	    任务1 基础的类型
	    任务2 扩大基础施工
	    任务3 桩基础施工
	    任务4 沉井基础施工
	    任务5 桥梁墩、台构造
	    任务6 圬工墩、台施工
	    任务7 混凝土墩、台施工
	    任务8 桥台附属工程施工

学习要求	1. 掌握工程测量放线基础知识。 2. 学会使用测量工具,并做好维护和保养工作。 3. 掌握材料试验检测基础知识。

布置任务	
学习要求	4. 学会常用工程试验仪器的使用,且操作一定要规范。 5. 学会识读路桥工程图。 6. 按任务完成扩大基础施工。 7. 按任务完成钻孔灌注桩基础施工。 8. 按任务完成沉井基础施工。 9. 按任务完成石砌墩、台施工。 10. 按任务完成混凝土墩、台施工 11. 培养团队合作的精神,以小组的形式完成工作任务。 12. 严格遵守课堂纪律和工作纪律,不迟到、不早退、不旷课。 13. 树立职业意识,按照企业的岗位职责要求自己。 14. 本情境工作任务完成后,需提交学习体会报告,要求另附。

信 息 单

学习方式	在图书馆、专业杂志、互联网及信息单上查询问题;咨询任课教师
重点问题	1. 什么是桥梁的下部结构?
	2. 桥梁基础有哪些形式?
	3. 桥梁基础施工都有哪些方法?
	4. 什么是桩基础?
	5. 什么是沉井基础?
	6. 公路桥梁常用的围堰形式有哪些?
	7. 基坑开挖施工有哪些要求?
	8. 坑壁支撑的形式有哪些?
	9. 基坑坑壁坡度与防护措施有哪些?
	10. 基坑排水的主要方法有哪些?
	11. 基底检验的内容有哪些?
	12. 砌石基础砌筑时应注意什么?
	13. 大体积混凝土基础浇筑时应注意哪些事项?
	14. 水中钢筋混凝土扩大基础的施工工序?
	15. 钻孔前为什么要埋设护筒?
	16. 护筒的种类和埋设方法有哪些?
	17. 桩基础施工前的准备工作有哪些?
	18. 泥浆在钻孔中有何作用? 如何制备泥浆?
	19. 如何描述钻孔的施工工艺流程?
	20. 清孔有哪些方法?
	21. 常见的钻孔事故有哪些? 如何处理?
	22. 水下混凝土灌注时有哪些注意事项?
	23. 安放导管的注意事项有哪些?
	24. 什么是挖孔灌注桩?
	25. 挖孔桩的直径有哪些要求?
	26. 挖孔桩的施工机具主要有哪些?
	27. 挖孔桩的施工工艺如何?
	28. 什么是沉井?
	29. 沉井由哪几部分组成?
	30. 沉井基础有何特点?

重点问题	31. 沉井的施工工序如何？
	32. 沉井在施工过程中的质量事故有哪些？如何处理？
	33. 重力式桥墩特点和适用条件是什么？
	34. 柱式桥墩和桩柱式桥墩的区别有哪些？
	35. V 型桥墩和 Y 型桥墩有什么特点？
	36. 柔性排架桩墩的构造有哪些要求
	37. 单向推力墩有哪些形式？
	38. 重力式 U 型桥台由哪几部分组成？其作用是什么？
	39. 埋置式桥台的受力特点是什么？
	40. 轻型桥台的适用条件是什么？
	41. 拱桥轻型桥台有哪些类型？其构造特点是什么？
	42. 桥梁墩、台砌筑常用的定位方法有哪些？其适用条件是什么？
	43. 斜坡墩、台规板如何控制定位石的位置？
	44. 桥梁墩、台基础砌筑时有那些要求？
	45. 桥梁墩、台身勾缝有哪些要求？
	46. 灌浆法与铺浆法的区别是什么？
	47. 墩台砌体砌筑时应注意哪些事项？
	48. 混凝土墩、台模板设计的原则是什么？
	49. 混凝土墩、台常见模板有哪些类型？其特点是什么？
	50. 混凝土墩、台浇筑前,其基底处理应满足哪些要求？
	51. 混凝土墩、台浇筑时,为避免水化热过高引起裂缝,应采取哪些措施？
	52. 混凝土墩、台帽放样时有哪些要求？
	53. 滑动模板施工有什么特点？
	54. 滑动模板一般由哪几部分组成？其作用是什么？
	55. 图解法锥坡放样的步骤是什么？
	56. 桥台锥坡施工时有哪些要求？
	57. 桥台后搭板的施工要点是什么？
	58. 桥台后填土施工要点包括哪些内容？
问题引导	问题可以在本学习情境中得到解答,也可在拓展阅读书目中进行查阅。
拓展阅读	[1] 公路桥涵施工技术规范(JTG/T F50—2011)[S].北京:人民交通出版社,2004. [2] 王瑞雪.桥梁工程施工技术[M].北京:中国铁道出版社,2018. [3] 杨化奎,温巍.大跨径桥梁工程施工技术优化方法研究[M].长春:吉林科学技术出版社,2019. [4] 杨化奎.寒区路桥工程施工技术[M].北京:中国铁道出版社,2013. [5] 申爱国.桥梁工程施工技术[M].武汉:武汉大学出版社,2016.

任务 1　基础的类型

基础是建筑物的下部结构,作为桥梁结构物的一个重要组成部分,它起着支承桥跨结构,保持体系稳定,把上部结构、墩、台自重及车辆荷载传给地基的重要作用。

一、桥梁基础施工的重要性

地基是指建筑物荷载作用下基底下方产生的变形不可忽略的那部分地层。而基础则是建筑物的下部结构,作为桥梁结构物的一个重要组成部分,它起着支承桥跨结构,保持体系稳定,把上部结构、墩、台自重及车辆荷载传给地基的重要作用。基础的施工质量直接决定着桥梁的强度、刚度、稳定性、耐久性和安全度。况且基础属于隐蔽工程,若出现质量问题不易发现和进行修补处理,因此,必须高度重视桥梁基础施工,严格按规范办事,确保工程质量。

二、桥梁基础的一般形式

公路桥梁由于其结构形式多种多样,所处位置的地形、地质、水文情况千差万别,因此其基础的形式也种类繁多。桥梁的常用基础形式有明挖扩大基础、桩基础、沉井基础、管柱基础、地下连续墙基础、组合式基础等,其中扩大基础、桩基础和沉井基础应用较多,本情境将予以重点介绍。

1. 扩大基础

扩大基础的埋置深度较浅,一般采用明挖基坑的方法进行施工,故又称之为明挖扩大基础或浅基础。

2. 桩基础

桩基础是深入土层的柱形构件,其作用是将作用于桩顶以上的荷载传递到土体中的较深处,可分为端承桩和摩擦桩。

3. 沉井基础

沉井基础是一种断面尺寸和刚度均比桩基础大得多的筒状结构。特点是埋置深度可以很大,整体性强、稳定性好,能承受较大的垂直荷载和水平荷载。沉井既是基础,又是施工时的挡土和围堰结构物。

4. 管柱基础

管柱基础是当桥址处的水文地质条件十分复杂,不能采用其他基础时,可考虑采用的基础。在深水或海水中,特别是深水岩面不平、流速大的地方采用管柱基础是比较适宜的。

5. 地下连续墙基础

地下连续墙基础是用膨润土泥浆进行护壁,在防止开挖壁面坍塌的同时,在设计位置开挖一条狭长的深槽,然后将钢筋骨架放入槽内,并灌注水下混凝土,从而在地下形成连续墙体的一种基础形式。

三、桥梁基础的施工方法

桥梁基础因其形式和所处环境、地质、水文条件、桥梁结构体系、环保要求及施工条件等因素不同要选用不同的施工方法。

旱地土质地基上的扩大基础多采用明挖法,可以采用人工开挖也可采用机械开挖;若为岩石地基,还需进行适当的爆破施工。水中明挖基础必须采用人工开挖或者采取临时改河措施。

桩基础的成孔一般有挖孔和钻孔两种方法。挖孔适用于旱地无水或地下水位较低的密实土质地层或岩石地层。钻孔按地质条件不同可选用旋转钻成孔、冲击钻成孔、冲抓钻成孔等多种形式。桥梁基础的施工方法如图 2-1-1 所示。

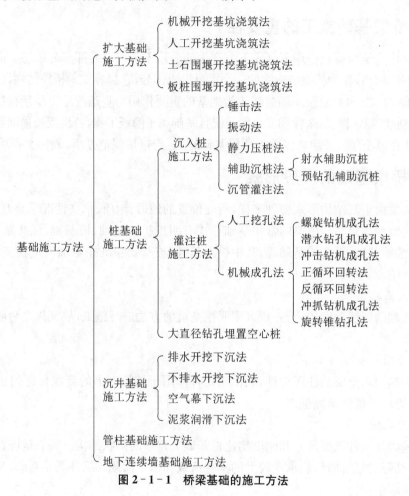

图 2-1-1　桥梁基础的施工方法

任务 2　扩大基础施工

桥梁的扩大基础多是刚性浅基础,其施工方法常采用明挖法。明挖法的主要工序有:基础的定位放样、基坑开挖(坑壁支撑、基坑排水、基坑检验、基地土的处理)、基础砌筑及基坑回填等。

一、施工准备与围堰

(一) 施工前的准备工作

(1) 首先要认真阅读施工图纸,领会设计意图,与现场情况进行核实,必要时进行补充调查,对基底高程、基础尺寸、桩位坐标、工程数量进行复核计算。

(2) 根据地层、地质、水文情况、结构形式及现场环境状况,制定施工方案,编制施工组织计划,做出分项开工报告,报监理工程师审批。

(3) 认真进行施工放样测量,设置控制桩,同时放出相邻几个墩、台基础的平面位置和高程,对其相对位置和坐标进行复核,确保准确无误。

(4) 准备好基础施工所需的设备、材料、相应配套设施,例如:临时便道要畅通;砂石、水泥、钢材等材料要运至现场;电力供应要正常;凡与工程有关的事项均应协调妥当,保障工程开工后顺利实施。

(5) 建立工程质量保证体系,制定完善的安全技术措施,进行安全技术交底。

(二) 围堰

基础施工最好是在无水或静水的条件下进行,但桥梁墩、台基础常常位于地表水位以下,有时流速还比较大,这样就需要采用围堰来满足以上的条件。围堰的作用主要是将基坑和坑外的水流分开,有时还起着支撑基坑坑壁的作用。

围堰的结构形式和材料要根据水深、流速、地质情况、基础形式以及通航要求等条件进行选择。

1. 一般规定和要求

围堰高度:应高出施工期间可能出现的最高水位(包括浪高)0.5~0.7 m。

围堰外形:应考虑河流断面被压缩后,流速增大引起水流对围堰、河床的集中冲刷及影响通航、导流等因素。

堰内面积:应满足基础施工的需要(包括坑内集水沟、排水井工作富余空间等所需的工作面)。

围堰断面:应满足堰身强度和稳定的要求。

围堰质量:围堰修筑要求防水严密,尽量减少渗漏,以减轻排水工作。

2. 围堰实例

(1) 为保持主航道通航,墩、台基础需在围堰内施工,如图 2-2-1 所示。

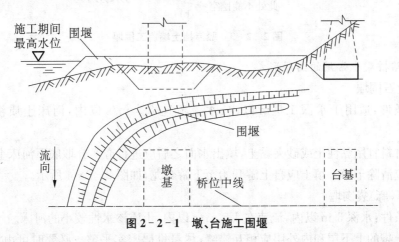

图 2-2-1　墩、台施工围堰

(2) 中小桥梁受地形限制,为维持水流与正常通航,可设置临时性引渠,在原河道的上下游设置围堰,如图 2-2-2 所示。

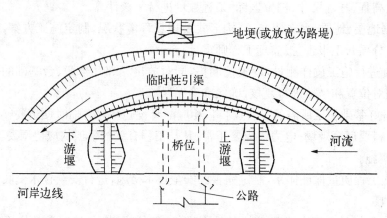

图 2-2-2 河宽限制上、下游围堰

（3）沿河流修筑土墙、驳岸时，为防止水浸，施工地段修建临时围堰，如图 2-2-3 所示。

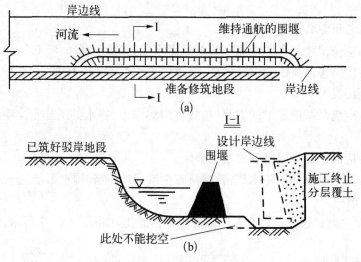

图 2-2-3 驳岸挡土墙施工围堰

3. 公路桥梁中常用的围堰形式

（1）土石围堰

适用条件：适用于水深 1.5 m 以内、水流流速 0.5 m/s 以内，河床土质渗水较小的河流。

筑堰材料宜用黏性土或砂夹黏土，填出水面之后应进行夯实。堰底下河床上的树根、石块及杂物应清除干净。填土应自上游开始至下游合龙，如图 2-2-4 所示。

（2）草（麻）袋围堰

适用条件：水深 3 m 以内，流速在 1.5 m/s 以内，土质渗水性较小的河床。

堆码土袋的上下层和内外层应相互错缝，尽量堆码密实平整。必要时可由潜水配合进行，并整理坡脚，如图 2-2-5 所示。

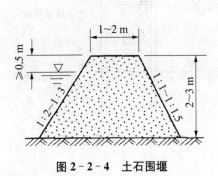

图 2-2-4 土石围堰

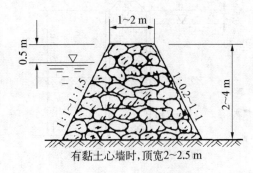

图 2-2-5 草(麻)袋围堰

（3）单行板桩围堰

适用条件:水深 3～4 m 以内,土质河床。

可节约部分筑堰用土量,增加打拔木板桩工作量。由于支撑关系,境内工作面尺寸加大,如图 2-2-6 所示。

（4）双行板桩围堰

适用条件:水深达 4 m 以上,河床土质松软的情况。

板桩与板桩之间应尽量严密,沉入时注意防止歪斜,随时校正位置,行与行之间用金属拉系拉结牢固,如图 2-2-7 所示。

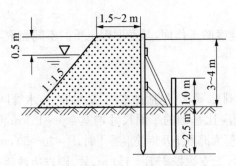

图 2-2-6 单行板桩围堰

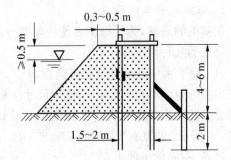

图 2-2-7 双行板桩围堰

（5）木桩土围堰

适用条件:水深达 3～5 m,流速在 1.5 m/s 以上的河床。

先打入两排木桩,桩与桩在一排中的间距为 1.0～1.5 m,排与排之间为 1.5～2.0 m,并以金属螺栓或铁丝拉紧,插入竹节填土,如图 2-2-8 所示。

（6）钢板桩围堰

适用条件:各类土(包括强风化岩)的深水基坑。

钢板桩施工要求板桩竖直,接口严密,减少和避免渗水,降低排水工作量,如图 2-2-9 所示。

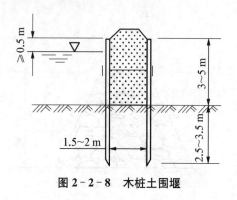

图 2-2-8　木桩土围堰

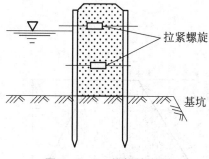

图 2-2-9　钢板桩围堰

二、基坑开挖

（一）基坑开挖的要求

1. 施工要求

（1）基坑开挖前先要准确放样定出基础轴线,边线位置及高程,并用骑马桩将中心位置固定。

（2）在墩、台或其他建筑物附近开挖基坑时,基坑顶面应设置防止地面水流入基坑的拦水和排水设施。

（3）基坑顶面应设置防止地面水流入基坑的设施,基坑顶有动荷载时,坑顶边与动荷载间应留有不小于 1 m 宽的护道,如动荷载过大宜增宽护道。如工程地质和水文地质不良,应采取加固措施。

2. 基坑底部工作面

在基坑的底部,为了施工方便应留有一定宽度的工作面,其宽度因土质的不同而取不同值。常见的几种情况如下:

（1）地下水位低于基坑底面高程

当基坑为渗水的土质基底,坑底尺寸应根据排水要求(包括排水沟、集水井、排水管网等)和基础模板设计所需基坑大小而定。一般基底应比基础的平面尺寸增宽 0.5~1.0 m,如图 2-2-10 所示。当基础为砌石时,$B=25\sim40$ cm,若为混凝土及钢筋混凝土时,$B=30\sim50$ cm。

普通土、硬质土挖土深度 2 m$<H\leqslant$5 m 时,无支撑挖土 $B=1.0$ m,软、硬岩边坡每 3 m 高设置一道 1 m 宽台阶。

（2）采用集水坑(一般土质)明排水时,如图 2-2-11 所示。

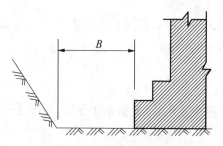

图 2-2-10　地下水位低于基坑底面高程的工作图

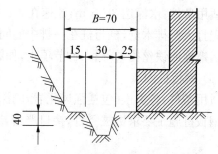

图 2-2-11　采用集水坑(一般土质)明排水时的工作图(尺寸单位:cm)

（3）采用集水坑（软土）明排水时，如图 2 - 2 - 12 所示。

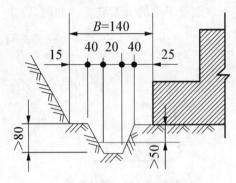

图 2 - 2 - 12　采用集水坑（软土）明排水时
的工作图（尺寸单位:cm）

（4）无支撑、板桩内挖土时，如图 2 - 2 - 13 所示。

软土挖土深度 $H \leqslant 2$ m 时，$B = 0.5$ m。边坡每 3 m 高设置一道 1 m 宽台阶。

（5）板桩内挖土时，如图 2 - 2 - 14 所示。板桩内挖土 $B = 1.5$ m。

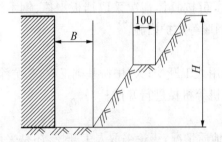 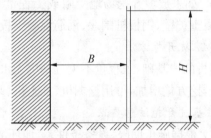

图 2 - 2 - 13　无支撑、板桩内挖土时的工作图　　图 2 - 2 - 14　板桩内挖土时的工作图
（尺寸单位:cm）

3. 基坑坑壁坡度与防护措施

（1）当基坑深度在 5 m 以内，施工期较短，坑底在地下水位以上，土的湿度正常，土层构造均匀时，坑壁坡度可按表 2 - 2 - 1 确定。

表 2 - 2 - 1　基坑坑壁坡度

坑壁土类	坑壁坡度		
	坡顶无荷载	坡顶静荷载	坡顶动荷载
砂土类	1∶1	1∶1.25	1∶1.5
卵石、砾类土	1∶0.75	1∶1	1∶1.25
粉质土、黏质土	1∶0.33	1∶0.5	1∶0.75
极软岩	1∶0.25	1∶0.33	1∶0.67
软质岩	1∶0	1∶0.1	1∶0.25
硬质岩	1∶0	1∶0	1∶0

注:1. 坑壁有不同土层时基坑坑壁坡度可分层选用，并酌设平台。
　　2. 坑壁土类按照现行《公路土工试验规程》(JTG E40—2007)划分。
　　3. 岩石单轴极限强度＜5.5 MPa、5.5～30 MPa、＞30 MPa 时，分别定为极软、软质、硬质岩。
　　4. 当坑壁深度大于 5 m 时基坑坑壁坡度可适当放缓或加设平台。

（2）基坑深度大于 5 m 时，应将坑壁坡度适当放缓或加设平台；如果土的湿度可能引起坑壁坍塌时，坑壁坡度应缓于该湿度下土的天然坡度。如图 2-2-15 所示。

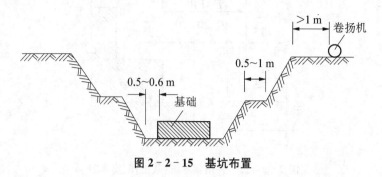

图 2-2-15　基坑布置

（3）如土的湿度有可能使坑壁不稳定而引起坍塌时，基坑坑壁坡度应缓于该湿度下的天然坡度。

（4）当基坑有地下水时，地下水位以上部分可以放坡开挖；地下水位以下部分，若土质易坍塌或水位在基坑底以上较深时，应加固开挖。

（5）如果放坡开挖场地受限或工程量太大，可按具体情况采取挡板支撑、钢木结合支撑、混凝土护壁、钢板桩围堰、钢筋混凝土板桩围堰等防护措施。

4. 基坑开挖方法

小桥的浅基础，工程量不大且基坑无水，可用人工开挖；大、中桥基础工程，基坑深、平面尺寸大，挖方量增加，可用挖掘机、推土机、装载机等机械进行开挖。

5. 基坑开挖注意要点

（1）根据施工期限、设备条件、工地环境及地质情况，无论采取人工开挖，还是采用机械进行开挖，基底均应避免超挖，已经超挖或松动部分应予以清除。

（2）若施工时间较长，有可能遇到暴雨天气时，应在基坑外设临时截水沟或排水沟，防止雨水流入基坑内，使坑内土质变化。任何土质基坑挖至相应高程后，都不能长时间暴露、扰动或浸泡，以免削弱其承载能力。一般土质基坑挖至基底高程后，应保留 10～20 cm 厚一层，在基础砌筑前人工突击挖除，迅速检验，随时进行基础施工。

（3）弃土堆的地点不得妨碍开挖基坑及其他作业，不能影响坑壁稳定，同时应满足水土保持和环境保护的有关要求。

（二）基坑支撑

当坑壁土质不易稳定，并有地下水等影响，或者放坡工程量过大，或者施工现场与邻近建筑物靠近，不能采用放坡开挖时，可采用坑壁有支撑的基坑。常用的坑壁支撑形式及适用条件如下：

1. 断续的水平支撑（一挖到底再行支撑）

适用条件：能保持直立的干土或天然湿度的黏土类土，地下水很少，坑深＜2 m，如图 2-2-16 所示。

2. 带间隔的水平支撑（井撑）

适用条件：能保持直立的干土或天然湿度的黏土类土，地下水很少，坑深＜3 m，并随着坑深的开挖相应设置支撑。如图 2-2-17 所示。

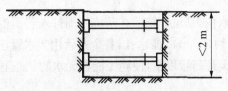

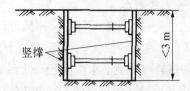

图 2-2-16　断续的水平支撑　　　　　图 2-2-17　带间隔的水平支撑

3. 连续的水平支撑(密撑)

适用条件:在可能坍落的干土或天然湿度的黏土类土,地下水较少,坑深一般在 3～5 m,如图 2-2-18 所示。

4. 深基坑(沟)二层支撑

适用条件:挖土深度较大,基坑(沟槽)下部又有含水层,下部坑宽应考虑工作面,为此,开挖前要留有富余尺寸。挖至一定深度后再向下挖掘时进行第二层撑固,如图 2-2-19 所示。

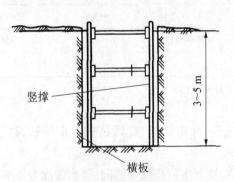

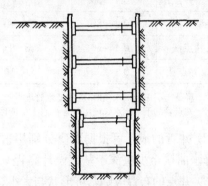

图 2-2-18　连续的水平支撑　　　　　图 2-2-19　深基坑(沟)二层支撑

5. 基坑上部放坡达一定高度后直立坑壁支撑加固

适用条件:挖土较深,现场较开阔,上部可放坡后再直立撑固,如图 2-2-20 所示。

(三) 基坑排水

1. 集水井(沟)排水

适用于粉细砂土质以外的各种地层基坑。基坑开挖时,在坑底基础范围之外设置集水坑并沿坑底周围开挖排水沟,每隔 2～4 m 设一个,井宽一般为 60～80 cm,深度可为 80～100 cm,使水流入集水坑内,排出坑外,如图 2-2-21 所示。

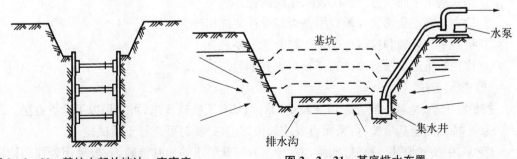

图 2-2-20　基坑上部放坡达一定高度　　　图 2-2-21　基底排水布置
后直立坑壁支撑加固

2. 井点法排水

此法主要是利用"下降漏斗"来降低地下水位,基坑开挖前在基坑四周打入若干根井管,井管下端1.5 m左右为滤管,上面钻有若干直径约2 mm的滤水孔,各个井管用集水管连接,并不断抽水。这样可使地下水位逐渐降低到坑底设计高程以下,使施工能在无水的状态下进行。

采用井点排水时须注意以下事项:

(1) 此法适用于地下水位较高、有承压水、挖基较深、坑壁不易稳定的砂性土质基坑。井点类别的选择,宜按照土壤的渗透系数、要求降低水位深度以及工程特点而定,见表2-2-2,在无砂的黏质土中不宜使用。

表 2-2-2　各种井点法的适用范围

井点类别	土壤渗透系数(m/d)	降低水位深度(m)	井点类别	土壤渗透系数(m/d)	降低水位深度(m)
一级轻型井点法	0.1～80	3～6	电渗井点法	<0.1	5～6
二级轻型井点法	0.1～80	6～9	管井井点法	20～200	3～5
喷射井点法	0.1～50	8～20	深井泵法	10～80	>15
射流泵井点法	0.1<50	<10			

注:1. 降低土层中地下水位时,应将滤水管埋设于透水性较大的土层中。
　　2. 井点管的下端滤水长度应考虑渗水土层的厚度,但不得小于1 m。

(2) 井管的成孔可根据土质分别用射水成孔、冲击钻机、旋转钻机及水压钻探机成孔。井点降水曲线至少应深于基底设计高程0.5 m。

(3) 井点的布置应随基坑形状与大小、土质、地下水位高低与流向、降水深度等要求而定。

(4) 应做好沉降及边坡位移观测,确保水位降低区域内建筑物的安全。必要时应采取防护措施。

(5) 降低底层土中地下水位时,应尽可能将滤水管埋设在透水性较好的土层中。

(6) 在水位降低的范围内设置水位观测孔,其数量视工程情况而定。

(7) 应对整个井点孔位加强维护和检查,保证不间断地进行抽水。

(四) 基底检验与处理

1. 基底检验

(1) 检验内容

① 检查基坑平面位置、尺寸大小、基底高程。

② 检查基底土质情况和承载力是否与设计文件相符。

③ 检查基底处理和排水情况是否符合规范要求。

④ 检查施工记录及有关试验资料是否齐全等。

(2) 检验方法

按桥涵大小、地基土质复杂情况及结构对地基有无特殊要求,可采用以下检查方法。

① 小桥涵的地基检验:可采用直观或触探方法,必要时可进行土质试验。

② 大、中桥和地基土质复杂、结构对地基有特殊要求的地基检验,一般采用触探和钻探(钻深至少4 m)取样做土工试验,或按设计的特殊要求进行荷载试验。

③ 特大桥按设计要求处理。

（3）基底平面位置和高程允许偏差规定

① 平面周边线位置不小于设计要求。

② 基底高程：土质±50 mm；石质＋50 mm，－200 mm。

2. 基底处理

基地检验合格后，还应按不同的土质情况进行处理，地基处理的范围至少应宽出基础之外0.5 m。

（1）符合设计要求的细粒土、特殊土基底，修整妥善后，应尽快修建基础，不得使基底浸水和长期暴露。

（2）对于强度和稳定性满足设计要求的粗粒土及巨粒土基底，应将其承重面平整夯实，其范围应满足基础的要求。基底有水不能彻底排干时，应将水引至排水沟，然后在其上修筑基础。

（3）风化的岩层，应挖至满足地基承载力要求或其他方面的要求为止。在未风化的岩层上修建基础前，应先将淤泥、苔藓、松动的石块清除干净，并洗净岩石。坚硬的倾斜岩层，应将岩层面凿平。倾斜度较大，无法凿平时，则应凿成多级台阶，台阶的宽度宜不小于0.3 m。

（4）基础不应置于季节性冻融土层上，并不得直接与冻土接触。基础的基底修筑于多年冻土层（即永冻土）上时，基底之上应设置隔温层或保温层材料，且铺筑宽度应在基础外缘加宽1 m。

按保持冻结的原则设计的明挖基础，其多年平均地温等于或高于－3 ℃时，应于冬季施工；多年平均地温低于－3 ℃时，可在其他季节施工，但应避开高温季节，并应按下列规定处理：

严禁地表水流入基坑；及时排除季节冻层内的地下水和冻土本身的融化水；必须搭设遮阳棚和防雨棚；施工前做好充分准备，组织快速施工。做好的基础应立即回填封闭，不宜间歇。必须间歇时，应以草袋、棉絮等加以覆盖，防止热量侵入。

施工时，明水应在距坑顶10 m之外修排水沟。水沟内的水，应引离坑顶宣泄并及时排除融化水。

（5）影响基底稳定的溶洞，不得堵塞溶洞水路。干溶洞可用砂砾石、碎石、干砌或浆砌片石及灰土等回填密实。当基底干溶洞较大，回填处理有困难时，可采用桩基处理。桩基应进行设计，并经有关单位批准。

（6）对有泉眼的地基，可将有螺口的钢管紧紧打入泉眼，盖上螺帽并拧紧，阻止泉水流出；或向泉眼内压注速凝的水泥砂浆，再打入木塞堵眼。

当堵眼有困难时，可采用管子塞入泉眼，将水引流至集水坑排出或在基底下设盲沟引流至集水坑排出。待基础坊工完成后，向盲沟压注水泥浆堵塞。采用引流排水时，应注意防止砂土流失，引起基底沉陷。

基底泉眼，不论采用何种方法处理，都不应使基底泡水。

（7）当地基需要加固时，应根据设计要求及有关规范处理。

三、基础浇筑

（一）石砌基础施工

石砌基础所采用的片（块）石应质地坚硬，无风化剥落和裂纹，强度、尺寸满足规范要求。进行砌筑时应注意：

（1）砌筑基础前，必须用钢尺校核基础放线尺寸，其允许偏差不应超过规范的规定。

（2）片（块）石在砌筑前必须浇水湿润，将表面的泥土、水锈等清洗干净。砌第一层片（块）石时，如基地为岩层或混凝土基础，应先将基地表面清洗、湿润。

（3）砌石基础用的第一层石块应选择形状较为方正及尺寸较大的片石，大面朝下，放平、放稳。在土质基槽上砌石时，首先坐浆，再在基槽内将片石大面朝下铺满一层，空隙处用砂浆灌满，再用小石块填空挤入砂浆，用手锤打紧。在垫层上砌石时，先铺一层砂浆，再铺砌块。基础第二层以上的石块，应坐浆砌筑。灰缝厚度一般为 20～30 mm。

（4）砌石基础应分层卧砌，上下错缝，内外搭砌。片石砌体宜以 2～3 层砌块为一工作层，一般每层厚约 30 cm。上下层片石间搭接不小于 10 cm，不得有通缝。每砌完一层后，其表面应大致平整，不可有尖角、驼背现象，以使上一层容易放稳，并有足够的接触面。不得采用外面侧立石块，中间填心的包心砌法。基础最上面一层，应选用较大片石砌筑。

（5）片石砌体的砌缝宽度一般不应大于 4 cm；块石砌体的砌缝宽度不应大于 3 cm。

（6）砌石基础扩大部分做成阶梯形，每阶内至少砌两层片石。上级阶梯的石块应至少压砌下级阶梯石块的 1/2。

（7）渗水基坑应注意排水，保证砂浆的凝结和砌体的强度。

（二）混凝土基础施工

1. 模板

施工用模板一般用木模或钢模拼装成环形基础模板，四周支撑于土壁上。土质好时最下面一级基础可直接采用土模（原槽灌筑），不立模板。

2. 混凝土浇筑

首先在基础底面放出基础中线和内外轮廓线。灌注混凝土时，经常检查各部位尺寸是否正确，确保不发生变形。浇筑混凝土要连续，因故中途停止，应按施工缝处理。振捣器插入下层混凝土 50～100 mm。

若基础截面积不大时，混凝土应连续一次浇筑完成，以保持整体性。大体积基础混凝土，可分块浇筑并符合下列规定：

（1）各分块面积不得小于 50 m²。

（2）每块高度不宜超过 2 m。

（3）块与块间的竖向接缝面应与墩、台身或基础平截面短边平行，与平截面长边垂直。

（4）上下邻层间的竖向接缝，应错开位置做成企口，并应按施工接缝处理。

（5）如混凝土中加放片石时应符合：

① 埋放石块的数量不宜超过混凝土结构体积的 25%（当设计为片石混凝土砌体时，石块可增加为 50%～60%）。

② 应选用无裂纹、夹层且未被煅烧过的，厚度小于 15 cm，具有抗冻性能的石块。

③ 石块的抗压强度不应低于 30 MPa 及混凝土的强度。

④ 石块应清洗干净，应在捣实的混凝土中埋入一半以上；石块应分布均匀，净距不小于 10 cm，距结构侧面和顶面净距不小于 15 cm；对于片石混凝土，石块净距可以不小于 4～6 cm。石块不得挨靠钢筋或预埋体。

（三）钢筋混凝土基础施工

旱地浇筑钢筋混凝土基础的主要工序如下：

（1）钢筋制作及安装：应在对基底及基坑验收完成后尽快绑扎、放置钢筋；在底部放置混凝土垫块，保证钢筋的混凝土净保护层厚度，同时安放墩柱或台身钢筋的预埋部分，保证其定位准确。

（2）钢筋检查：对全部钢筋进行检查验收，保证其根数、直径、间距、位置应满足设计文件和技术规范。

（3）混凝土浇筑：拌制好的混凝土运输至现场后，若高差不大，可直接倒入基坑内；若倾卸高度过大，为防止发生离析，应设置串筒或滑槽，槽内焊上减速钢梳，保证混凝土整体均匀运入基坑，用插入式振捣密实。浇筑应分层进行，但应连续施工，在下层混凝土开始凝结之前，应将上层混凝土灌注捣实完毕。基础全部筑完凝结后，要立即覆盖草袋、麻袋、稻草或沙子，并经洒水养生。养生时间一般普通硅酸盐水泥混凝土为 7 昼夜以上，矿渣水泥、火山灰质水泥或掺用塑化剂的混凝土应为 14 昼夜以上。

水中混凝土基础在基坑排水的情况下施工方法与旱地基础相同，只是在混凝土凝固后即可停止排水，也不需再进行专门的养生工作。

任务 3　桩基础施工

桩基础按承受作用的不同分为摩擦桩、柱桩、嵌岩桩；按施工方法不同又可分为钻孔灌注桩、挖孔灌注桩、打入桩等。钻孔桩和挖孔桩应用最为广泛，我们要掌握这两种桩的施工方法。

一、钻孔灌注桩

（一）钻孔前的准备工作

施工前的准备工作除确定桩位以外，主要还包括钻孔场地准备、机电设备和建筑材料准备、埋设护筒、制备泥浆和钢筋骨架（笼）制作五个方面。

1. 钻孔场地准备

（1）场地为旱地时，应清除杂物，换除软土，整平夯实。

（2）场地为陡坡时，可用枕木、型钢等搭设施工平台。

（3）场地为浅水时，宜采用筑岛法施工。筑岛面积应按钻孔方法、机具大小等要求决定；高度应高于最高施工水位 0.5～1.0 m。

（4）场地为深水时，可搭设施工平台，平台须牢靠稳定，能承受工作时所有静、动荷载，并考虑施工机械能安全进出。

2. 机电设备和建筑材料准备

（1）机电设备准备：根据地质资料，确定科学合理的钻孔方法和钻孔设备。

① 若用电力施工，则应架设好电力线路，配备合适的变压器。

② 若用柴油机提供动力，则应购置与设备动力相匹配的柴油机和充足的燃油。

③ 准备混凝土搅拌机、电焊机、钢筋切割机等设备。

（2）建筑材料准备

① 进场的水泥、砂、石、钢筋等原材料必须进行验收。

② 进行工地取样、试验，编写试验报告，凡不合格者不得使用。

③ 按施工用量,钻孔开始前材料应准备妥当。

3. 埋设护筒

护筒的作用是:① 固定钻孔位置;② 对钻头起导向作用;③ 保护孔口防止孔口土层坍塌;④ 隔离孔内孔外表层水,并保持钻孔内水位高出施工水位,以产生足够的静水压力稳固孔壁。

(1) 护筒种类

有木护筒、钢护筒、钢筋混凝土护筒,如图 2-3-1 所示。当采用正反循环回转钻钻孔时,护筒内径一般宜比桩径大 200~400 mm。

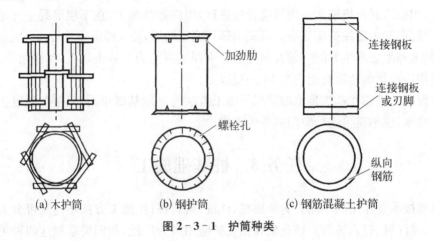

(a) 木护筒　　(b) 钢护筒　　(c) 钢筋混凝土护筒

图 2-3-1　护筒种类

(2) 护筒埋设方法

① 挖埋式护筒

适用于旱地或岸滩(地下水位大于 1 m),可采用挖坑埋设法,护筒底部和四周填土须分层夯实,如图 2-3-2 所示。

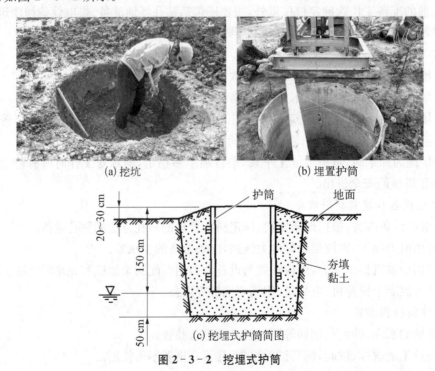

(a) 挖坑　　(b) 埋置护筒

(c) 挖埋式护筒简图

图 2-3-2　挖埋式护筒

② 填筑式护筒

适用于桩位处地面高程与施工水位的高差小于1.5～2.0 m 时,土台高度应使护筒顶端比施工水位高1.0～2.0 m,土台边坡为1∶1.5～1∶2.0,如图2-3-3所示。

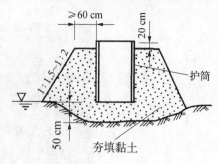

图2-3-3　填筑式护筒

③ 围堰筑岛护筒

在水深小于3 m 的浅水处,一般须围堰筑岛埋设护筒,岛面应高出施工水位1.5～2.0 m。亦可适当提高护筒顶面高程,以减少筑岛填土面积。若岛底河床为淤泥或软土,应予挖除换以砂土;若排淤换土工作量较大,则可采用长护筒,使其沉入河底土层中,如图2-3-4所示。

④ 深水护筒

适用于水深在3 m 以上的深水河床中。其主要工序为搭设工作平台(有搭设支架、浮船、钢板桩围堰、筑岛等方法),下沉护筒的定位导向架与下沉护筒等,如图2-3-5所示。

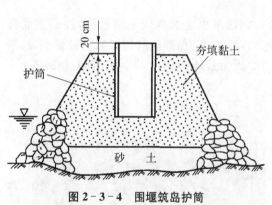

图2-3-4　围堰筑岛护筒

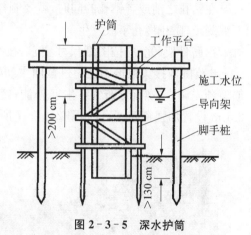

图2-3-5　深水护筒

4. 制备泥浆

泥浆在钻孔中的作用:

(1) 在孔内产生较大的静水压力,可防止坍孔;

(2) 泥浆向孔外土层渗漏,由于钻头的活动,孔壁表面形成一层胶泥,具有护壁的作用;

(3) 将孔内外水流切断,稳定孔内水位;

(4) 泥浆比重大,能挟带钻渣,利于钻渣的排出。

钻孔泥浆一般由水、黏土(或膨润土)和添加剂按适当配合比配制而成。按钻孔方法和地质情况,一般需采用泥浆悬浮钻渣和护壁。除地层本身全为黏性土能在钻进中形成合格泥浆外,开工前应准备数量充足和性能合格的黏土和膨润土。调制泥浆时,先将土加水浸透,然后用搅拌机或人工拌制,按不同地层情况严格控制泥浆相对密度。为保证在钻孔过程中,孔内保持有一定稠度的泥浆,一般比重以1.1～1.3为宜,特殊情况下也可用1.4以上。为了回收泥浆原料和减少环境污染,应设置泥浆循环净化系统,如图2-3-6所示。

图 2-3-6　泥浆循环净化系统

（五）钢筋骨架（笼）制作

在钻孔之前或者钻孔的同时，就要制作好钢筋骨架（笼），以便成孔、清孔后尽快灌注水下混凝土，防止塌孔事故发生。

钢筋骨架（笼）应按图纸尺寸要求，按吊装和钢筋单根定长确定下料长度，注意主筋在 50 cm 范围内接头数量不能超过截面主筋根数总数的 50％；加强筋的位置和直径要准确；箍筋要预先调直，螺旋形布置在主筋外侧；定位筋应均匀对称地焊接在主筋外侧；每隔 2.0～2.5 m 设置加强箍筋一道，如图 2-3-7 所示。

(a) 钢筋骨架制作　　　　　　　　　(b) 成型钢筋骨架

图 2-3-7　钢筋骨架

长桩骨架宜分段制作，分段长度应根据吊装条件确定，应确保不变形，接头应错开。应在骨架外侧设置控制保护层厚度的垫块，其间距竖向为 2 m，横向圆周不得少于 4 处。骨架顶端应设置吊环。

（二）钻孔施工

1. 施工工艺流程

钻孔灌注桩的施工工艺流程，如图 2-3-8 所示。

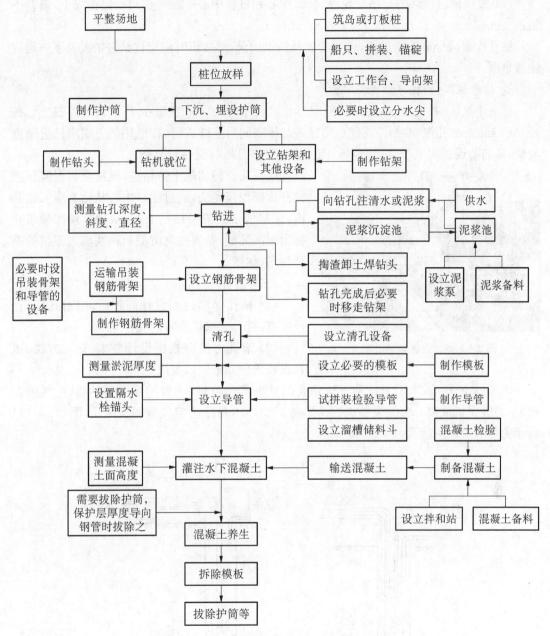

图2-3-8　钻孔灌注桩的施工工艺流程图

2. 一般要求

（1）钻孔就位前，应对钻孔的各项准备工作进行检查，包括场地与钻机坐落处的平整和加固，主要机具的检查和安装。

（2）开孔孔位准确。钻时应慢速钻进，待导向部位或钻头全部进入地层后，方可加速钻进。

（3）压进的首节护筒必须竖直。钻孔开始后应随时检测其水平位置和竖直线，如发现偏移，应将护筒拔出，调整后重新压入钻进。

（4）在钻孔排渣、提钻头除土或因故停钻时，应保持孔内具有规定的水位和要求的泥浆相对密度和黏度。处理孔内事故或因故停钻，必须将钻头提出孔外。

（5）回转钻机顶部的起吊滑轮缘，转盘中心和桩位中心三者应在同一铅垂线上，偏差不超过 2 cm。

钻孔作业应分班连续进行，填写的钻孔施工记录，交接班时应交代钻进情况及下一班应注意事项。

3. 钻进施工（正循环钻进施工）

适应于淤泥、黏性土、砂土以及砾卵石粒半径小于 10 cm 含量少于 20％的碎石土。孔径 60～150 cm，孔深 50 m。其优点是钻进与排渣同时连续进行，在适用的土层中钻进速度较快，但需要设置泥浆槽、沉淀池等，施工占地较多且机具设备较复杂。

图 2-3-9 正循环钻进施工

用钻头旋转切削土体钻进，泥浆泵将泥浆压进钻杆顶部泥浆龙头，通过钻杆中心从钻头喷入钻孔内，泥浆携带钻渣沿钻孔上升，从护筒顶部排浆孔排出至沉淀池，钻渣在此沉淀而泥浆流入泥浆池循环使用，如图 2-3-9 所示。

（三）清孔

（1）钻孔深度达到设计高程后，应对孔深、孔径检查，符合要求后方可清孔。

（2）清孔方法应根据设计要求、钻孔方法、机具设备条件和地层情况决定。

① 抽浆清孔法：适用于各种方法钻孔的柱桩和摩擦桩，一般用反循环钻机、空气吸泥机、水力吸泥机或离心吸泥泵等进行。如图 2-3-10 所示为空气吸泥机清孔，图 2-3-11 所示为离心吸泥泵清孔。

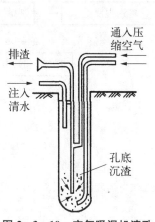

图 2-3-10 空气吸泥机清孔

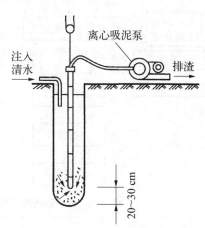

图 2-3-11 离心吸泥泵清孔

② 换浆清孔法：适用于正循环钻孔法的摩擦桩，于钻孔完成后，提升钻锥距孔底 10～20 cm，继续循环，以相对密度较低（1.1～1.2）的泥浆压入，把钻孔内的悬浮钻渣和相对密度较大的泥浆换出。

③ 掏渣清孔法：用抽渣筒、大锅锥或冲抓钻清掏孔底粗钻渣，仅适用于机动推钻、冲抓、冲击钻孔的各类土层摩擦桩的初步清孔，掏渣前可先投入水泥 1～2 袋，再以钻锥冲出数次，使孔内泥浆、钻渣和水泥形成混合物，然后用掏渣工具掏渣。当要求清孔质量较高时，可使

用高压水管插入孔底逐渐降低。

④ 喷射清孔法：只宜配合其他清孔法使用，是在灌注混凝土前对孔底进行高压射水或射风数分钟，使剩余少量沉淀物漂浮后，立即灌注水下混凝土。

（3）在吊入钢筋骨架后，灌注水下混凝土之前，应再次检查孔内泥浆性能指标和孔底沉淀厚度，如超过规定，应进行第二次清孔，符合要求后方可灌注水下混凝土。

（4）在清孔排渣时，必须注意保持孔内水头，防止坍孔。

（5）不得用加深钻孔深度的方式代替清孔。

（四）钢筋骨架及导管吊装

1. 钢筋骨架的吊装

清孔结束后，随即吊放钢筋骨架，入孔一般用吊机。无吊机时，可采用钻机钻架、灌注塔架。起吊应按骨架长度的编号入孔。钢筋骨架应及时、准确地吊放、焊接、就位、牢固定位，如图 2 - 3 - 12 所示。

图 2 - 3 - 12　吊放钢筋骨架

钢筋骨架吊放的允许偏差为：

（1）骨架倾斜度±0.5%；

（2）骨架保护层厚度±20 mm；

（3）骨架中心平面位置±20 mm；

（4）骨架顶端高程±20 mm；

（5）骨架底面高程±50 mm。

2. 导管

水下混凝土一般用钢导管灌注，导管内径为 200～350 mm，视桩径大小而定。导管安装如图 2 - 3 - 13 所示。

导管使用前应进行水密承压和接头抗拉试验，严禁用压气试压。进行水密试验的水压不应小于孔内水深 1.3 倍的压力。也不应小于导管壁和焊缝可能承受灌注混凝土时最大内压力 P 的 1.3 倍。P 可按式（2-1）计算：

$$P = \gamma_c h_c - \gamma_w h_w \qquad (2-1)$$

式中：P——导管可能受到的最大内压力（kPa）；

图 2 - 3 - 13　导管安装

y_c——混凝土拌和物的重度(取 24 kN/m³);

h_c——导管内混凝土柱最大高度(m),以导管全长或预计的最大高度计;

γ_w——井孔内水或泥浆的重度(kN/m³);

H_w——井孔内水或泥浆的深度(m)。

(五) 水下混凝土的灌注

1. 灌注水下混凝土时应配备的主要设备及备用设备

灌注水下混凝土的搅拌机能力,应能满足桩孔在规定时间内灌注完毕。灌注时间不得长于首批混凝土初凝时间。若估计灌注时间长于首批混凝土初凝时间,则应掺入缓凝剂。

水下灌注混凝土的泵送机具宜采用混凝土泵,距离稍远的宜采用混凝土搅拌运输车。用普通汽车运输时,运输容器应严密坚实,不漏浆、不吸水,便于装卸,混凝土不应离析。

2. 水下混凝土配制

可采用火山灰水泥、粉煤灰水泥、普通硅酸盐水泥或硅酸盐水泥,使用矿渣水泥时应采取防离析措施。水泥的初凝时间不宜早于 2.5 h,水泥的强度等级不宜低于 42.5 级。

粗集料宜优先选用卵石,如采用碎石宜适当增加混凝土配合比的含砂率。集料的最大粒径不应大于导管内径的 1/6~1/8 和钢筋最小净距的 1/4,同时不应大于 40 mm。

细集料宜采用级配良好的中砂。

混凝土配合比的含砂率宜采用 0.4~0.5,水灰比宜采用 0.5~0.6。有试验依据时含砂率和水灰比可酌情增大或减小。

混凝土拌和物应有良好的和易性,在运输和灌注过程中应无显著离析、泌水现象。灌注时应保持足够的流动性,其坍落度宜为 180~220 mm。

每立方米水下混凝土的水泥用量不宜小于 350 kg,当掺有适宜数量的减水缓凝剂或粉煤灰时,可不少于 300 kg。

混凝土拌和物的配合比符合设计要求。

3. 水下混凝土灌注

在灌注水下混凝土之前,应再次检查孔内泥浆性能指标和孔底沉淀厚度,如超过规定,应进行第二次清孔,符合要求后方可灌注水下混凝土。

混凝土拌和物运至灌注地点时,应检查其均匀性和坍落度等,如不符合要求,应进行第二次拌和,二次拌和后仍不符合要求时,不得使用。

用导管灌注水下混凝土,拌和物是通过导管下口进入首批的混凝土的下面,托着首批混凝土及其上面的泥浆上升。必须做到两点:

(1) 导管顶端比孔内水位至少高出 4 m 以上,如图 2-3-14(a)所示,以保证升托导管底端以上混凝土及泥浆所必需的压力。

(2) 尽量缩短灌注时间,使灌注工作在首批混凝土仍具塑性的时间内完成。

在开始灌注首批混凝土时,导管下口至孔底的距离,以 0.25~0.4 m 为宜,如图 2-3-14(a)所示。首批混凝土浇筑是否顺利,对灌桩质量和成败影响很大。必须注意两点:

① 首批混凝土与导管内的水之间,必须采取隔离措施,如图 2-3-14(b)所示。拌和物下落后,混凝土应连续灌注。

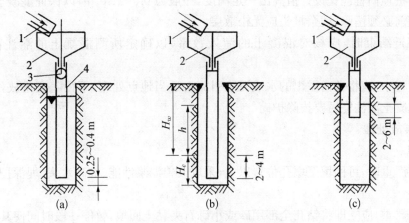

图 2-3-14 灌注水下混凝土

1—通混凝土储料槽；2—漏斗；3—隔水栓；4—导管

② 首批灌注混凝土的数量应能满足导管首次埋置深度(≥1.0 m)和填充导管底部的需要，如图 2-3-14(a)所示。

所需混凝土数量可参考式计算。

$$V \geqslant \pi D^2(H_1 + H_2)/4 + \pi d^2 h_1/4$$

式中：V——灌注首批混凝土所需数量(m^3)；

h_1——桩孔内混凝土达到埋置深度 H_c 时，导管内混凝土柱所需的高度(m)，如图 2-3-15 所示；

$$h_1 \geqslant \gamma_w h_w/\gamma_c$$

H_c——灌注首批混凝土所需井孔内混凝土面孔底的高度(m)，$H_c = H_1 + H_2$；

H_w——井孔内混凝土面以上水或泥浆深度；

D——桩孔直径(m)；

d——导管内径(m)；

γ_w——井孔内水或泥浆的密度(kN/m^3)；

γ_c——混凝土拌和物的密度(kN/m^3)；

H_2——导管初次埋置深度(m)，$H_2 \geqslant 1.0$ m；

H_1——桩孔底至导管底端间距，一般约为 0.4 m。

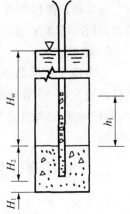

图 2-3-15 首批混凝土

在灌注过程中，每灌一段时间，就要及时抽拔导管，导管在混凝土中的埋置深度宜控制在 2~6 m，如图 2-3-14(c)所示。提升过快会形成断桩；抽拔不及时或埋入过深，混凝土初凝后导管不能拔出，会造成工程事故。

在灌注过程中，应经常测探井孔内混凝土面的位置，及时地调整导管埋深。

为防止钢筋骨架上浮，当灌注的混凝土顶面距钢筋骨架底部 1 m 左右时，应降低混凝土的灌注速度。当混凝土拌和物上升到骨架底口 4 m 以上时，提升导管，使其底口高于骨架底部 2 m 以上，即可恢复正常灌注速度。

灌注的桩顶高程应比设计值高出一定高度，一般为 0.5～1.0 m，以保证混凝土强度，多余部分接桩前必须凿除，残余桩头应无松散层。

灌注将近结束时，应核对混凝土的灌入数量，以确定所测混凝土的灌注高度是否正确。

灌注过程中，应将孔内溢出的水或泥浆引流至适当地点处理，不得随意排放，污染环境及河流。混凝土灌注完后要拔除护筒。

(六) 事故处理

1. 塌孔

塌孔不严重时，可回填至塌孔位置以上，采取改善泥浆性能、加高水头、埋深护筒等措施继续钻进。

若塌孔严重，应立即将钻孔全部用砂或小砾石夹黏土回填，暂停一段时间使其性能稳定后，再采取相应措施（加大泥浆浓度快速钻进等）重钻。

2. 孔身偏斜、弯曲

一般可在偏斜处吊挂钻锥反复扫孔，使钻孔正直。偏斜严重时应回填黏性土到偏斜处，待沉淀密实后再重钻。

3. 扩孔、缩孔

扩孔是孔径增大，要采取防止塌孔和防止钻锥摆动过大的措施。缩孔一是由于钻锥磨损过大焊补不及时，应及时补焊钻锥；二是因地层中有遇水膨胀的软土、黏土泥岩造成的，应选用失水率小的优质泥浆护壁。

4. 钻孔漏浆

若发现护筒内水头不能保持，水位下降，证明有漏浆现象，宜采用将护筒周围填土筑实，增加护筒沉埋深度，适当减小水头高度或采取加稠泥浆，加入黏土慢速转动等措施。

5. 糊钻、埋钻

常出现于正反循环回转钻进和冲击钻进中。遇此情况应对泥浆稠度、钻渣进出口、钻杆内径大小、排渣设备进行检查计算，并控制适当进尺。若已严重糊钻，应停钻提出钻锥，清除钻渣。遇到塌方或其他原因造成埋钻时，应使用空气吸泥机吸走埋钻的泥沙，提出钻锥。

二、挖孔灌注桩

1. 定义

挖孔灌注桩（以下简称挖孔桩）是采用人工挖掘方法进行成孔，然后安装钢筋笼，浇筑混凝土成型。

2. 挖孔桩的适用范围

挖孔桩适用于无地下水或少量地下水，且较密实的土层或风化岩层。若孔内产生的空气污染物超过现行《环境空气质量标准》(GB 3095—1996)规定的三级标准浓度限值时，必须采取通风措施，方可采用人工挖孔。

3. 挖孔桩的特点

(1) 挖孔设备简单，施工现场较干净，噪声小，振动小，无挤土现象；

(2) 施工速度快，可按施工进度要求决定同时开挖桩孔的数量，必要时，各桩孔可同时施工；

（3）土层情况明确，可直接观察到地质变化情况，桩底沉渣清除干净，施工质量可靠；

（4）桩径不受限制，承载力大，与其他桩相比较经济。

但挖孔桩的施工，工人在井下作业，劳动条件差，施工中应特别重视流沙、流泥、有害气体等影响，要严格按操作规程施工，制订可靠的安全措施。

4. 挖孔桩的直径

挖孔桩的直径除了能满足设计承载力的要求外，还应考虑施工操作的要求，故桩芯直径不宜小于 1 200 mm，桩底一般都扩大，扩底变径尺寸按 $[(D_1-D)/2]：h=1：4$，$h_1 \geqslant (D_1-D)/4$，进行控制，如图 2-3-16 所示。当采用现浇混凝土护壁时，护壁厚度一般不少于 $D/10+5(cm)$，每步高 1 m，并有 100 mm 放坡。

5. 挖孔桩的施工机具

挖孔桩的施工机具比较简单，主要有：

（1）垂直运输工具，如电动葫芦和提土桶，用于施工人员、材料和弃土等的垂直运输。

（2）排水工具，如潜水泵，用于抽出桩孔中的积水。

（3）通风设备，如鼓风机、输风管，用于向桩孔中强制送入空气。

（4）挖掘工具，如镐、锹、土筐等。

（5）若遇到坚硬的土层或岩石，还需准备风镐和爆破设备。此外，还有照明灯、对讲机、电铃等。

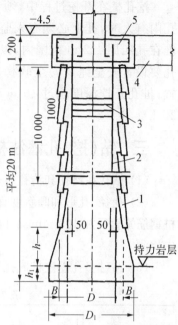

图 2-3-16　人工挖孔桩构造图
（尺寸单位：mm）

1—护壁；2—主筋；3—箍筋；4—地梁；
5—桩帽

6. 挖孔桩的施工工艺流程

为了确保人工挖孔桩施工过程中的安全，必须考虑防止土体坍滑的支护措施。支护的方法很多，例如可采用现浇混凝土护壁、喷射混凝土护壁、型钢或木板桩工具护壁、沉井等。下面以现浇混凝土分段护壁为例说明人工挖孔桩的施工工艺流程。

（1）按设计图纸放线、定桩位。

（2）开挖土方。采取分段开挖，每段高度决定于土壁保持直立状态的能力，一般以 0.5~1.0 m 为一个施工段，开挖范围为设计桩芯直径加护壁的厚度。

（3）支设护壁模板。模板高度取决于开挖土方施工段的高度，一般为 1 m，由 4~8 块活动钢模板（或木模板）组合而成。

（4）在模板顶放置操作平台。平台可用角钢和钢板制成半圆形，两个合起来即为一个整圆，用来临时放置混凝土和浇筑混凝土用。

（5）浇筑护壁混凝土。护壁混凝土要注意捣实，因它起着防止土壁塌陷与防水的双重作用。第一节护壁厚宜增加 100~150 mm，上下节护壁用钢筋拉结。

（6）拆除模板继续下一段的施工。当护壁混凝土强度达到 1.2 MPa，常温下约 24 h 方可拆除模板、开挖下一段的土方，再支模浇筑护壁混凝土，如此循环，直至挖到设计要求的深度。

(7) 安放钢筋笼。绑扎好钢筋笼后整体安放。

(8) 浇筑桩身混凝土。当桩孔内渗水量不大时,抽除孔内积水后,用串筒法浇筑混凝土。如果桩孔内渗水量过大,积水过多不便排干,则应用导管法浇筑水下混凝土。

挖孔桩在开挖过程中,须专门制订安全措施。如施工人员进入孔内必须戴安全帽;孔内有人时,孔上必须有人监督防护;护壁要高出地面 150~200 mm,挖出的土方不得堆在孔四周 1.2 m 范围内,以防滚入孔内;孔周围要设置 0.8 m 高的安全防护栏杆;每孔要设置安全绳及安全软梯;孔下照明要用安全电压;使用潜水泵,必须有防漏电装置;桩孔开挖深度超过 10 m 时,应设置鼓风机,专门向井下输送洁净空气,风量不少于25 L/s 等。

三、钻(挖)孔灌注桩的质量检验及质量标准

(1) 钻孔在终孔和清孔后,应对孔位、孔深等进行检验。

(2) 孔径、孔形和倾斜度宜采用专用仪器测定,当缺乏专用仪器时,可采用外径为钻孔桩钢筋笼直径加 100 mm(不得大于钻头直径),长度为 4~6 倍外径的钢筋检孔器吊入钻孔内检测。

(3) 钻(挖)孔灌注桩成孔质量标准见表 2-3-1

表 2-3-1 钻(挖)孔灌注桩成孔质量标准

项　目		规定值或允许偏差
钻(挖)孔桩	孔的中心位置	群桩:100;单排桩:50
	孔径(mm)	不小于设计直径
	倾斜度(%)	钻孔:小于 1;挖孔:小于 0.5
	孔深(m)	摩擦桩:不小于设计规定 支撑桩:比设计深度超深不小于 0.05
	沉淀深度(mm)	摩擦桩:符合设计规定。设计未规定时,对于直径≤1.5 m 的桩,≤200;对于直径>1.5 m 或桩长>40 m 或土质较差的桩,≤300 支撑桩:不大于设计规定;设计未规定时≤50
	清孔后泥浆指标	相对密度:1.03~1.10;黏度:17~20 Pa·s;含砂率:<2%;胶体率:>98%

任务 4　沉井基础施工

一、沉井的概念及使用条件

沉井是一个无底无盖的井状结构物,是以在井内不断除土,井体借自重克服外壁与土的摩阻力而不断下沉至设计高程,并经过封底、填芯以后,使其成为桥梁墩、台或其他结构物的基础。

沉井基础的特点是埋置深度可以很大,整体性强、稳定性好,能承受较大的垂直荷载和水平荷载。沉井既是基础,又是施工时的挡土和围堰结构物,施工工艺也不复杂。根据经济

合理、施工上可能的原则，一般在下列情况下可采用沉井基础。

（1）上部荷载较大，而表层地基土的容许承载力不足，做扩大基础开挖工作量大以及支撑难，但在一定深度下有较好持力层，采用沉井基础与其他深基础相比较，经济上较为合理时。

（2）在山区河流中，虽然土质较好，但冲刷大，或河中有较大卵石不便桩基础施工时。

（3）岩石表面较平坦且覆盖层薄，但河水较深，采用扩大基础施工围堰有困难时。

二、沉井的组成

沉井主要由刃脚、井壁、隔墙、井孔、凹槽、射水管、封底和盖板等部分组成。

1. 刃脚

刃脚在沉井的最下端，用钢板做成，形如刀刃，当沉井下沉时，起切入土中的作用，如图 2-4-1 所示。

2. 井壁

井壁是沉井的外壁，用钢筋混凝土逐节现浇而成。下沉的过程中，除起挡土作用外，还以其自重克服外壁与地基土之间的摩阻力和刃脚底部的土阻力，使沉井逐渐下沉，直至设计高程。

3. 隔墙

隔墙是把沉井分成若干小间，以减小由外侧土压力对井壁的弯矩，加强沉井的刚度。此外，在施工时，便于挖土和可以控制沉井下沉的偏差。

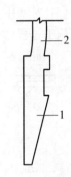

图 2-4-1　钢板刃脚示意图

1—钢刃脚；2—井壁

4. 井孔

井孔是挖土排土的工作场所和通道。井孔尺寸应满足施工要求，宽度（直径）不宜小于 3 m。井孔布置应对称于沉井中心轴，便于对称挖土使沉井均匀下沉。

5. 凹槽

凹槽设在井孔下端近刃脚处，其作用是使封底混凝土与井壁有较好的结合，封底混凝土底面的反力更好的传给井壁（如井孔全部填实的实心沉井也可不设凹槽）。凹槽的深度约 0.15～0.25 m，高约 1.0 m。

6. 射水管

当沉井下沉深度大，穿过的土质又较好，估计下沉会产生困难时，可在井壁中预埋射水管组。射水管应均匀布置，以利于控制水压和水量来调整下沉方向。一般水压不小于 600 kPa。

7. 封底和盖板

沉井沉至设计高程进行清基后，便浇筑封底混凝土。混凝土达到设计强度后，可从井孔中抽干水并填满混凝土或其他圬工材料。如井孔中不填料或仅填以沙砾则须在沉井顶面浇筑钢筋混凝土盖板，盖板厚度一般为 1.5～2.0 m。封底混凝土底面承受地基土和水的反力，这就要求封底混凝土有一定的厚度（可由应力验算决定），其厚度根据经验也可取不小于井孔最小边长的 1.5 倍。封底混凝土顶面应高出刃脚根部不小于 0.5 m，并浇灌到凹槽上端。封底混凝土强度等级对岩石地基用 C15，一般地基用 C20。井孔中充填的混凝土，其强度等级不应低于 C10。

三、沉井的施工工艺流程

沉井的施工工艺流程是：

（1）在进行沉井施工时，先在沉井位置开挖基坑，坑的四周打桩，设置工作平台。

（2）铺砂垫层，搁置垫木。

（3）制作钢刃脚，并浇筑第一节钢筋混凝土井筒。

（4）待第一节井筒的混凝土达到一定强度后，抽出垫木，并在井筒内挖土，或用水力吸泥，使沉井下沉。沉井下沉施工可分为排水下沉和不排水下沉。

（5）然后加高沉井，分节浇筑，沉井在井壁自重的作用下，逐渐下沉。

（6）当沉井下沉到设计高程后，用混凝土封底，浇筑钢筋混凝土底板，形成地下结构。沉井施工过程，如图2-4-2所示。

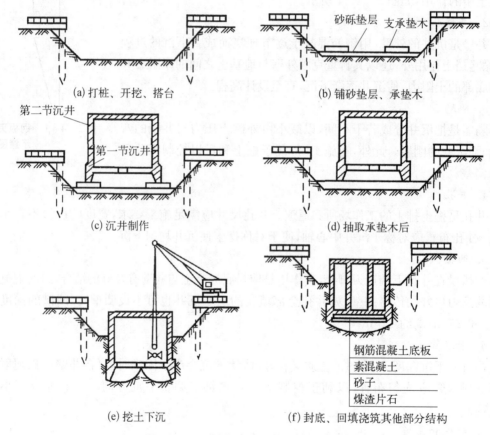

图2-4-2　沉井的施工工艺流程示意图

四、基底处理

沉井沉到设计高程后，应检验基底的地质情况是否与设计相符。当采用排水下沉时，可直接检验、处理；采用不排水下沉时，应由潜水员进行水下检验、处理，必要时取样鉴定。

基底面应尽量整平，高差要保证水下封底混凝土在刃脚和隔墙下满足设计要求的最小厚度，以提高水下混凝土的灌注质量。

防止封底混凝土和基底间掺入有害夹层。基底为岩层时,岩面残留物(风化岩碎块、卵石、砂)应清除干净,清除后的有效面积(即沉井底面积扣除在刃脚下一定宽度不可能完全清除干净的面积)不得小于设计要求。基底为砂质或黏质土时,应铺以碎石或砾石垫层,以铺至刃脚尖以上 20 cm 处为好。对排水下沉的沉井,还须沿刃口周边下面以碎石或砾石填平夯实。

井壁、隔墙及刃脚与封底混凝土接触面处的污泥应予清除。

基底检验合格后,应及时进行封底。对于排水下沉的沉井,在清基时,如渗水量上升速度小于或等于 6 mm/min,可按普通混凝土浇筑方法进行封底;若渗水量大于上述规定时,宜采用水下混凝土(导管法灌注)进行封底。

五、沉井在施工过程中的质量事故及处理

沉井在下沉过程中,常出现的工程质量事故,主要是沉井产生倾斜和位移。

1. 倾斜

(1)倾斜的原因

由于土质软硬不同,各处存在较大的差异,或因局部遇上障碍物,致使沉井下沉不均匀,从而产生倾斜。这种倾斜对工程来说,是不允许出现的,所以需要进行纠偏。

(2)常用的纠偏方法

① 压重纠偏:适用于矩形沉井。若长边产生偏差,可在下沉量较少的一端用铸铁块、砖块等重物压上,并多挖土,使沉井恢复水平,如图 2-4-3 所示。

② 压力水加偏心压重纠偏:若矩形沉井短边产生偏差,或虽不是矩形沉井而是小直径的圆形沉井发生偏差,这时可采取在下沉较小的一侧用压力水冲刷井壁附近的土,并在沉井上端加以偏心压重。此外,还可以在下沉多的一侧加一水平推力。如图 2-4-4 所示。

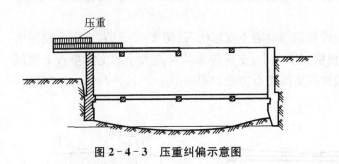

图 2-4-3 压重纠偏示意图

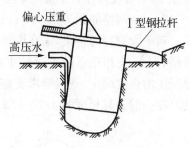

图 2-4-4 压力水加偏心压重纠偏示意图

2. 位移

当沉井在下沉的过程中产生了位移,即沉井的中心线与设计中心线不重合。这时,可在沉井中心线一侧先挖土,使沉井向中心线一侧倾斜,然后再均匀挖土,使沉井沿设计中心线一侧下沉,直到沉井中心线与设计中心线接近或重合为止,如图 2-4-5 所示,即纠正位移完成。

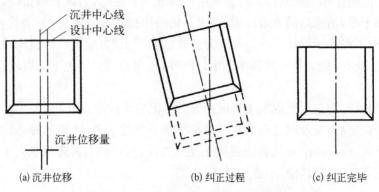

图2-4-5　沉井位移纠正方法示意图

任务5　桥梁墩、台构造

一、桥墩构造

（一）梁桥桥墩构造

1. 重力式桥墩

重力式桥墩由墩帽、墩身和基础三部分组成。

墩帽一般用不低C20混凝土筑成，其顶面在横桥向常做成一定的排水坡，四周应挑出墩身约5～10 cm的范围作为滴水（檐口），如图2-5-1所示。在墩帽内，大、中跨径桥梁应设置构造钢筋，小跨径桥梁，当桥宽较窄时，除严寒地区外，可不设构造钢筋。

对于中、小跨径的桥梁，支座可直接安置在墩帽上，为了使支座传来的压力均匀分布到墩顶上，可在支座下设置1～2层钢筋网。钢筋网的尺寸为支座的2倍，钢筋直径一般为8～12 mm，网格间距为7～10 cm。

对于大跨径的桥梁，需在墩顶上设置钢筋混凝土支撑垫石（图2-5-2），支座要放在支撑垫石上。支撑垫石的平面尺寸要根据支座大小、支座传来的荷载大小和支撑垫石下墩顶混凝土的强度而定，一般要求支座边缘距支撑垫石边缘的距离不小于15～20 cm，支撑垫石的厚度一般为其长度的1/2～1/3。

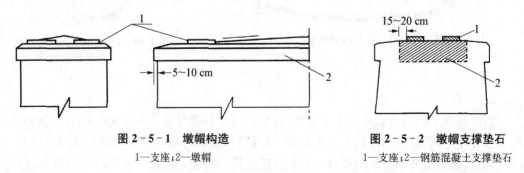

图2-5-1　墩帽构造　　　　　　　图2-5-2　墩帽支撑垫石
1—支座；2—墩帽　　　　　　　1—支座；2—钢筋混凝土支撑垫石

墩身的平面形状，在河中可以做成圆端形或尖端形，在无水岸墩或高架桥也可做成矩形，在水流与桥梁斜交时，可做成圆形。墩身可用浆砌块石或混凝土筑成。

设在天然地基上的桥墩基础一般采用C15以上的混凝土或M5砂浆砌片石(或块石)筑成。基础平面尺寸应较墩身底面尺寸略大。在竖向,基础可以做成单层式的或2～3层台阶式的。

重力式桥墩的优点是承载能力大,缺点是圬工数量多,重力大,适用于荷载较大或河流中流冰和漂浮物较多的桥梁。

2. 钢筋混凝土薄壁桥墩

由于重力式桥墩重力大,当地基土质条件较差时,为了减轻地基的应力,可考虑采用钢筋混凝土薄壁桥墩(图2-5-3),其墩身厚度约为墩高的1/10～1/15(一般为30～50 cm)。其圬工数量比重力式桥墩节省70%左右,但需耗用较多的钢筋。

3. V形桥墩和Y形桥墩

大跨径桥梁,当上部结构为连续梁时,为了缩短两桥墩的跨径,桥墩结构可采用顶部分开、底部连在一起的V形桥墩[图2-5-4(a)]和顶部分开、底部与直立桥墩连在一起的Y形桥墩[图2-5-4(b)]。由于这种桥墩能缩短上部结构的跨径,所以上部结构所产生的弯矩比用其他形式的桥墩减少很多。

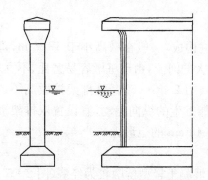

图2-5-3 钢筋混凝土薄壁桥墩

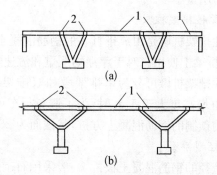

图2-5-4 V型桥墩和Y型桥墩

1—预制梁;2—接头

V形桥墩的高度一般都设计成等高;墩底可以是固接的,也可以是铰接的。Y形桥墩的高度可以不同,但斜臂顶至底的距离应保持不变,这样可以使所有的斜臂都具有统一的体形。

V形和Y形桥墩具有优美的外形,它能增加上部结构的跨径,减少桥墩数目,但施工比较复杂,需设置临时墩和用钢脚手架来支承斜臂的重力。

4. 柱式桥墩和桩柱式桥墩

柱式桥墩和桩柱式桥墩是公路桥梁采用较多的桥墩形式之一,它能减轻墩身重力,节约圬工材料,外形又较美观。

柱式桥墩可以在灌注桩顶浇一承台,然后在承台上设立柱[图2-5-5(a)];或在浅基础上设立柱[图2-5-5(b)]。为了增强墩柱间抗撞击的能力,在两柱中间加做隔墙[图2-5-5(c)]。当桥墩较高,也可以把水下部分做成实体式,以上部分仍为柱式[图2-5-5(d)]。

桩柱式桥墩一般分为两部分,在地面以上(或柱桩连接处以上)称为柱,在地面以下称为桩。[图2-5-5(e)]为单柱式桩墩,适用于斜交桥;[图2-5-5(f)]为等截面双柱式桩墩,桩位施工的精度要求高;[图2-5-5(f)]为变截面双柱式桩墩。为了增加桩柱的横向刚度,在桩柱之间设置横系梁[图2-5-5(g)]。

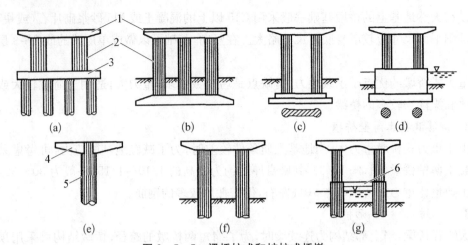

图 2-5-5 梁桥柱式和桩柱式桥墩
1—盖梁;2—立柱;3—承台;4—悬臂盖梁;5—单立柱;6—横系梁

桩柱式桥墩施工方便,特别是采用钻孔灌注桩时,钻孔直径较大,墩身的刚度也比较大,桩内钢筋用量不多。

5. 柔性排架桩墩

柔性排架桩墩是由成排打入的钢筋混凝土桩构成,一般在墩高小于 5～7 m,跨径小于 13 m 的桥梁上使用。对于漂浮物严重和流速较大的河流,由于桩墩容易磨耗,不宜采用。

柔性排架桩墩可分为单排架墩和双排架墩(图 2-5-6)。单排架桩墩高不超过 4～5 m。当桩墩高度大于 5 m 时,为了避免行车可能发生的纵向晃动,宜设置双排架墩。桩一般是采用预制的钢筋混凝土方桩,其截面为 25～40 cm 的矩形。

6. 轻型桥墩

小跨径的钢筋混凝土板桥,一般采用石砌或混凝土轻型桥墩较为经济(图 2-5-7)。

墩帽用混凝土浇筑,厚度不小于 30 cm。墩帽四周挑檐宽度为 5 cm,周边做成 5 cm 削角。当桥面的横向排水不用三角垫层调整时,可在墩帽顶面以中心向两端加做三角垫层。墩帽上要预埋栓钉,位置与上部结构块件的栓孔相适应。

墩身用混凝土或浆砌块石做成,宽度不小于 60 cm,两边坡度为直立,两头做成圆墩形。

基础采用 C15 号混凝土或 M5 浆砌片石(或块石)做成,平面尺寸较墩身底面尺寸略大(一般大 20 cm)。基础多做成单层式的,其高度在 60 cm 上下。

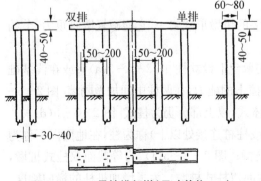

图 2-5-6 柔性排架墩(尺寸单位:cm)

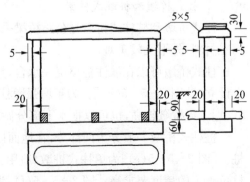

图 2-5-7 轻型桥墩(尺寸单位:cm)

（二）拱桥桥墩构造

1. 重力式桥墩

拱桥重力式桥墩，其形式基本上与梁桥重力式桥墩相仿。因为承受较大的水平推力，所以，拱桥重力式桥墩的宽度尺寸比梁桥大。同时，墩帽顶部宜做成斜坡（图2-5-8）。

墩帽可用浆砌块石（或料石）做成（对应于石拱桥），或用混凝土做成（对应于混凝土或钢筋混凝土拱桥）。

拱桥墩身体积较大，除了用块石砌筑外，也有用片石混凝土浇筑的。有时为了节省圬工砌体，可将墩身做成空心，中间填以砂石。

拱桥桥墩基础与梁桥相同。

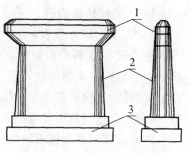

图 2-5-8　拱桥重力式桥墩

1—墩帽；2—墩身；3—基础

2. 柱式桥墩和桩柱式桥墩

拱桥的柱式桥墩和桩柱式桥墩与梁桥相同。由于承受较大的水平推力，柱和桩的直径比梁桥大，根数也比梁桥多。当跨径较大（40～50 m）时，可以采用双排桩。

3. 单向推力墩

多跨拱桥根据施工和使用要求，每隔3～5孔设置单向推力墩，目前常用的单向推力墩有以下几种形式。

（1）普通柱墩加设斜撑及拉杆的单向推力墩

这种单向推力墩是在普通墩柱上对称增设一对钢筋混凝土斜撑（图2-5-9），以提高其抵抗单向水平推力的能力。接头只承受压力而不承受拉力。在基础埋置深度不大且地基条件较好时，也可把桥墩基础加宽成"⊥"形的单向推力墩。

（2）悬臂式单向推力墩

悬臂式单向推力墩是在桥墩的顺桥向双向挑出悬臂（图2-5-10）。当邻孔遭到破坏后，由于悬臂端的存在，使拱支座竖向反力通过悬臂端而成为稳定力矩，保证了单向推力墩不致遭到损坏。

（3）实体单向推力墩

当桥墩较矮及单向推力不大时，只需加大实体墩身的尺寸即可。

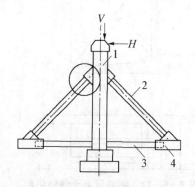

图 2-5-9　普通柱墩加设斜撑及拉杆的单向推力墩

1—立柱；2—斜撑；3—拉杆（用预应力）；4—基础班

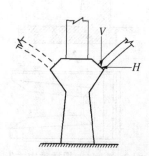

图 2-5-10　悬臂式单向推力墩

二、桥台构造

(一) 梁桥桥台构造

1. 重力式 U 形桥台

重力式 U 形桥台由台帽、台身(前墙和侧墙)和基础三部分组成(图 2-5-11)。前墙除承受上部结构传来的荷载外,还承受路堤的水平压力。前墙顶部设置台帽,以放置支座和安设上部构造,其构造要求与墩帽基本相同。台顶部分用防护墙(或称雉墙)将台帽与填土隔开,侧墙用以连接路堤并抵挡路堤填土向两侧的压力。

侧墙长度可根据锥形护坡长度决定,侧墙后端应伸入路堤锥坡内 75 cm,以防填土松坍。尾端上部做成垂直,下部按一定坡度缩短,前端与前墙相连,改善了前墙的受力条件。桥台前墙的下缘一般与锥坡下缘相齐。两个侧墙间应填以渗透性较好的土。为了排除桥台前墙后面的积水,应于侧墙间略高于高水位的平面上铺一层向路堤方向设有斜坡的夯实黏土作为防水层,并在黏土层上再铺一层碎石,将积水引向设于桥台后横穿路堤的盲沟内(图 2-5-11)。

桥台两侧设有锥形护坡,锥坡的坡度一般由纵向(顺路堤方向)为 1:1 逐渐变至横向为 1:1.5,以便和路堤边坡一致。锥坡的平面形状为 1/4 椭圆。锥坡用土夯筑而成,其表面用片石砌筑。

重力式 U 形桥台,主要依靠自身重力和台内填土重力来保持稳定,其构造虽然简单,但圬工数量大,并由于自身重力而增加对地基的压力,因此,一般宜在填土高度和跨径不大的桥梁中采用。

2. 钢筋混凝土薄壁桥台

钢筋混凝土薄壁桥台是由扶壁式挡土墙和两侧的薄壁侧墙所构成(图 2-5-12)。挡土墙由厚度不小于 15 cm(一般为 15~30 cm)的前墙和每隔 2.5~3.5 m 设置的扶壁所组成。台顶由竖直小墙和支于扶壁上的水平板构成承梁部分,以支承桥跨。侧墙由两个边扶壁构成,在边扶壁上建有钢筋混凝土耳墙。

这种桥台比重力式 U 形桥台可减少圬工体积 40%~50%,同时还因自身重力轻而减小对地基的压力。但其构造复杂,钢筋用量也比较多,适用于在软土地基上建造的桥梁。

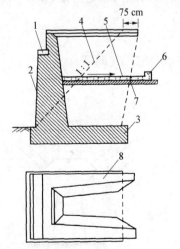

图 2-5-11　梁桥重力式 U 形桥台

1—台帽;2—前墙;3—基础;4—锥形护坡;5—碎石;
6—盲沟;7—夯实黏土;8—侧墙

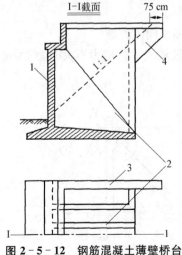

图 2-5-12　钢筋混凝土薄壁桥台

1—前墙;2—扶壁;3—侧墙;4—耳墙

3. 埋置式桥台

当路堤填土高度超过 6~8 m 时,可采用埋置式桥台。它是将台身埋在锥形护坡中,只露出台帽,以安放支座和上部结构。由于台身埋入土中,利用台前锥坡产生的土压力来抵消台后的主动土压力,可以增加桥台的稳定性,桥台的尺寸也相应减小。但埋置式桥台的锥坡挡水面积大,对桥孔下的过水面积有所压缩。

埋置式桥台台顶部分的内角到路堤锥坡表面的距离不应小于 50 cm,否则应在台顶缺口的两侧设置横隔板,使台顶部分与路堤锥坡的填土隔开,防止土壅到支承平台上。桥台通过耳墙与路堤衔接,耳墙伸进路堤的长度一般不小于 50 cm。

重力式埋置桥台的台身可用混凝土、片石混凝土或浆砌块石筑成,耳墙用钢筋混凝土做成。台身常做成向后倾斜,这样可减小台后土压力和基底合力偏心距。但施工时应注意桥台前后均匀填土,以防倾倒[图 2-5-13(a)]。

除了重力式埋置桥台外,还有立柱式埋置桥台[图 2-5-13(b)]、框架式埋置桥台[图 2-5-13(c)]和桩式埋置桥台[图 2-5-13(d)]。这些桥台均较重力式桥台轻巧,能节约大量圬工。

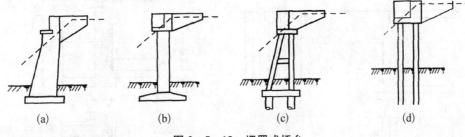

(a)　　　　　　　　(b)　　　　　　　　(c)　　　　　　　　(d)

图 2-5-13　埋置式桥台

在高等级公路中,对于桩式埋置桥台,由于桩的下沉量很小、路基下沉量较大而引起桥头跳车时,需设置桥头搭板。

4. 轻型桥台

轻型桥台用于跨径不大于 13 m 的板(梁)桥,且不宜多于 3 孔,全长不大于 20 m。

台帽用混凝土浇筑,厚度不小于 30 cm。当填土高度较高或跨径较大时,宜采用有台背的台帽。当上部构造不设三角垫层时,可在台帽上做成有斜坡的三角垫层。

台身用混凝土浇筑或块石砌筑,宽度不小于 60 cm,两边坡度为直立。两边翼墙与桥台连成整体,成为一字形桥台[图 2-5-14(a)];也有把翼墙与桥台设缝分离,翼墙与水流方向成 30°夹角,成为八字形桥台[图 2-5-14(b)]。为了节约圬工数量,也可在边柱上设置耳墙[图 2-5-14(c)]。为了增加桥台抵抗水平推力的抗弯刚度,也可将台身做成 T 形截面[图 2-5-14(d)]。

轻型桥台在墩、台基础间设置支撑梁,在上部结构与台帽之间设置锚固栓钉连接,使上部结构与支撑梁共同支撑桥台、承受台后土压力,从而减小桥台尺寸,节省圬工数量。

上部构造与台帽间应用栓钉连接,栓钉孔、上部结构与台背之间用小石子混凝土(标号同上部结构)或砂浆填实(图 2-5-15)。栓钉直径不宜小于上部构造主筋的直径,锚固长度为台帽厚度加上三角垫层和板厚。

桥台下端与相邻桥台(墩)之间设置支承梁。支承梁的尺寸一般为 20 cm×30 cm,设在铺砌层及冲刷线之下,中距为 $2\sim3$ m。对于多孔桥的一字形桥台,墩与台之间的支承梁需设置支承梁顶座(图 $2-5-16$)。

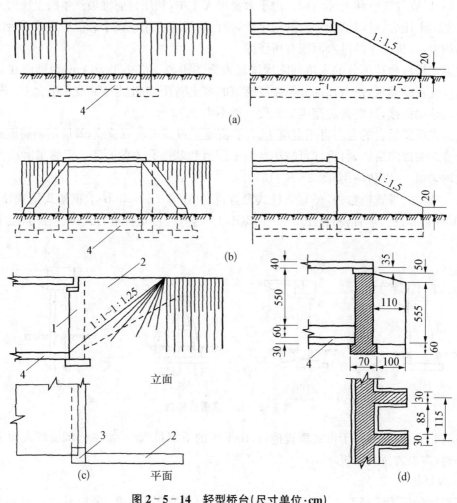

图 $2-5-14$　轻型桥台(尺寸单位:cm)

1—台墙;2—耳墙;3—边柱;4—支撑梁

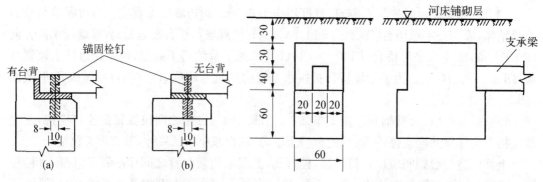

图 $2-5-15$　上部结构与台帽栓钉连接

(尺寸单位:cm)

图 $2-5-16$　支承梁顶座(尺寸单位:cm)

5. 枕梁式桥台

枕梁式桥台是以枕梁代替台帽,并直接搁于地基上。它是桥梁中最简单的一种桥台,适用于桥梁建筑高度小,桥台下土质比较密实,河床比较稳定,无冲刷的小型桥梁(图2-5-17)。枕梁用钢筋混凝土做成,截面为矩形,尺寸按荷载大小、支承情况和地基承载力大小计算确定。枕梁下铺设50~70 cm厚的碎石垫层,以保证枕梁均匀下沉。枕梁边缘到河床坡顶的水平距离应为1~1.5 m,以保证台前的土堤稳定。

(二) 拱桥桥台构造

1. 重力式U形桥台

重力式U形桥台在拱桥中用得最多,其构造与梁桥U形桥台相仿,也是由前墙、侧墙和基础三部分组成(图2-5-18)。

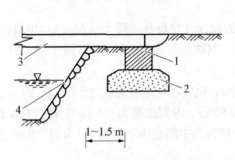

图2-5-17 枕梁式桥台

1—枕梁;2—碎石;3—梁;4—护坡

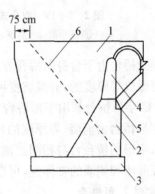

图2-5-18 拱桥重力式U形桥台

1—侧墙;2—前墙;3—基础;4—防护墙;5—台帽;6—锥坡

前墙承受拱圈推力和路堤填土压力。前墙上设有台帽,构造和拱桥墩帽相同。对空腹式拱桥,在前墙顶设有防护墙。侧墙和前墙连成整体,伸入路堤锥坡内75 cm,并抵挡路堤填土向两侧的压力。

2. 组合式桥台

组合式桥台由台身和后座两部分组成(图2-5-19)。台身基础承受竖向力,一般采用桩基础。拱的水平推力则主要由后座基底摩阻力及台后的土侧压力来平衡。组合式桥台的承台与后座间必须密切贴合并设置沉降变形缝,以适应两者间的不均匀沉降。后座基底高程应低于拱脚下缘高程,力求台后土侧压力和基底摩阻力的合力作用点同拱座中心高程一致。

3. 轻型桥台

(1) 八字形桥台和前倾式桥台

八字形桥台的台身可做成等厚度的或变厚度的。变厚度的台身背坡一般为2:1~4:1,台口尺寸应满足抗剪强度要求。两边八字翼墙与台身分开,其顶宽为40 cm,前坡为10:1,后坡为5:1(图2-5-20)。

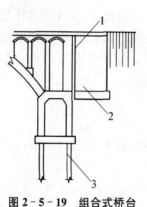

图 2-5-19 组合式桥台

1—沉降变形缝；2—后座；3—基桩

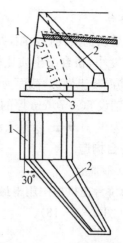

图 2-5-20 八字形桥台

1—台身；2—八字翼墙；3—基础

前倾式桥台由于台身向桥孔方向倾斜，因此比直立台身的受力情况要好，用料要省。前倾台身可做成等厚度的，前倾坡度可达 4:1。其缺点是施工比较麻烦（图 2-5-21）。

（2）U 字形桥台和山字形桥台

U 字形桥台由前墙（等厚度的）和平行于行车方向的侧墙组成（图 2-5-22）。前墙的构造和八字形的桥台台身相同。侧墙顶宽为 50 cm，内侧坡度为 4:1。当桥台宽度较大时，为了保证前墙和侧墙的整体性，可在 U 字形桥台的中间加一道背撑，成为山字形桥台。

4. 空腹 L 形桥台

空腹 L 形桥台适用于软土地基上的桥台本身不高的空腹式拱桥。它由前墙、后墙、基石盈板和撑墙部分组成（图 2-5-23）。前墙承受拱圈传来的压力，后墙支承台后土压力。在前后墙之间加设撑墙 3～4 道，它是前后墙间的传力构件，又是后墙和基础板的加劲构件。上下游的边撑墙还起着挡土的作用，中间的撑墙高度则根据后墙的受力情况决定。空腹可以是敞口的，也可以加设盖板，腹内可以填土也可以不填土。

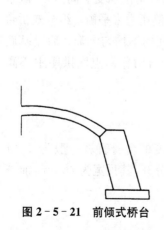

图 2-5-21 前倾式桥台

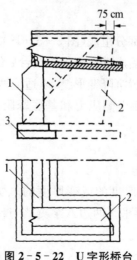

图 2-5-22 U 字形桥台

1—前墙；2—侧墙；3—基础

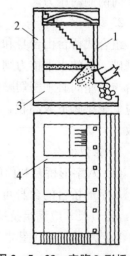

图 2-5-23 空腹 L 形桥台

1—前墙；2—后墙；3—基础板；4—撑墙

5. 履齿式桥台

履齿式桥台又称飞机式桥台,由前墙、侧墙、底板和撑墙几部分组成(图 2-5-24),适用于软弱地基上的低路堤的拱桥。桥台的底板一般是用片石混凝土浇筑,其厚度在 50 cm 左右,并不设钢筋。底板下面设齿槛以增加抗滑稳定性,齿槛的宽度和深度一般均不宜小于 50 cm。底板上设置撑墙以增强刚度。

为了抵抗拱的水平推力,可将台背做成斜挡板,使其与老土坡紧贴,这样就可以利用尾部斜墙背面的原地基土和前墙背面新填土的水平土压力来平衡拱的推力。这种桥台容易沿图中所示的虚线滑动,因此必须验算沿此滑动面的稳定性。

6. 屈膝式桥台

屈膝式桥台也适用于软土地基。它可以看成为横卧的 L 形桥台(图 2-5-25),是直接利用原状土作拱座,施工中应尽量不破坏表层好土。

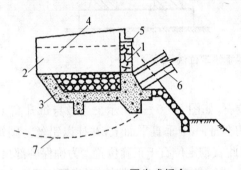

图 2-5-24 履齿式桥台

1—前墙;2—侧墙;3—底板;4—撑墙;5—腹拱台帽;
6—主拱圈;7—滑动面

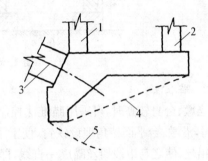

图 2-5-25 屈膝式桥台

1—前墙;2—后前;3—压力线;4—受力面;5—滑动面

屈膝式桥台在构造上较履齿式桥台更为简单。它的受力面为图中虚线 4 所示,受力面最好与桥台外力的合力方向垂直,且没有偏心是最为理想的。必要时也要验算地基土的稳定性,如图中虚线 5。

任务6 圬工墩、台施工

桥梁墩、台在使用过程中主要承受压力,设计时经常选用受压性能较好的材料。圬工墩、台是用胶结材料将天然石料、混凝土预制块件等块材按一定规则砌筑而成的整体结构。其特点是材料来源分布广泛,综合力学性能持久稳定,自重一般较大,施工中机械化程度较低,方法易于掌握.因此圬工墩、台常用于中、小桥梁中。

一、砌筑墩、台的定位放样

放样是根据施工测量定出的墩、台中心线,放出砌筑墩、台的轮廓线,再依线砌筑。

桥梁墩、台中心定位是桥梁施工测量中的关键性工作,就是根据设计图纸上桥位桩号里程,以控制点为基础,放出墩、台中心的位置。常用的测设方法有直接丈量法、角度交会法与极坐标法。

墩、台砌筑的定位放样方法有:

1. 垂线法

适宜于墩、台身和基础较低的情况,此时可依据平面轮廓线砌筑圬工。对直坡墩、台可用吊垂球的方法来控制定位石的位置。为了吊垂球方便,吊点与轮廓线间留 1~2 cm,见图 2-6-1(a)。对于斜坡墩、台可用规板控制定位石的位置,见图 2-6-1(b)。规板根据设计横截面尺寸,用竹、木制作,作为砌筑时的尺寸依据,如图 2-6-2 所示。规板可按墩、台宽度(即横桥向之长)设置 2~3 只,规板之间可随时(固定)拉线以利控制平面校验,还可以斜边靠近墩、台面,悬垂线若与所画墨线重合,则表示所砌墩、台斜度符合要求。

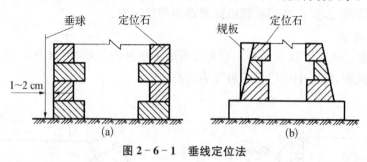

图 2-6-1 垂线定位法

2. 瞄准法

当墩、台身较高时,可采用瞄准法控制定位石,如图 2-6-3 所示。当墩身每升高 1.5~2 m 时,沿墩、台平面棱角埋设铁钉,使上下铁钉位于一个垂直平面上,并挂以铅丝。砌筑时,拉直铅丝,使之与下段铅丝瞄成一直线,即可以此安砌定位石于正确位置。为确保各部尺寸正确,采用此法时,每砌 2~3 m,应用仪器测定中线,进行各部分尺寸的校核,以确保各部尺寸正确。

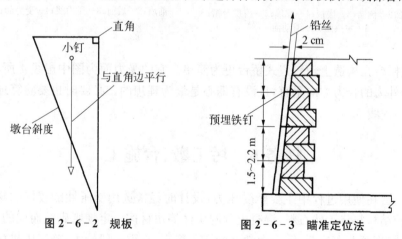

图 2-6-2 规板   图 2-6-3 瞄准定位法

二、材料准备

圬工墩、台是用片石、块石、粗料石及混凝土预制块件以水泥砂浆砌筑的,石料与砂浆的规格要符合有关规定。浆砌片石一般适用于高度小于 6 m 的墩、台身、基础、镶面以及各式墩、台身填腹;浆砌粗料石则用于磨耗及冲击严重的分水体及破冰体的镶面工程以及有整齐美观要求的桥墩、台身等。

片石是符合工程要求的岩石,经开采选择所得的形状不规则的、边长一般不小于 15 cm 的石块。块石是符合工程要求的岩石,经开采并加工而成的形状大致方正的石块。料石是按规定要求经凿琢加工而成的形状规则的石块。

将石料吊运并安砌到正确位置是砌石工程中比较困难的工序。当质量小或距地面不高时,可用简单的马凳跳板直接运送;当质量较大或距地面较高时,可采用固定式动臂吊机、桅杆式吊机或井式吊机,将材料运到墩、台上,然后再分运到安砌地点。用于砌石的脚手架应环绕墩、台搭设,用于堆放材料,并支持施工人员砌筑镶面定位行列及勾缝。脚手架一般常用固定式轻型脚手架(适用于 6 m 以下的墩、台)、简易活动脚手架(能用在 25 m 以下的墩、台)以及悬吊式脚手架(用于较高的墩、台)。

三、墩、台施工

1. 基础砌筑

当基坑开挖完毕并经检查验收后,即可砌筑基础。砌筑应自外缘开始(定位行列),砌好外圈后再填砌腹部,见图 2-6-4。

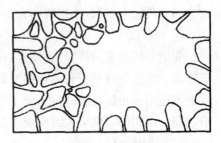

图 2-6-4　片石砌体定位行列和填腹

基础一般采用片石砌筑。当基底为土质时,可直接坐浆砌筑;当基底为岩石时,应将基底表面清洗湿润再坐浆砌筑。第一层砌筑的石块应尽可能挑选大块的,平放铺砌,且轮流丁放或顺放,并用小石块填塞空隙,灌以砂浆,然后再开始一层层平砌。每砌 2~3 层就要大致找平后再砌。

2. 墩、台身砌筑

当基础砌筑完毕,并检查平面位置和高程均符合设计要求后,即可砌筑墩、台身。砌筑前应将基础顶面洗刷干净,砌筑时,桥墩先砌上下游圆石头或分水尖,桥台先砌四角转角石,后在已砌石料上挂线,砌筑边部外露部分,最后砌筑腹部。

墩、台身可采用浆砌片石、块石或粗料石。表面石料一般采用一丁一顺的排列方法,砌筑进度应均匀,高低不应相差过大,每砌 2~3 层应大致找平。为了美观和更好地防水,墩、台表面砌缝的外露面需另行勾缝,但隐蔽处只需用砂浆刮平即可。可按自然缝勾缝,见图 2-6-5(a),或按一定尺寸勾成方格缝,见图 2-6-5(b)。勾缝的形式一般采用凸缝或平缝,浆砌规则块材也可采用凹缝。勾缝砂浆的强度等级应按设计文件规定,一般主体工程不低于 M10,附属工程不低于 M7.5。砌筑时,外层砂浆留出距石面 10~20 mm 的空隙,以备勾缝。勾缝最好在整个墩、台砌筑后自上而下进行,以保证勾缝整齐干净,见图 2-6-5(c)。

砌筑用砂浆的类别和强度等级应符合设计规定。砂浆强度等级以 M×× 表示,为 70.7 mm×70.7 mm×70.7 mm 试件标准养护 28d 的抗压强度(单位为 MPa)。常用的砂浆强度等级分为 M20、M15、M10、M7.5、M5、M2.5 六个等级。

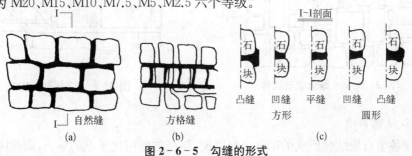

图 2-6-5　勾缝的形式

3. 墩、台砌筑工艺要点

(1) 浆砌片石

① 灌浆法

砌筑时片石应水平分层铺放,每层高度 15～20 cm,空隙应以碎石填塞,灌以流动性较大的砂浆,边灌边砌。对于基础工程,可用平板振捣器振捣,振捣器应放置在石块上面的砂浆层上,直到砂浆不再渗入砌体后,方可结束。

② 铺浆法

先铺一层坐浆,把片石铺上,每层高度一般不应超过 40 cm。并选择厚度合适的石块,用作砌平整理,空隙处先填满较稠的砂浆,用灰刀或捣固棒插实,再用适当的小石块卡紧填实。然后再铺上坐灰,用同样的方法继续铺砌上层石块。

③ 挤浆法

先铺一层坐浆,再将片石铺上,经左右轻轻扰动几下,再用手锤轻击石块,将灰缝砂浆挤压密实。在已砌好片石侧面继续安砌时,应在相邻侧面先抹砂浆,再砌片石,并向下面和抹浆的侧面用手挤压,用锤轻击,使下面和侧面的砂浆挤实。分层高度宜在 70～120 cm 之间,分层与分层间的砌缝应大致砌成水平。

(2) 浆砌块石

一般多采用铺浆法和挤浆法。砌体应分层平砌,石块丁顺相间,上下层竖缝应尽量错开,分层厚度一般不小于 20 cm。对于厚大砌体,如不易按石料厚度砌成水平层时,可设法搭配,使每隔 70～120 cm 能够砌成一个比较平整的水平层,如图 2-6-6 所示。

(3) 浆砌粗料石

一般采用铺浆和挤浆相结合的方法。砌筑前应按石料及灰缝厚度,预先计算层数,使其符合砌体竖向尺寸。石块上下和两侧修凿面都应和石料表面垂直,同一层石块和灰缝宽度应取一致。

砌筑时宜先将已修凿的石块试摆,为求水平缝一致,可先平放于木条和铁棍上,然后将石块沿边棱(图 2-6-7)A-A 翻开,在石块砌筑地点的砌石上及侧缝处抹砂浆一层并将其摊平,再将石块翻回原位,以木槌轻击,使石块结合紧密。垂直缝中砂浆若有不满,应补填插捣至溢出为止。石块下垫放的木条或铁棍,在砂浆捣实后即行取出,空隙处再以砂浆填补压实。

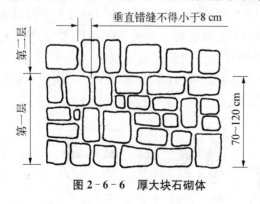

图 2-6-6 厚大块石砌体

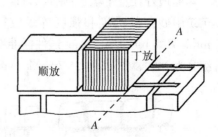

图 2-6-7 粗料石砌筑

4. 砌筑注意事项

为了使各个石块结合而成的砌体结合紧密,能抵抗作用在其上的外力,砌筑时必须做到下列几点：

（1）石料在砌筑前应清除污泥、灰尘及其他杂质，以利石块与砂浆的黏合。在砌筑前应将石块充分润湿，以免石块吸收砂浆中的水分。

（2）浆砌片石的砌缝宽度一般不应大于4 cm；浆砌块石不得大于3 cm；浆砌料石不应大于2 cm。上下层砌石应相互重叠，竖缝应尽量错开，浆砌块石的竖缝错开距离不小于8 cm；浆砌粗料石不应小于10 cm，见图2-6-8，这样集中力能分布到砌体整体上。

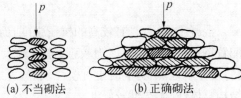

（a）不当砌法　　　　（b）正确砌法

图2-6-8　砌体上集中力的传布

（3）应将石块大面向下，使其有稳定的位置，不得在石块下面用高于砂浆层厚度的石块支垫。

（4）浆砌砌体中石块都应以砂浆隔开，砌体中的空隙应用石块和砂浆填满。

（5）在砂浆尚未凝固的砌层上，应避免受外力碰撞。砌筑中断后应洒水润湿，进行养护。重新开始砌筑时，应将原砌筑表面清扫干净，洒水润湿，再铺浆砌筑。

四、墩、台砌体的质量要求

（1）砌体质量应符合下列规定：

① 砌体所用各项材料类别、规格及质量符合要求。

② 砌缝砂浆或小石子混凝土铺填饱满，强度符合要求。

③ 砌缝宽度、错缝距离符合规定，勾缝坚固、整齐，深度和形式符合要求。

④ 砌筑方法正确。

⑤ 砌体位置、尺寸不超过允许偏差。

（2）墩、台砌体位置及外形尺寸允许偏差如表2-6-1。

表2-6-1　墩、台砌体位置及外形尺寸允许偏差

项目		规定值或允许偏差
砂浆强度（MPa）		在合格标准内
轴线偏差（mm）		20
墩台长、宽（mm）	片石	+40，-10
	块石	+30，-10
	粗料石	+20，-10
大面积平整度（mm）	片石	30
	块石	20
	粗料石	10
竖直度或坡度（%）	片石	0.5
	块石、粗料石	0.3
墩台顶面高程（mm）		±10

任务7　混凝土墩、台施工

混凝土墩、台具有较高的抗压强度,而抗拉强度较低,可以根据墩、台的受力情况,合理配置钢筋可形成承载能力较强、刚度较大的结构。混凝土材料中占比例较大的是砂、石材料,便于就地取材;混凝土可模性较好,可以根据设计需要浇筑成各种形状的墩、台;形成的结构整体性、耐久性较好。

一、混凝土墩、台的施工

1. 墩、台模板

(1) 模板设计原则

根据《公路桥涵施工技术规范》(JTG/T F50—2011)的规定,模板的设计原则如下:

① 宜优先使用胶合板和钢模板。

② 在计算作用的作用下,对模板结构按受力程序分别验算其强度、刚度及稳定性。

③ 模板板面之间应平整,接缝严密,不漏浆,保证结构物外露面美观,线条流畅,可设倒角。

④ 结构简单,制作、拆除方便。

模板一般可采用钢材、胶合板、塑料和其他符合设计要求的材料制成。浇筑混凝土之前,模板应涂刷脱模剂,外露面混凝土模板的脱模剂应采用同一种品种,不得使用废机油等油料,且不得污染钢筋及混凝土的施工缝处。重复使用的模板应经常检查、维修。

(2) 常见模板类型

① 拼装式模板:系用各种尺寸的标准模板利用销钉连接,并与拉杆、加劲构件等组成墩、台所需形状的模板。如图2-7-1所示,将墩、台表面划分为若干小块,尽量使每部分板扇尺寸相同,以便于周转使用。板扇高度通常与墩、台分节灌注高度相同,一般可为3～6 m,宽度可为1～2 m,具体视墩、台尺寸和起吊条件而定。拼装式模板由于在厂内加工制造,因此板面平整、尺寸准确、体积小、质量轻,拆装容易、快速,运输方便,故应用广泛。

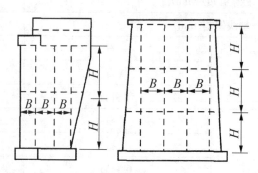

图2-7-1　墩台模板划分示意图

② 整体吊装模板:系将墩、台模板水平分成若干段,每段模板组成一个整体,在地面拼装后吊装就位(图2-7-2)。分段高度可视起吊能力而定,一般可为2～4 m。整体吊装模板的优点是安装时间短,无须设施工接缝,加快了施工进度,提高了施工质量;将拼装模板的

高空作业改为平地操作,有利于施工安全;模板刚性较强,可少设拉筋或不设拉筋,节约钢材;可利用模板外框架作简易脚手架,不需另搭施工脚手架;结构简单,装拆方便,对建造较高的桥墩较为经济。

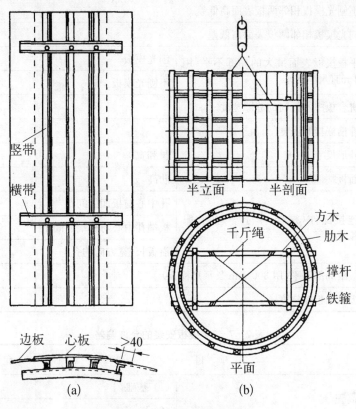

图 2-7-2 圆形桥墩整体模板

③ 组合型钢模板:系以各种长度、宽度及转角标准构件,用定型的连接件将钢模拼成结构用模板,具有体积小、质量轻、运输方便、装拆简单、接缝紧密等优点,适用于在地面拼装、整体吊装的结构上。

④ 滑动钢模板:适用于各种类型的桥墩。各种模板在工程上的应用,可根据墩、台高度,墩、台形式,机具设备,施工期限等条件,因地制宜,合理选用。

模板的设计可参照交通运输部标准《公路桥涵钢结构及木结构设计规范》(JTJ 025—86)的有关规定,验算模板的刚度时,其变形值不得超过下列数值:结构表面外露的模板,挠度为模板构件跨度的 1/400;结构表面隐蔽的模板,挠度为模板构件跨度的 1/250;钢模板的面板变形为 1.5 mm,钢模板的钢棱、柱箍变形为 L/500 和 B/500(其中 L 为计算跨径,B 为柱宽)。

模板安装前应对模板尺寸进行检查;安装时要坚实牢固,以免振捣混凝土时引起跑模漏浆;安装位置要符合结构设计要求。有关模板制作与安装的允许偏差见表 2-7-1 和表 2-7-2。

表 2-7-1 模板制作的允许偏差

项 次	项 目		允许偏差(mm)
木模板	(1) 模板的长度和宽度		±5.0
	(2) 不刨光模板相邻两板表面高低差		3.0
	(3) 刨光模板相邻两板表面高低差		1.0
	(4) 平板模板表面最大的局部不平(用 2 m 直尺检查)	刨光模板	3.0
		不刨光模板	5.0
	(5) 拼合板中木板间的缝隙宽度		2.0
	(6) 榫槽嵌接紧密度		2.0
钢模板	(1) 外形尺寸	长和宽	0,-1
	(2) 面板端偏斜	肋高	≤±0.55
	(3) 连接配件(螺栓、卡子等)的孔眼位置	孔中心与板面的间距	±0.3
		板端孔中心与板端的间距	0,-0.5
		沿板长、宽方向的孔	±0.6
	(4) 板眼局部不平(用 300 mm 长平尺检查)		1.0
	(5) 板面和板侧挠度		±1.0

表 2-7-2 模板安装的允许偏差

项 次	项 目		允许偏差(mm)
一	模板高程	(1) 基础	±15
		(2) 墩、台	±10
二	模板内部尺寸	(1) 基础	±30
		(2) 墩、台	±20
三	轴线偏位	(1) 基础	±15
		(2) 墩、台	±10
四	装配式构件支承面的高程		+2,-5
五	模板相邻两板表面高低差		2
	模板表面平整(用 2 m 直尺检查)		5
六	预埋件中心线位置		3
	预留孔洞中心线位置		10
	预留孔洞截面内部尺寸		+10,-10

2. 混凝土浇筑施工要点

墩、台身混凝土施工前,应将基础顶面冲洗干净,凿除表面浮浆,整修连接钢筋。灌注混凝土时,应经常检查模板、钢筋及预埋件的位置和保护层的尺寸,确保位置正确,不发生变形。混凝土施工中,应切实保证混凝土的配合比、水灰比和坍落度等技术性能指标满足规范要求。

（1）混凝土的运送

混凝土的运送能力应适应混凝土凝结速度和浇筑速度的需要,使浇筑工作不间断并使混凝土运到浇筑地点时仍保持均匀性和规定坍落度。混凝土运至浇筑地点后发生离析、严重泌水或坍落度不符合要求时,应进行第二次搅拌。二次搅拌时不得任意加水,确有必要时,可同时加水和水泥以保持其原水灰比不变。如二次搅拌仍不符合要求,则不得使用。

墩、台混凝土的水平与垂直运输相互配合方式与适用条件可参照表2-7-3选用。如混凝土数量大,浇筑捣固速度快时,可采用混凝土皮带运输机或混凝土输送泵。运输带速度应不大于 1.2 m/s,其最大倾斜角:当混凝土坍落度小于 40 mm 时,向上传送为 18°,向下传送为 12°;当坍落度为 40~80 mm 时,则分别为 15°与 10°。

表 2-7-3　混凝土的运输方式及适用条件

水平运输	垂直运输	适用条件		附　注
人力混凝土手推车、内燃翻斗车、轻便轨人力推运翻斗车、混凝土吊车	手推车	中、小桥,水平运距较近	$H<10$ m	搭设脚手平台,铺设坡道,用卷扬机拖拉手推车上平台
	轨道爬坡翻斗车		$H<10$ m	搭设脚手平台,铺设坡道,用卷扬机拖拉手推车上平台
	皮带输送机		$H<10$ m	倾角不宜超过 15°,速度不超过 1.2 m/s,高度不足时,可用两台串联使用
	履带(或轮胎)起重机起吊高度≈20 m		$10<H<20$ m	用吊斗输送混凝土
	木制或钢制扒杆		$10<H<20$ m	用吊斗输送混凝土
	墩外井架提升		$H>20$ m	在井架上安装扒杆提升吊斗
	墩内井架提升		$H>20$ m	适用于空心桥墩
	无井架提升		$H>20$ m	适用于滑动模板
轨道牵引车输送混凝土、翻斗车或混凝土吊斗汽车倾斜车、汽车运送混凝土吊斗、内燃翻斗车	履带(或轮胎)起重机起吊高度≈30 m	大、中桥,水平运距较远	$20<H<30$ m	用吊斗输送混凝土
	塔式吊机		$20<H<50$ m	用吊斗输送混凝土
	墩外井架提升		$H<50$ m	井架可用万能杆件组装
	墩内井架提升		$H>50$ m	适用于空心桥墩
	无井架提升		$H>50$ m	适用于滑动模板
索道吊机		$H>50$ m		
混凝土输送泵		$H<50$ m		可用于大体积实心墩、台

注:H——墩高。

（2）混凝土的灌注速度

为保证灌注质量，混凝土的配制、输送及灌注的速度不得小于式(2-2)的计算值。

$$V > Sh/t \qquad\qquad (2-2)$$

式中：v——混凝土配料、输送及灌注的容许最小速度(m^3/h)；

S——灌注的面积(m^2)；

h——灌注层的厚度(m)；

t——所用水泥的初凝时间(h)。

如混凝土的配制、输送及灌注需时较长，则应采用式(2-3)计算。

$$V \geqslant Sh/(t-t_0) \qquad\qquad (2-3)$$

式中：t_0——混凝土配制、输送及灌筑所消费的时间(h)；

其余符号意义同前。

混凝土灌筑层的厚度 h，可根据使用捣固方法按规定数值采用。

墩、台是大体积圬工，为避免水化热过高，导致混凝土因内外温差引起裂缝，可采取如下措施：

① 用改善集料级配、降低水灰比、掺加混合材料与外加剂、掺入片石等方法减少水泥用量。

② 采用 C_3A 和 C_3S 含量小、水化热低的水泥，如火山灰质水泥、矿渣水泥、粉煤灰水泥、低强度水泥等。

③ 减小浇筑层厚度，加快混凝土散热速度。

④ 混凝土用料应避免日光暴晒，以降低初始温度。

⑤ 在混凝土内埋设冷却管通水冷却。

当浇筑的平面面积过大，不能在前层混凝土初凝或能重塑前浇筑完成次层混凝土时，为保证结构的整体性，宜分块浇筑。分块时应注意：各分块面积不得小于 50 m^2；每块高度不宜超过 2 m；块与块间的竖向接缝面应与墩、台身或基础平截面短边平行，与平截面长边垂直；上下邻层间的竖向接缝应错开位置做成企口，并应按施工接缝处理。混凝土中填放片石时应符合有关规定。

（3）混凝土的浇筑

为防止墩、台基础第一层混凝土中的水分被基底吸收或基底水分渗入混凝土，对墩、台基底处理除应符合天然地基的有关规定外，尚应满足以下要求：

① 基底为非黏性土或干土时，应将其湿润。

② 如为过湿土时，应在基底设计高程下夯填一层 10～15 cm 厚片石或碎(卵)石层。

③ 基底面为岩石时，应加以润湿，铺一层厚 2～3 cm 水泥砂浆，然后于水泥砂浆凝结前浇筑第一层混凝土。

墩、台身钢筋的绑扎应和混凝土的灌注配合进行。在配置第一层垂直钢筋时，应有不同的长度，同一断面的钢筋接头应符合施工规范的规定，水平钢筋的接头，也应内外、上下互相错开。钢筋保护层的净厚度，应符合设计要求。如无设计要求时，则可取墩、台身受力钢筋的净保护层不小于 30 mm，承台基础受力钢筋的净保护层不小于 35 mm。墩、台身混凝土宜一次连续灌注，否则应按桥涵施工规范的要求，处理好连接缝。墩、台身混凝土未达到终凝前，不得泡水。

3. 墩、台顶帽施工

墩、台顶帽是用来支承桥跨结构的，其位置、高程及垫石表面平整度等，均应符合设计要求,以避免桥跨结构安装困难,或使顶帽、垫石等出现破裂或裂缝,影响墩、台的正常使用功能和耐久性。以下介绍墩、台顶帽施工的主要工序。

（1）墩、台帽放样

墩、台混凝土(或砌石)灌(砌)筑至离墩、台帽底下约30～50 cm高度时,即需测出墩、台纵横中心线,并开始竖立墩、台帽模板,安装锚栓孔或安装顶埋支座垫板、绑扎钢筋等。台帽放样时,应注意不要以基础中心线作为台帽背墙线,浇筑前应反复核实,以确保墩、台帽中心和支座垫石等位置方向与水平高程等不出差错。

（2）墩、台帽模板

墩、台帽系支撑上部结构的重要部分,其尺寸位置和水平高程的准确度要求较严,浇筑混凝土应从墩、台帽下约30～50 cm处至墩、台帽顶面一次浇筑,以保证墩、台帽底有足够厚度的紧密混凝土。图2-7-3为混凝土桥墩墩帽模板图,墩帽模板下面的一根拉杆可利用墩帽下层的分布钢筋,以节省铁件。台帽背墙模板应特别注意纵向支撑或拉条的刚度,防止浇筑混凝土时发生鼓肚,侵占梁端空隙。

（3）钢筋和支座垫板的安设

墩、台帽钢筋绑扎应遵照《公路桥涵施工技术规范》(JTG/T F50—2011)有关钢筋工程的规定。墩、台帽上的支座垫板的安设一般采用预埋支座垫板和预留锚栓孔的方法。前者须在绑扎墩、台帽和支座垫石钢筋时将焊有锚固钢筋的钢垫板安设在支座的准确位置上,即将锚固钢筋和墩、台帽骨架钢筋焊接固定,同时将钢垫板作一木架,固定在墩、台帽模板上。此法在施工时垫板不易准确定位,应经常校正。后者须在安装墩、台帽模板时,安装好预留孔模板,在绑扎钢筋时注意将锚栓孔位置留出。此法安装支座施工起来方便,安设的支座垫板位置准确。

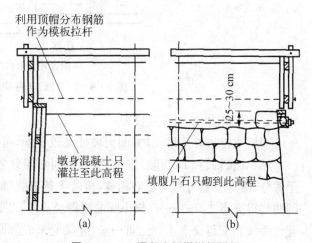

图2-7-3　混凝土桥墩墩帽模板
(a)混凝土墩顶模板；(b)石砌桥墩墩帽模板

任务8　桥台附属工程施工

一、锥坡施工

1. 锥坡放样的基本方法

先将坡脚椭圆曲线放出,然后在锥坡顶的交点处钉上一根木桩,系上一根可伸缩的长木条或铁丝,使其与椭圆曲线上各点相连。长木条或铁丝沿椭圆曲线运动的轨迹,就是浆砌或干砌石料时的曲面。砌筑时,随时转动长木条或铁丝来校核曲面,见图2-8-1。放样应先根据锥体的高度H、桥头道路边坡坡率m和桥台河坡边坡坡率n,计算出锥坡面椭圆的长轴A和短轴B,以此作为锥坡底椭圆曲线的平面坐标轴。

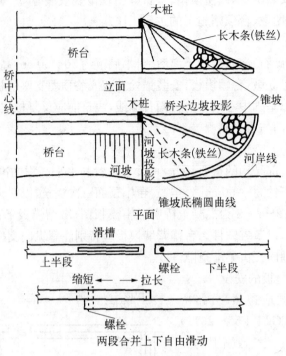

图 2‑8‑1 锥坡与可伸缩的长木条

（1）图解法（双圆垂直投影）

当桥头锥坡处无堆积物，而河坡处又较干燥，可用图解法放出椭圆曲线。

用 A（长轴）和 B（短轴）作半径，画出同心四分之一圆，如图 2‑8‑2 所示。将圆分成若干等分，由等分点分别与圆心相连，得若干条射线（射线越多，连成的椭圆曲线越精确），与大圆曲线得交点 1、2、3……，与小圆曲线得交点 $1'$、$2'$、$3'$……，过大圆各交点与过小圆各交点互作垂线相交得交点Ⅰ、Ⅱ、Ⅲ……，连接起来成椭圆曲线。

（2）对角线曲线坐标法

当桥头锥坡处有堆积物或河坡处有水而无法作 1/4 同心圆时，可采用对角线坐标法作出锥坡底的椭圆曲线（图 2‑8‑3）。

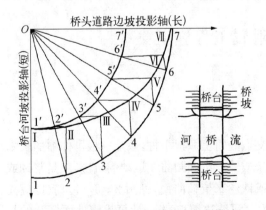

图 2‑8‑2 图解法示意（桥的右上角锥坡）

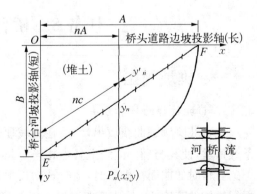

图 2‑8‑3 对角线曲线坐标法（桥的右上角锥坡）

　　将长半轴分为10等分,则椭圆曲线纵坐标的 Y 值可根据表 2-8-1 求得。以 EF 连线为基线,分 EF 为10等分,在此线上由 E 点量 nc 距离,在平行于 OE 轴方向量 Y_n 值得 P_n 点。

表 2-8-1　椭圆曲线纵坐标值

等分 n 值	$\frac{1}{10}$	$\frac{2}{10}$	$\frac{3}{10}$	$\frac{4}{10}$	$\frac{5}{10}$	$\frac{6}{10}$	$\frac{7}{10}$	$\frac{8}{10}$	$\frac{9}{10}$	$\frac{9.5}{10}$	$\frac{10}{10}$
横坐标 x 值	0.1A	0.2A	0.3A	0.4A	0.5A	0.6A	0.7A	0.8A	0.9A	0.95A	AA
纵坐标 Y 值	0.995B	0.980B	0.954B	0.917B	0.866B	0.800B	0.714B	0.600B	0.436B	0.312B	0
Y'_n	0.900B	0.800B	0.700B	0.600B	0.500B	0.400B	0.300B	0.200B	0.100B	0	
$Y_n = Y - Y'_n$	0.095B	0.180B	0.254B	0.317B	0.366B	0.400B	0.414B	0.400B	0.366B	0.262B	0

$$y_n = y - y'_n \qquad\qquad (2-4)$$

式中:y——椭圆曲线纵坐标值(表 2-8-1);

　　　　n——等分数值(如10等分,n 为 0.1、0.2、0.3、0.4、…、1)。

　　用同样的方法定出各点,连成曲线见图 2-8-3。E 为桥台河坡坡脚,F 为桥头道路边坡坡脚,由于 E 和 F 为固定两点,故方向准确,易于放样。

　　(3) 斜桥锥坡放样

　　遇到斜桥,锥坡椭圆曲线仍可采用坐标值量距放样,但需将表 2-8-1 所示的横坐标值根据桥梁与河道的交角大小予以修正,如图 2-8-4 所示。修正后的长半轴为 $OF = A\sec\alpha$,所以横坐标的数值为表 2-8-1 中的 x 值乘以 $\sec\alpha$(α 为斜交角度)。纵坐标 Y 值与表中相同。

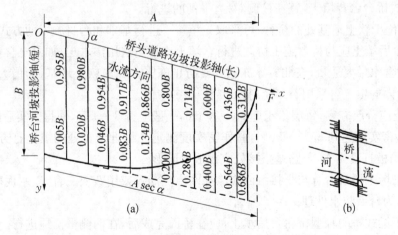

图 2-8-4　斜桥锥坡底曲线(桥的右上角锥坡)

　　2. 锥坡施工

　　锥坡施工主要包括填土和坡脚与坡面的石块砌筑。此项工作要在桥台竣工后及与台后填土同时进行,并应按设计宽度一次填足。

　　先测放出锥坡底脚椭圆曲线,再根据坡脚的设计高度与宽度,用片石或块石砌筑锥坡坡脚,坡脚底层应用碎石或卵砾石作反滤层,防止锥坡内土方被水冲流失。石块缝隙需用砂浆填满,可不必勾缝。

坡脚砌筑完毕后,在锥坡内进行填土并分层夯实使之达到最佳密实度,在坡面上预留出坡面石块的砌筑厚度。填土高度应按设计高程和坡度一次填足,若砌筑石块厚度不够,可将土挖去一部分,不允许在填土不足时,用临时填土或砌石补边等法处理。锥坡拉线放样时,坡顶应预先放高约 $2\sim4$ cm,使锥坡随同锥体填土沉降后,坡度仍符合设计规定。

锥坡坡面一般用块石或片石砌筑,石料底部需用粒径不大于 5 cm、含泥量不超过 5% 和含砂量不超过 40% 的砂砾作垫层。砌筑时,应经常用坡面长尺或铁丝纠正坡面石块的平整度与坡度。根据土质情况,应在坡面设置泄水孔。锥坡与路肩或地面的连接必须平顺,以利排水,并避免砌体背后冲刷或渗透坍塌。坡面石块缝隙需用砂浆嵌实并应勾成自然状态的凸缝。方格缝适用于挡土墙的勾缝。

二、桥台后填土施工要求

(1) 桥台台背、锥坡、护坡的各种填料,宜采用天然砂砾、二灰土、水泥稳定土或粉煤灰等轻质材料,不得采用含有泥草、腐殖质或冻土块的土。

(2) 台背填土应顺路线方向,自台身起,其填土的长度在顶面应不小于桥台高度加 2 m,在底面应不小于 2 m,拱桥台背填土的长度不应小于台高的 $3\sim4$ 倍。锥坡填土应与台背填土同时进行,并应按设计宽度一次填足。

(3) 台背回填应严格控制分层厚度和密实度,应设专人负责监督检查,检查频率应每 50 m^2 检验 1 点,不足 50 m^2 时应至少检验 1 点,每点均应合格,且宜采用小型机械压实。桥涵台背填土的压实度不应小于 96%。

(4) 台背填土的顺序应符合设计规定。设计未规定时,拱桥台背填土宜在主拱圈安装或砌筑以前完成;梁式桥的轻型桥台台背填土,宜在梁体安装完成以后,在两端桥台平衡地进行;埋置式桥台台背填土,宜在柱侧对称、平衡的进行。

(5) 在位于软土地基处的桥台,可采取先填筑再进行基础和台身施工的方式。

① 桥台后填土应与桥台施工协调进行。填土应尽量选用渗水土,如黏土含量较少的砂质土。土的含水量要适量,在北方冰冻地区要防止冻胀。如遇软土地基,为增大土抗力,台后适当长度内的填土可采用石灰土(掺 5% 石灰)。

② 填土应分层夯实,每层松土厚 $20\sim30$ cm,一般应夯 $2\sim3$ 遍,使得夯实后的土厚度为 $15\sim20$ cm,密实度达到 85%~90%,并作密实度测定。靠近台背处的填土打夯较困难时,可用木棍、拍板打紧捣实,与路基搭接处宜挖成台阶形。

③ 石砌圬工桥台台背与土接触面应涂抹两道热沥青或用石灰三合土、水泥砂浆胶泥做不透水层作为台后防水处理。

④ 对于梁式桥的轻型桥台台后填土,应在桥面完成后,在两侧平衡地进行。

⑤ 台背填土顺路线方向长度,一般应自台身起,底面不小于桥台高度加 2 m,顶面不小于桥台高度加 2 m。

三、桥台后搭板的施工要点

(1) 设置搭板是解决台后错台跳车的重要工程措施,其效果与搭板之下的路堤压缩程度和搭板长度有密切关系。

(2) 桥头搭板应设置一个较大的纵坡 i_2,若路线纵坡是 i_1,则搭板纵坡应符合 $10\% \leqslant$

$i_2-i_1\leqslant15\%$，以保证在台后长度方向上的沉降分布较均匀，并逐渐减小。搭板末端顶面应与路基平齐，搭板前端顶面应留有路面面层的厚度。

（3）对台后填土应有严格的压实要求。应先清理基坑，使其尺寸符合要求。接着进行基底压实，如果压路机使用困难可用小型手推式电动振动打夯机压实，并用环刀法测定压实度。基底填筑达到规定高程后，可填筑并压实二灰碎石，一般可用 12～15 t 压路机压实，每层碾 6～8 遍，分层压实的厚度一般不大于 20 cm，对于边角部位可用小型打夯机补压。可在填压达到搭板顶部的高程，压实或通行车辆一段时间后，再挖开浇筑搭板和枕梁。

（4）对上述填筑桥台后路堤材料有困难时，至少应选用透水性良好的砂性土，或掺用 40％～70％的砂石料，分层厚度 20～30 cm，压实度不小于 95％。靠近后墙部位（1.5 m 宽）可用小型打夯机，也可填筑块片石及级配砂砾石，用振动器振实。用透水性材料填筑时，应以干密度控制施工质量。

（5）台背填筑前应在土基上或某一合适高度设置泄水管或盲沟，并注意将泄水管或盲沟引出路基之外。

桥梁上部结构施工

任 务 单

布置任务	
学习目标	1. 能够识读桥梁施工图。 2. 了解支架和模板的安装方法,理解施工预拱度的设置要求。 3. 能进行钢筋下料长度的计算,熟悉钢筋加工、接长、安装的一般方法。 4. 熟悉混凝土拌合、运输、浇筑、振捣、养护等工序。 5. 熟悉桥梁装配式构件的施工方法。 6. 能进行钢筋混凝土简支梁施工的技术交底。 7. 熟悉先张法施工的关键程序,了解预应力筋张拉程序与操作要点,能进行钢筋下料长度计算。 8. 熟悉后张法施工的关键工序,了解穿束、张拉等预应力操作要点。 9. 了解悬臂浇筑法,悬臂拼装法。 10. 熟悉钢筋混凝土拱桥的施工要点。

任务描述	上部结构又称桥跨结构,是线路中断时跨越障碍的主要承重结构。钢筋混凝土简支梁桥是最常见的桥型。学生通过完成简支梁桥施工任务,对模板、支架、钢筋、混凝土工程有一个清晰的认识,为将来实习、工作打下坚实的基础,实现顶岗上岗的目的。
	     预应力混凝土梁桥是大跨径梁桥的主要桥型,学生通过观看预应力混凝土桥梁的施工过程,熟悉大跨径桥梁的施工方法,如悬臂施工法。
	     通过多媒体课件,让学生熟悉拱桥的施工要点。
	     具体任务要求:
	     任务1　钢筋混凝土简支梁桥施工
	     任务2　预应力混凝土梁桥施工
	     任务3　拱桥施工

学习要求	1. 掌握工程测量放线基础知识。 2. 学会使用测量工具,并做好维护和保养工作。 3. 掌握材料试验检测基础知识。 4. 学会常用工程试验仪器的使用,且操作一定要规范。 5. 学会识读路桥工程图。 6. 按任务完成桥梁施工前的准备工作的工作任务。 7. 按任务完成桥梁墩台的施工。 8. 培养团队合作的精神,以小组的形式完成工作任务。 9. 严格遵守课堂纪律和工作纪律,不迟到、不早退、不旷课。 10. 树立职业意识,按照企业的岗位职责要求自己。 11. 本情境工作任务完成后,需提交学习体会报告,要求另附。

信 息 单

学习方式	在图书馆、专业杂志、互联网及信息单上查询问题;咨询任课教师
重点问题	1. 简述就地浇筑施工的过程。
	2. 简述装配式简支梁桥的施工过程。
	3. 现浇法和预制安装法各有哪些特点?
	4. 就地浇筑和装配式钢筋混凝土简支梁桥的施工工序是什么?
	5. 支架模板按制作材料可分为几种? 各有何特点?
	6. 空心板的芯模施工目前常用的是什么方法?
	7. 模板和支架在制作和安装时的注意事项有哪些?
	8. 模板和支架在拆除时需要注意哪些方面?
	9. 普通钢筋的下料长度如何确定?
	10. 钢筋接长的方式有哪几种? 各有何特点?
	11. 如何将钢筋焊接成立体骨架?
	12. 钢筋安装过程中需要注意哪些方面?
	13. 如何确定混凝土施工配合比?
	14. 混凝土拌合的一次投料法和二次投料法的装料过程?
	15. 混凝土如何运输?
	16. 混凝土浇筑的一般要求?
	17. 混凝土质量如何检查?
	18. 对于各种类型的构件应如何选择吊点的位置?
	19. 构件起吊和堆放有哪几种? 其起吊过程?
	20. 构件起吊和堆放时应注意哪些方面?
	21. 场内运输的方法有哪些?
	22. 陆地架设法采用哪几种方法架设?
	23. 浮吊架设法采用哪几种方法架设?
	24. 高空架设法采用哪几种方法架设?
	25. 预应力钢筋的下料长度如何确定?
	26. 后张法预应力筋的孔道如何形成?
	27. 常用的预埋式制孔器有哪些类型?
	28. 什么是夹具? 什么是锚具? 什么是连接器? 它有何作用?
	29. 锚具在进行各项质量检验时,若有一套不符合要求,应如何处理?
	30. 预应力张拉机由哪些部分组成? 常用的液压千斤顶有哪些类型?
	31. 千斤顶应在什么情况下标定?
	32. 张拉台座的类型、组成及适用条件?
	33. 先张法的张拉程序如何?
	34. 什么是后张法?

重点问题	35. 预应力筋在安装后,如何进行保护?
	36. 后张法预应力筋的张拉程序如何?
	37. 张拉时应注意哪些问题?
	38. 力筋张拉后为什么要进行压浆? 压浆要注意哪些事项?
	39. 什么是悬臂浇筑法?
	40. 临时固结措施有哪些?
	41. 什么是体系转换? 什么是合龙?
	42. 什么是悬臂拼装法? 悬臂拼装的主要工序有哪些?
	43. 拼装施工时应注意哪些问题?
	44. 接缝施工应注意什么?
	45. 合龙施工有哪些要求?
	46. 拱架施工为什么设置预拱度?
	47. 满布式木拱架制作及安装程序如何?
	48. 拱式拱架分段浇筑时分段位置宜设置在什么位置处?
	49. 满布式拱架分段浇筑时分段位置宜设置在什么位置处?
	50. 粗料石拱圈的基本砌筑方法有哪些?
	51. 对于空腹式拱桥拱上建筑的施工如何进行?
	52. 空缝一般设置在什么位置? 它的宽度如何保证?
	53. 刹尖封拱的施工方法?
	54. 拱圈分段砌筑时,如何分段?
	55. 拱肋立式预制和拱肋卧式预制各有哪些优点?
	56. 场内起吊,吊点如何布置?
	57. 拱肋堆放时应如何放置?
	58. 拱肋构件的脱模起吊一般采用哪些机具?
	59. 拱座主要有哪几种形式?
	60. 缆索吊装系统有哪些主要设备组成?
	61. 缆索吊装设备的检查与试吊包括哪几个阶段?
	62. 预制构件质量检查的内容有哪些?
	63. 拱肋缆索三段吊装程序、五段吊装程序?
	64. 拱肋缆索吊装合拢方式有哪些?
	65. 拱肋缆索起吊中吊鱼的施工方法?
问题引导	问题可以在本学习情境中得到解答,也可在拓展阅读书目中进行查阅。
拓展阅读	[1] 公路桥涵施工技术规范(JTG/T F50—2011)[S].北京:人民交通出版社,2004. [2] 王瑞雪.桥梁工程施工技术[M].北京:中国铁道出版社,2018. [3] 杨化奎,温巍.大跨径桥梁工程施工技术优化方法研究[M].长春:吉林科学技术出版社,2019. [4] 杨化奎.寒区路桥工程施工技术[M].北京:中国铁道出版社,2013. [5] 申爱国.桥梁工程施工技术[M].武汉:武汉大学出版社,2016.

任务 1　钢筋混凝土简支梁桥施工

一、简支梁桥施工方法

钢筋混凝土简支梁桥上部结构的施工方法主要有现浇法和预制安装法。

1. 就地浇筑施工(现浇法)

现浇法是在桥孔位置搭设支架,在支架上安装模板,绑扎及焊接钢筋骨架,并在现场浇筑混凝土,待混凝土达到强度后拆除模板和支架的施工方法。由于施工需用大量的模板和支架,一般仅在小跨径桥或交通不便的边远地区采用。但对一些变宽的异形桥、弯桥等复杂的混凝土结构,加之近年来临时钢构件和万能杆件系统的大量应用,在其他施工方法都比较困难时,或经过比较,该方法施工方便、费用较低时,也常在大、中跨径桥梁中采用就地浇筑法。

现浇法的特点:

(1)无须预制场地,不需大型起吊和运输设备。

(2)梁体钢筋可不中断,桥梁整体性好,施工平稳可靠。

(3)施工中无体系转换。

(4)预应力混凝土连续梁桥可以采用强大预应力体系,使结构构造简化,方便施工。

(5)需要大量的模板和支架,跨河桥梁搭设支架还会影响河道的通航与排洪,施工期间支架可能受到洪水和漂浮物的威胁。

(6)施工工期长、费用高,需要有较大的施工场地,施工管理复杂。

2. 装配式施工(预制安装法)

在预制工厂或在运输方便的桥址附近设置预制场进行梁的预制工作,然后采用一定的架设方法进行安装。预制构件安装的方法很多,各种方法需不同的安装设备,可根据施工的实际情况合理选择。

预制安装法的特点:

(1)上下部结构可平行施工,工期短。

(2)由于是工厂生产制作,构件质量好,有利于确保构件质量和尺寸精度,并尽可能多地采用机械化施工。

(3)混凝土收缩徐变影响小,质量易于控制。

(4)有效利用了劳动力,降低了工程造价。

(5)施工速度快,适用于紧急施工工程。

(6)需预制场地和运输吊装设备,当预制块间受力钢筋中断时需作接缝处理。

二、简支梁桥的施工工序

就地浇筑钢筋混凝土简支梁桥的施工工序一般为:

搭设支架→安装模板→安装钢筋骨架→现场浇筑混凝土→拆除模板。

装配式钢筋混凝土简支梁桥的施工工序一般为:

装配式梁(板)等构件预制→构件移运堆放→运输→预制梁(板)架设安装→横向联结施工→桥面系施工。

1.1 支架与模板的施工

支架和模板是施工过程中的临时结构物,其控制着梁体尺寸的精度,而且对工程质量、施工进度、施工安全和工程造价有直接影响。

一、支架

(一) 支架类型及构造

就地浇筑简支梁桥的上部结构时,应在桥孔位置搭设支架,以支承模板和钢筋混凝土以及其他施工荷载。支架的类型主要有:

1. 满布式木支架

满布式木支架常用于陆地、不通航的河道、桥墩不高或桥位处水位不深的桥梁。其形式可采用排架式、人字撑式或八字撑式。排架式是最简单的满布式支架,主要由排架和纵梁等部件组成,纵梁为抗弯构件,跨径一般不大于 4 m。人字撑式和八字撑式支架构造较复杂,纵梁需加设可变形的人字撑或八字撑。因此,在浇筑混凝土时应适当安排浇筑程序,均匀、对称地进行浇筑,以防发生较大变形。此类支架的跨径可达 8 m 左右。

满布式木支架的排架,可设置在枕木或桩基上,基础需坚实可靠,以保证排架的沉陷值不超过规定要求。当排架较高时,为保证支架的横向稳定,除在排架上设置撑木外,还需在排架两端外侧设置斜撑木或斜立柱。

满布式支架的卸落设备一般采用木楔、木马或砂筒等,可设置在纵梁支点处或桩顶帽木上面。

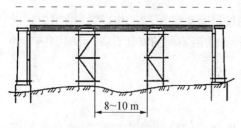

图 3-1-1 钢木混合支架

2. 钢木混合支架

为加大支架跨径,减少排架数量,支架的纵梁可采用工字钢,其跨径可达 10 m,并且支架多改用木框架结构,以提高支架的承载力及稳定性,如图 3-1-1 所示。

3. 万能杆件拼装支架

用万能杆件可拼装成各种跨度和高度的支架,其跨度需与杆件本身长度成整倍数。

用万能杆件拼装的桁架高度,可达 2 m、4 m、6 m 或 6 m 以上。当高度为 2 m 时,腹杆拼为三角形;高度为 4 m 时,腹杆拼为菱形;高度超过 6 m 时,则拼成多斜杆的形式。

用万能杆件拼装墩架时,柱与柱之间的距离应与桁架之间的距离相同,桩高除柱头及柱脚外,应为 2 m 的倍数。

用万能杆件拼装的支架在荷载作用下的变形较大,应考虑预加压重,预加重力相当于灌注的混凝土重力。

4. 装配式公路钢桥桁节拼装支架

用装配式公路钢桥桁节可拼装成桁架梁和塔架。为加大桁架梁孔径和利用墩、台作支承,也可拼成八字斜撑桁架梁。桁架梁与桁架梁之间,应用抗风拉杆和木斜撑等进行横向联结,以保证桁架梁的稳定。

装配式公路钢桥桁节拼装的支架在荷载作用下的变形很大,应进行预压。

5. 轻型钢支架

桥下地面较平坦,有一定承载力的梁桥,为节省木料,宜采用轻型钢支架。轻型钢支架的梁和柱,以工字钢、槽钢或钢管为主要材料,斜撑、连接系等可采用角钢。构件应制成统一规格和标准,排架应预先拼装成片或组,并以混凝土、钢筋混凝土枕木或木板作为支承基底。为了防止冲刷,支承基底需埋入地面以下适当的深度。为适应桥下高度,排架下应垫以一定厚度的枕木或木楔等。为便于支架和模板的拆卸,纵梁支点处应设置木楔,如图3-1-2所示。

6. 墩、台自承式支架

在墩、台上留下承台或预埋件,上面安装横梁及架设适宜长度的工字钢或槽钢,即构成模板的支架。这种支架适用于跨径不大的梁桥,但支立时需考虑梁的预拱度、支架梁的伸缩以及支架和模板的卸落等所需条件。

7. 模板车式支架

这种支架适用于跨径不大,桥墩为立柱式的多跨梁桥,如图3-1-3所示,在墩柱施工完毕后即可立即铺设轨道,拖进孔间,进行模板的安装,此法可简化安装工序,节省安装时间。

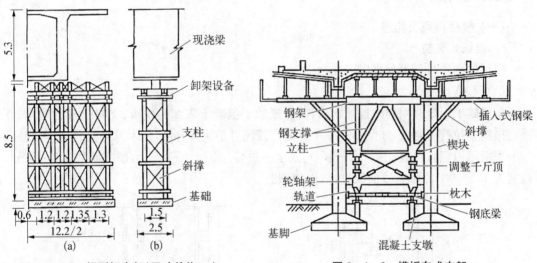

图3-1-2　轻型钢支架(尺寸单位:m)　　　　图3-1-3　模板车式支架

当上部构造混凝土浇筑完毕,强度达到要求后,模板车即可整体向前移动,但移动时需将斜撑取下,将插入式钢梁节段推入中间钢梁节段内,并将千斤顶放松。

(二) 支架的制作应符合下列规定

(1) 支架宜采用标准化、系列化、通用化的钢构件制作拼装。

(2) 制作木支架时,两相邻立柱的连接接头宜分设在不同的水平面上,并应减少长杆件接头。主要压力杆的接长连接,宜使用对接法,并宜采用木夹板或铁夹板夹紧;次要构件的连接可采用搭接法。

(三) 支架的安装应符合下列规定

(1) 支架应按施工图设计的要求进行安装。立柱应垂直,节点连接应可靠。

(2) 支架在纵桥向和横桥向均应加强水平、斜向连接,增强整体稳定。高支架应设置足够的斜向连接、扣件或缆风绳，横向稳定应有保证措施。

（3）应通过预压的方式，消除支架地基的不均匀沉降和支架的非弹性变形并获取弹性变形参数，或检验支架的安全性。预压荷载宜为支架需承受全部荷载的 1.05～1.10 倍，预压荷载的分布应模拟需承受的结构荷载及施工荷载。

（4）支架在安装完成后，应对其平面位置、顶部高程、节点连接及纵横向稳定性进行全面检查，检查符合要求，方可进行下一工序。

（四）支架应结合模板的安装一并考虑设置预拱度和卸落装置，并应符合下列规定

（1）设置的预拱度值，应包括结构本身需要的预拱度和施工需要的预拱度两部分。

（2）施工预拱度应考虑下列因素：模板、支架承受施工荷载引起的弹性变形；受载后由于杆件接头的挤压和卸落装置压缩而产生的非弹性变形；支架地基在受载后的沉降变形。

（3）专用支架应按其产品的要求进行模板的卸落；自行设计的普通支架应在适当部位设置相应的木楔、木马、砂筒或千斤顶等卸落装置，并应根据结构形式、承受的荷载大小确定卸落量。

（五）支架制作、安装质量应分别符合模板、支架的制作、安装质量标准

二、模板

（一）模板类型及构造

1. 模板的类型

模板按制作材料可分为以下几种：

（1）木模

桥梁施工中最常用的模板是木模，其由紧贴于混凝土表面的模板、支撑模板的肋木、立柱或横枋和拉杆等组成，如图 3-1-4 所示。其优点是制作容易，但木材耗量大、成本较高。

模板可以竖直拼装[图 3-1-5(a)]或水平拼装[图 3-1-5(b)]，厚度通常为 3～5 cm，板宽为 15～20 cm，不宜过薄或过宽，以免翘曲。

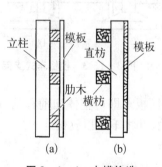

图 3-1-4 木模构造

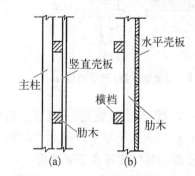

图 3-1-5 模板的基本构造

肋木一般用 8 cm×12 cm 或 10 cm×12 m 枋木，间距为模板跨度，可根据模板的厚度、受力的大小、模板的强度和刚度进行验算而定。

立柱可用 10 cm×12 cm 或 10 cm×14 cm 的枋木、也可用 100 mm×100 mm×12 mm 角钢制作，或用万能杆件代用。立柱的间距即肋木的跨度，根据对肋木的强度和刚度的验算而定。

拉杆是立柱的支点，承受立柱传来的反力，一般采用两端带丝扣的，$\phi 16$ 或 $\phi 12$ 圆钢。拉杆的间距，在水平方向按立柱间距设置；竖直方向即立柱的跨径，在选定了立柱的断面以后，由对立柱的强度和刚度验算求得。

（2）钢模

钢模是用钢板代替木模板，用角钢代替肋木和立柱。钢板厚度一般为 4 mm，角钢尺寸应根据计算确定。

钢模造价虽高，但周转次数多，实际成本低；结实耐用，接缝严密，能经受强力振捣；浇筑的构件表面光滑，故目前采用日益增多。

（3）钢木结合模

钢木结合模用角钢作支架，木模板用平头开槽螺栓连接于角钢上，表面钉以黑铁皮。这种模板节约木料，成本较低，同时具有较大的刚度和稳定性，如图 3-1-6 所示。

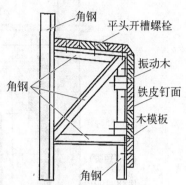

图 3-1-6　钢木结合模构造

（4）土模

土模节约木材和铁件，但用工较多，制作要求严格，预埋构件较难固定，雨季施工困难。按其位置高低可分为三种：

① 地下式土模：在已平整的地坪上就地放样，挖槽成型，构件大多埋入地下，外漏 5 cm 左右。

② 半地下式土模：构件一半埋入地下，所挖出的土作为两边侧模。

③ 地上式土模：构件全部外露在地坪上，侧模由填土夯筑而成。

2. 上部结构模板的构造实例

（1）实心板模板

图 3-1-7 为装配式钢筋混凝土实心板的模板构造，模板为单元可拆式，设置模板的地基应夯实整平，图中的小木桩只有在地基较软的情况下才采用。

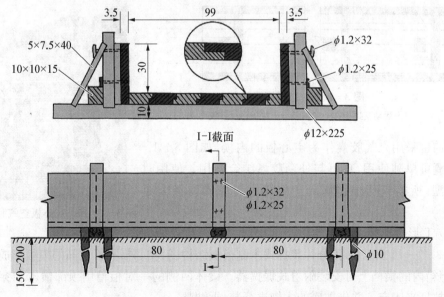

图 3-1-7　实心板模板图(尺寸单位:cm)

（2）空心板模板

图 3-1-8 为装配式钢筋混凝土空心板的模板构造，图 3-1-9 为芯模构造。它采用四合式活动模板，为了便于搬运装拆，按桥长分为两节，每节由四块单元体组成，每隔 70 cm 左右设木骨架一道，且以扁铁条相连接。中间设活动支撑板，支撑板除一个角用铰链连接外，其余三个角均以活榫支撑，支撑板中间开孔，用来适应拉条在立芯模和拆芯模时的活动范围。芯模在底板浇筑后架立，顶上用临时支架固定，在两侧混凝土浇筑高度达芯模的 2/3 时，可将顶上的临时支架拆除。

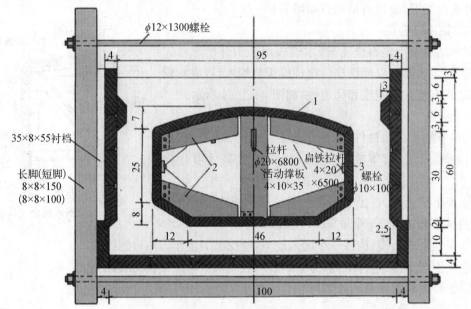

图 3-1-8　空心板横截面构造（单位：铁件为 mm，其他为 cm）

1—芯模板；2—骨架；3—铁铰链

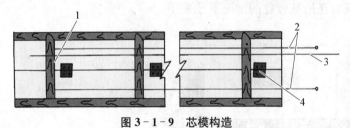

图 3-1-9　芯模构造

1—活动支撑板；2—扁铁条；3—拉条；4—铁铰

目前也采用充气胶囊作为空心板的内模，如图 3-1-10。胶囊可单独使用，也可与外套胶囊结合使用。使用时充气成型，所需气压根据混凝土侧压力与胶囊内径大小而定。

图 3-1-10　空心板空气胶囊内膜

（3）T 形梁模板

图 3-1-11 为 T 形梁分片装拆式木制模板结构图，相邻横隔板之间的模板形成一个柜箱，在柜箱内的横档上可安装附着式振捣器。梁体两侧的一对柜箱用顶部横木和穿通梁肋的螺栓拉杆来固定。并借柱底的木楔进行装、拆调整。

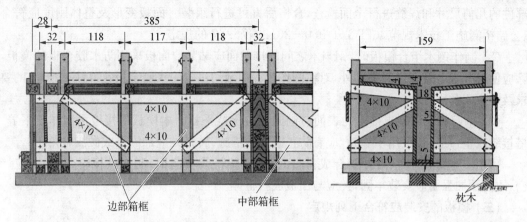

图 3-1-11　T 形梁的木模构造

图 3-1-12 为 T 形梁分片装拆式钢模板结构图,侧模是由厚度一般为 4～8 mm 的钢壳板、角钢做成的水平肋、支托竖向肋的支撑、斜撑、固定侧模用的顶横杆和底部拉杆以及安装在壳板上的振捣架等构成。底模通常用 6～12 mm 的钢板制成,它通过垫木支承在底部钢横梁上。在拼装钢模板时,所有紧贴混凝土的接缝内都用止浆垫使接缝密闭不漏浆,止浆垫一般采用柔软、耐用和弹性大的 5～8 mm 橡胶板或厚 10 mm 左右的泡沫塑料。

如果将钢模板中的钢制壳板换成水平拼装的木壳板,用埋头螺栓连接在角钢竖肋上,在木壳板上再钉一层薄铁皮,这样就做成钢木结合模板,这种模板不仅节约木材,成本低,而且具有较大的刚度和紧密稳固性,也是一种较好的模板结构。

(4) 翻转模板

图 3-1-13 为固定支架钢管翻转模板构造。浇筑混凝土构件后,抽去固定支架上的活动钢管,模板随时可在支架上翻转,原地垂直跌落,然后抬起模板即可。

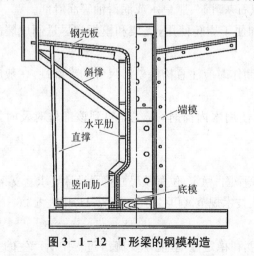

图 3-1-12　T 形梁的钢模构造

图 3-1-13　固定支架钢管翻转模板构造
1—角钢支架;2—活动钢管;3—翻砖轴钢管;
4—翻转模板;5—砂垫层

(二) 模板的制作应符合下列规定

(1) 钢模板应按批准的加工图进行制作,成品经检验合格后方可使用。组装前应对零部件的几何尺寸和焊缝进行全面检查,合格后方可进行组装。面板变形及整体刚度应符合《公路桥涵施工技术规范》(JTG/T F50—2011)第 5.2.7 的规定。

(2)制作钢木组合模板时,钢与木之间的接触面应贴紧。面板采用防水胶合板的模板,除应使胶合板与背楞之间密贴外,对在制作过程中裁切过的防水胶合板茬口,应按产品的要求及时涂刷防水涂料。

(3)木模板与混凝土接触的表面应刨光且应保持平整。木模板的接缝可制作成平缝、搭接缝或企口缝,当采用平缝时,应有防止漏浆的措施;转角处应加嵌条或做成斜角。

(4)采用其他材料(高分子合成材料面板、硬塑料或玻璃钢)制作模板时,其接缝应严密,边肋及加强肋应安装牢固,并应与面板成一整体。

(三)模板的安装应符合下列规定

(1)模板应按设计要求准确就位,且不宜与脚手架连接。

(2)安装侧模板时,支撑应牢固,应防止模板在浇筑混凝土时产生位移。

(3)模板在安装过程中,必须设置防倾覆的临时固定措施。

(4)模板安装完成后,其尺寸、平面位置和顶部高程等应符合设计要求,节点联系应牢固。

(5)梁板等结构物的底模板应设置预拱度。

(6)固定在模板上的预埋件和预留孔洞均不得遗漏,安装应牢固,位置应准确。

三、支架和模板的制作与安装

1. 支架和模板在制作与安装时的注意事项

(1)构件连接应尽量紧密,以减小支架变形,使沉降量符合预计数值。

(2)为保证支架稳定,应防止支架与脚手架和便桥等接触。

(3)模板的接缝必须密合,如有缝隙,需堵塞严密,以防跑浆。

(4)建筑物外露面的模板应抛光并涂以石灰乳浆、肥皂水或润滑油等润滑剂。

(5)为减少施工现场的安装拆卸工作和便于周转使用,支架和模板应尽量制成装配式组件或块件。

(6)钢制支架宜制成装配式常备构件,制作时应注意构件外形尺寸的准确性,一般应使用样板放样制作。

(7)模板应用内撑支撑,用螺栓栓紧。使用木内撑时,应在浇筑到该部位时及时撤去木撑。

2. 制作及安装质量标准

支架和模板在使用前应进行检验,保证其坚固、稳定,位置及尺寸符合设计要求。支架、模板制作和安装时的允许偏差见《公路桥涵施工技术规范》(JTG/T F50—2011)中表 5.3.6 - 1、表 5.3.6 - 2 的规定。

(1)支架和模板应具有足够的强度、刚度和稳定性,应能承受施工过程中所产生的各种荷载。

(2)支架和模板的构造应简单、合理,结构受力应明确,安装拆除应方便。

(3)支架应稳定、牢固,应能抵抗在施工过程中可能发生的振动和偶然荷载。

(4)模板应能与混凝土结构或构件特征、施工条件和浇筑方法相适应,应保证结构物各部位尺寸和相应位置的准确。

（5）模板的板面应平整，接缝处应严密且不漏浆；模板与混凝土的接触面应涂刷隔离剂，但不得采用废机油等油料，且不得污染钢筋及混凝土的施工缝。

3. 支架和模板的安装

（1）安装前按图纸要求检查支架和模板尺寸与形状，合格后才准进入施工现场。

（2）安装后不便涂刷脱模剂的内侧模板应在安装前涂刷脱模剂，顶板模板安装后，绑扎钢筋前涂刷脱模剂。

（3）支架结构应满足立模高程的调整要求，按设计高程和施工预拱度立模。

（4）承重部位的支架和模板，必要时应在立模后预压，消除非弹性变形和基础的沉陷。预压重力相当于以后所浇筑混凝土的重力，当结构分层浇筑混凝土时，预压重力可取浇筑混凝土质量的 80％。

（5）相互连接的模板，模板面要对齐，连接螺栓不要一次紧到位，整体检查模板线形，发现偏差及时调整后再锁紧连接螺栓，固定好支撑杆件。

（6）模板连接缝间隙大于 2 mm 应用灰膏类填缝或用粘胶带密封。预应力管道锚具处空隙大时用海绵泡沫填塞，防止漏浆。

（7）主要起重机械必须配备经过专门训练的专业人员操作，指挥人员、驾驶员和挂钩工人要统一信号。

（8）遇 6 级以上大风时应停止施工作业。

四、施工预拱度

1. 预拱度的概念

在支架上浇筑梁式上部构造时，卸架后上部构造要产生一定的挠度。为使上部构造在卸架后能获得设计规定的外形，需在施工时设置预拱度。

2. 确定预拱度时应考虑的因素

（1）卸架后上部构造本身及活载一半所产生的竖向挠度 δ_1；

（2）支架在荷载作用下的弹性压缩 δ_2；

（3）支架在荷载作用下的非弹性压缩 δ_3；

（4）支架基底在荷载作用下的非弹性沉陷 δ_4；

（5）由混凝土收缩及温度变化而引起的挠度 δ_5。

3. 预拱度的设置

根据梁的挠度和支架变形所计算出来的预拱度之和为预拱度最高值，应设置在梁跨中。其他各点预拱度，应以中间点为最高值，以梁两端为零，按直线或二次抛物线进行分配。

五、支架和模板的拆除

（1）模板、支架的拆除期限和拆除程序等应严格按施工图设计的要求进行，设计未要求时，应根据结构物特点、模板部位和混凝土所应达到的强度要求决定。

（2）非承重侧模板应在混凝土抗压强度达到 2.5 MPa，且能保证其表面及棱角不致因拆模而受损坏时方可拆除。

（3）芯模和预留孔道的内模，应在混凝土强度能保证其表面不发生塌陷或裂缝现象时，方可拆除。

（4）钢筋混凝土结构的承重模板、支架，应在混凝土强度能承受其自重荷载及其他可能的叠加荷载时，方可拆除。

（5）对预应力混凝土结构，在符合（非承重侧模板应在混凝土抗压强度达到 2.5 MPa，且能保证其表面及棱角不致因拆模而受损坏时方可拆除）的条件下，其侧模应在预应力钢束张拉前拆除；底模及支架应在结构建立预应力后方可拆除。

（6）模板支架的拆除应遵循后支先拆、先支后拆的原则顺序进行。墩台的模板宜在其上部结构施工前拆除。

（7）拆除梁、板等结构的承重模板时，在横向应同时、在纵向应对称均衡卸落。简支梁、连续梁结构的模板宜从跨中向支座方向依次循环卸落；悬臂梁结构的模板宜从悬臂端开始顺序卸落。

（8）在低温、干燥或大风环境下拆除模板时，应采取必要的措施，防止混凝土表面产生裂缝。

（9）拆除模板支架时，不得损伤混凝土结构。

普通钢筋从加工到形成钢筋骨架需要经过钢筋的整直、切断、除锈、弯制、焊接和绑扎等工序，加工之前还应先对钢筋进行抽检。

1.2　钢筋加工与安装

一、准备工作

1. 钢筋的检查与保管

（1）钢筋的外观检查和力学性能检查

进场钢筋应具有出厂质量证明书和试验报告单，进场时除应检查外观和标志外，尚应按不同的钢种、等级、牌号、规格及生产厂家分批抽取试样进行力学性能检验，检验试验方法应符合现行国家标准的规定。钢筋经进场检验合格后方可使用。

（2）钢筋的保管

钢筋进场后，应妥善保管，具体应做到：

① 钢筋堆放选择在地势较高处，上用料棚遮盖，下设垫块，不能直接置于地面；

② 钢筋应按不同钢种、等级、牌号、规格及生产厂家等分类挂牌堆放，并标明数量；

③ 钢筋在运输过程中应避免锈蚀、污染或被压弯。

2. 钢筋的调直

直径 10 mm 以下的细钢筋多卷成盘形，粗钢筋常弯成"发卡"形，以便运输和储存。因此，运到工地的钢筋应先调直。

采用冷拉方法调直钢筋时，HPB235 级钢筋的冷拉率不宜大于 2％；HRB335 级、HRB400 级钢筋的冷拉率不宜大于 1％。

钢筋的形状、尺寸应按照设计的规定进行加工。加工后的钢筋，其表面不应有削弱钢筋截面的痕迹。

3. 钢筋的除锈

钢筋表面应洁净、无损伤,使用前应将表面的油渍、漆皮、鳞锈等清除干净,使钢筋与混凝土间的黏结力得以充分发挥。可用钢丝刷或喷砂枪喷砂进行除锈去污,也可将钢筋在砂堆中来回抽以除锈去污。带有颗粒状或片状老锈的钢筋不得使用;当除锈后钢筋表面有严重的麻坑、斑点,已伤蚀截面时,应降级使用或剔除不用。

4. 钢筋的配料

应根据设计图将不同直径和长度的钢筋按规格和编号顺序填写配料单,见表3-1-1。

表3-1-1 钢筋配料单

构件号	图号	钢号	钢筋编号	直径	形状	下料长度	根数	总数	备注

(1) 钢筋的弯钩

钢筋的弯制和端部的弯钩应符合设计要求,设计未要求时,应符合表3-1-2的规定。

表3-1-2 受力主钢筋制作和末端弯钩形状

弯曲部位	弯曲角度	形状图	钢筋种类	公称直径 d	弯曲直径 D	平直段长度
末端弯钩	180°		HPB235 HPB300	6~22	≥2.5d	≥3d
	135°		HRB335	6~25	≥3d	≥5d
				28~40	≥4d	
				50	≥5d	
			HRB400	6~25	≥4d	
				28~40	≥5d	
				50	≥6d	
			HRB400	8~25	≥3d	
				28~40	≥4d	
	90°		HRB335	6~25	≥3d	≥10d
				28~40	≥4d	
				50	≥5d	
			HRB400	6~25	≥4d	
				28~40	≥5d	
				50	≥6d	
			HRB400	8~25	≥3d	
				28~40	≥4d	

（续表）

弯曲部位	弯曲角度	形状图	钢筋种类	公称直径 d	弯曲直径 D	平直段长度
中间弯钩	≤90°	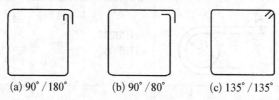	各种钢筋		≥20d	—

注：采用环氧树脂涂层钢筋时，除应满足表内规定外，当钢筋直径 d≤20 mm 时，弯钩内直径 D 不应小于 4d；当 d>2 mm 时，弯钩内直径 D 不应小于 6d；直线段长度不应小于 5d。

箍筋的末端应做弯钩，弯钩的形状应符合设计规定。弯钩的弯曲直径应大于被箍受力主钢筋的直径，且 HPB235 级钢筋应不小于箍筋直径的 2.5 倍，HRB335 级钢筋应不小于箍筋直径的 4 倍。弯钩平直部分的长度，一般结构应不小于箍筋直径的 5 倍；有抗震要求的结构，不应小于箍筋直径的 10 倍。设计对弯钩的形状未规定时，可按图 3-1-14(a)、(b)加工；有抗震要求的结构，可按图 3-1-14(c)加工。

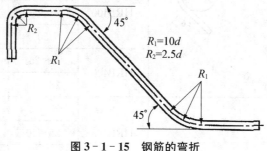

(a) 90°/180°　　　(b) 90°/80°　　　(c) 135°/135°

图 3-1-14　箍筋弯钩形式图

（2）钢筋的弯折

根据结构受力要求，有时需将部分受力钢筋弯折，如图 3-1-15 所示。

$R_1=10d$
$R_2=2.5d$

图 3-1-15　钢筋的弯折

（3）下料长度计算

$$钢筋下料长度＝钢筋设计长度＋接头长度－弯曲伸长量$$

注：钢筋设计长度——施工图上标明的钢筋长度值；

接头长度——钢筋接长所需要的长度；

弯曲伸长量——钢筋弯曲后长度的伸长值，一般按下列数字估算伸长量：弯 45°时伸长 0.5d；弯 90°时伸长 1d；弯 180°时伸长 1.5d。d 为钢筋的直径。

（4）钢筋的切断

钢筋的切断可依直径大小，用人工或机械方法进行。人工截切直径 25 mm 以上的钢筋，可用钢锯；截切 10～22 mm 的钢筋，可用上下搭口及铁锤；截切 10 mm 以下的钢筋可用剪刀。机械截切可用电动剪切机。

二、钢筋加工

1. 钢筋的弯制成型

钢筋应按设计尺寸和形状用冷弯的方法弯制成型。

（1）人工弯筋器

当弯制钢筋的工作量不大时，可用人工弯筋器在成型台上弯制。人工弯筋器由扳手与底盘组成，底盘固定于成型台两端，底盘上有固定的扳柱，扳柱间的净距应较弯曲的最大钢筋直径大 2 mm。当弯曲较细的钢筋时，应加以适当厚度的钢套，以防弯制时钢筋滑动。

扳手与扳柱间的净距称为扳距。为保证钢筋弯制的形状和尺寸准确，弯制钢筋时应有一定的扳距，扳距由钢筋直径与弯曲角度大小决定，弯制钢筋时应缓慢进行，不能骤然加力，以免弯曲处发生裂痕。

（2）电动弯筋机

当弯制大量钢筋时，宜采用电动弯曲机，能弯制 6～40 mm 的钢筋，并可弯成各种角度。弯制每种钢筋的第一根时，应反复修正，使其与设计尺寸和形状相符，并以此样件做标准，用以检验以后弯制的钢筋。成型后钢筋，对受力钢筋顺长度方向加工后的全长允许偏差±10 mm；弯起钢筋各部分尺寸允许偏差±20 mm；箍筋、螺旋筋各部分尺寸允许偏差±5 mm。

2. 钢筋的连接

宜采用焊接接头或机械连接接头。绑扎接头仅当钢筋构造复杂施工困难时方可使用，绑扎钢筋的接头直径不宜大于 28 mm，对轴心受压和偏心受压构件中的受压钢筋可不大于 32 mm；轴心受拉和小偏心受拉构件不应采用绑扎钢筋。

受力钢筋的连接接头应设置在内力较小处，并应错开布置。对焊接接头和机械连接接头，在接头长度区段内，同一根钢筋不得有两个接头；对绑扎接头，两接头间的距离不应小于1.3 倍搭接长度。配置在接头长度区段内的受力钢筋，其接头的截面面积占总截面面积的百分率，应符合《公路桥涵施工技术规范》（JTG/T F50—2011）中（见表 3-1-3）的规定。

表 3-1-3　接头长度区段内受力钢筋接头面积的最大百分率

接头形式	接头面积最大百分率（%）	
	受拉区	受压区
主钢筋绑扎接头	25	50
主钢筋焊接接头	50	不限制

注：1. 焊接接头长度区段内是指 $35d$（d 为钢筋直径）长度范围内，但不得小于 500 mm，绑扎接头长度区段是指 1.3 倍搭接长度。
2. 在同一根钢筋上宜少设接头。
3. 装配式构件连接处的受力钢筋焊接接头可不受此限制。
4. 绑扎接头中钢筋的横向净距不应小于钢筋直径且不应小于 25 mm。

3. 钢筋的焊接

钢筋的焊接接头形式有采用闪光对焊,或采用电弧焊、电渣压力焊或气压焊,但电渣压力焊仅可用于竖向钢筋的连接,不得用作水平钢筋和斜筋的连接。

每批钢筋焊接前,应先选定焊接工艺和焊接参数,按实际条件进行试焊。并检验接头外观质量及规定的力学性能,试焊质量经检验合格后方可正式施焊。焊接时对施焊场地应有适当的防风、雨、雪、严寒的措施。

(1) 闪光对焊

闪光对焊广泛用于钢筋连接及预应力钢筋与螺丝端杆的焊接。热轧钢筋的焊接宜优先用闪光对焊。钢筋闪光对焊是利用对焊机使两段钢筋接触,通过低电压的强电流,待钢筋被加热到一定温度变软后,进行轴向加压顶锻,形成对焊接头。钢筋闪光对焊工艺常用的有连续闪光焊、预热闪光焊和闪光—预热—闪光焊。对Ⅳ级钢筋有时在焊接后还进行通电热处理。

闪光对焊接头的质量检验,应分批进行外观检查和力学性能检验,并应符合下列规定:

① 在同一台班内,由同一焊工完成的 300 个同牌号、同直径钢筋焊接接头应作为一批。当同一台班内焊接的接头数量较少时,可在一周之内累计计算;累计仍不足 300 个接头时,应按一批计算。

② 力学性能检验时,应从每批接头中随机切取 6 个接头,其中 3 个做拉伸试验,3 个做弯曲试验。

③ 焊接等长的预应力钢筋(包括螺丝端杆与钢筋)时,可按生产时同等条件制作模拟试验。

④ 螺丝端杆接头可仅做拉伸试验。

⑤ 封闭环式箍筋闪光对焊接头,以 600 个同牌号、同规格的接头作为一批,可仅做拉伸试验。

闪光对焊接头外观检查应满足下列要求:

① 接头处不得有横向裂纹。

② 与电极接触处的钢筋表面不得有明显烧伤。

③ 接头处弯折角不得大于 3°。

④ 接头处的轴线偏移不得大于钢筋直径的 0.1 倍,且不得大于 2 mm。

(2) 电弧焊

电弧焊是将一根导线接在被焊钢筋上,另一根导线接在夹有焊条的焊钳上,将接触焊件接通电流,并立即将焊条提起 2~3 mm,产生电弧(温度高达 4 000 ℃),将焊条和钢筋熔化并汇合成一条焊缝,至此焊接结束。焊接接头的有关规定如表 3-1-3 所示:

焊接接头其技术要求如下:

① 被焊接的两根钢筋的轴线应位于同一直线上,即将两钢筋搭接端部预先折向一侧。

② 当采用帮条焊接,两帮条的轴线与被焊接的两钢筋轴线处于同一平面内。

电弧焊接头的质量检验,应分批进行外观检查和力学性能检验,并应符合下列规定:

① 应以 300 个同牌号钢筋、同形式接头作为一批,不足 300 个时仍应作为一批,每批应随机切取 3 个接头,做拉伸试验。

② 钢筋与钢板电弧搭接焊接头可仅进行外观检查。

③ 在同一批中若有几种不同直径的钢筋焊接接头,应在最大直径钢筋接头中切取 3 个

试件。

电弧焊接头外观检查结果应满足下列要求：

① 焊缝表面应平整，不得有凹陷或焊瘤。

② 焊接接头区域不得有肉眼可见的裂纹。

③ 咬边深度、气孔、夹渣等缺陷允许值及接头尺寸的允许偏差，应符合《公路桥涵施工技术规范》（JTG/T F50—2011）表 A1.3.2 的规定。

④ 坡口焊、熔槽帮条焊和窄间隙焊接头的焊缝余高不得大于 3 mm。

（3）钢筋电渣压力焊

钢筋电渣压力焊接头的质量检验，应分批进行外观检查和力学性能检验。检验应以 300 个同牌号钢筋接头作为一批；不足 300 个接头时，仍应作为一批。每批应随机切取 3 个接头做拉伸试验。

（4）钢筋气压焊

气压焊接头外观检查应满足下列要求：

① 接头处的轴线偏移不得大于钢筋直径的 0.15 倍，且不得大于 4 mm；当不同直径钢筋焊接时，应按最小钢筋直径计算。当大于上述规定值时，但在钢筋直径的 0.3 倍以下时，可加热矫正；当大于 0.3 倍时，应切除重焊。

② 接头处的转弯角不得大于 3°；当大于规定值时，应重新加热矫正。

③ 镦粗直径 d 不得小于钢筋直径的 1.4 倍，当小于上述规定值时，应重新加热镦粗。

④ 镦粗长度不得小于钢筋直径的 1.0 倍，且凸起部分应平缓圆滑；当小于上述规定值时，应重新加热镦长。

4. 铁丝绑扎搭接

当没有焊接条件时，接头可用铁丝绑扎搭接，但钢筋直径不能超过 25 mm，其搭接长度见表 3-1-4。但对轴心受拉和小偏心受拉构件中主钢筋均应焊接，不得采用绑扎接头。

表 3-1-4 受拉钢筋绑扎接头的搭接长度

钢筋类型		混凝土强度等级		
		C20	C25	C30
Ⅰ级钢筋		35d	30d	25d
月牙纹	HRB335 钢筋	45d	40d	35d
	HRB400 钢筋	55d	50d	45d

注：1. 当钢筋直径 d 不大于 25 mm 时，其受拉钢筋的搭接长度应按表中值减少 5d 采用；当带肋钢筋直径 d 大于 25 mm 时，其受拉钢筋的搭接长度应按表中值增加 5d 采用。
2. 当混凝土在凝固过程中受力钢筋易受扰动时，其搭接长度宜适当增加。
3. 在任何情况下，纵向受拉钢筋的搭接长度不应小于 300 mm；受压钢筋的搭接长度不宜小于 200 mm。
4. 当混凝土强度等级低于 C20 时，Ⅰ级、HRB335 钢筋的搭接长度应按表中 C20 的数值相应增加 10d；HRB500 钢筋不宜采用绑扎接长。
5. 对有抗震要求的受力钢筋的搭接长度，当抗震烈度为 7 度（及以上）时，应增加 5d。
6. 两根不同直径的钢筋搭接长度，以较细的钢筋直径计算。

接头的绑扎的要求如下：

① 受拉区的Ⅰ级钢筋绑扎接头的末端应做弯钩，HRB335、HRB400 钢筋的绑扎接头末端可不做弯钩。

② 直径等于和小于 12 mm 的受压 I 级钢筋的末端,可不做弯钩,但搭接长度不应小于钢筋直径的 30 倍。

③ 钢筋搭接处,应在中心和两端用铁丝扎牢。

5. 钢筋接头在结构中的位置

对于有接头的钢筋,应使焊接或绑扎接头设置在内力较小处,并错开布置,两接头间距离不小于 1.3 倍搭接长度,且应符合下列规定:

(1) 配置在搭接长度区段内(指 30d 长度范围内,但不得小于 50 cm)的受力钢筋,当采用焊接接头时,在受拉区接头的截面积不得超过结构的受力钢筋总截面积的 50%,在受压区不受限制;当采用绑扎接头时,在受拉区不得超过 25%,在受压区不得超过 50%。

(2) 同一根钢筋上应尽量少设接头。

(3) 电弧焊接和绑扎接头与钢筋弯曲处的距离不应小于 10 倍钢筋直径,也不应位于构件的最大弯矩处。

三、钢筋骨架焊接与安装

1. 钢筋骨架焊接

钢筋骨架焊接应采用电弧焊,先焊成单片平面骨架,然后再将平面骨架焊成立体骨架,使骨架有足够的刚性和不变形性,以便吊运。

钢筋在焊接过程中,由于温度变化,骨架将会发生翘曲变形,使骨架形状和尺寸不符合设计要求,同时会使焊缝产生收缩应力而开裂。因此,为了防止施焊过程中骨架变形,常用先点焊后跳焊(即错开焊接次序)的方法进行焊接;另外采用双面焊缝使骨架变形尽可能的均匀对称。

钢筋按设计图纸布置就绪后,各钢筋用点焊固定相对位置,使钢筋骨架各部位不致因施焊时加热膨胀及冷却收缩而走动。

无论点焊或全焊,骨架相邻部位的钢筋不能连续施焊,而应该错开焊接(即跳焊),如图 3-1-16 所示。同一部位有多层钢筋时,各条焊缝也不能一次焊好,应错开施焊。当多层钢筋直径不同时,可先焊两直径相同的,再焊直径不同的。

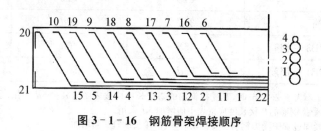

图 3-1-16 钢筋骨架焊接顺序

在拼装 T 形骨架时,还应考虑焊接变形和梁的预拱度对骨架尺寸的影响,在电焊工作台上预留拱度,其值可参考表 3-1-5 的规定。

表 3-1-5 焊接骨架预留拱度值

T 梁跨径(m)	10	16	20
工作台上预拱度(cm)	3～5	4～5	5～7

2. 钢筋的安装

安装钢筋之前,应详细检查模板各部尺寸、模板有无歪斜、裂缝及变形等。所有变形和尺寸与设计不符之处应在安装钢筋之前予以修正。

焊接成型的钢筋骨架,安装时用起重设备吊入模板内即可。

绑扎钢筋的安装:梁肋钢筋一般先安箍筋,再安下排主筋,后安上排钢筋。在钢筋安装中,为保证位置正确,达到设计及构造要求,需注意以下几点:

(1)钢筋交叉应用铁丝绑扎结实,必要时亦可用电焊焊接。

(2)除设计有特殊规定外,梁中箍筋应与主筋垂直。

(3)箍筋弯钩的叠合处,在梁中应沿梁长方向置于上面并交错布置。

(4)为了保证混凝土保护层厚度,应在钢筋与模板间设置混凝土垫块。垫块应错开布置,并与钢筋扎紧。

(5)为保证及固定钢筋相互间的横向净距,两排钢筋之间可使用混凝土隔块,或用短钢筋扎结坚固。

(6)为保证钢筋骨架有足够的刚度,必要时可增加架立钢筋。

安装钢筋时的允许偏差,不得大于表3-1-6中的规定值。

表 3-1-6　安装钢筋时的允许偏差值

检查项目			允许偏差(mm)
受力钢筋间距	两排以上排距		±5
	同排	梁、板、拱肋	±10
		基础、锚碇、墩、台、柱	±20
	灌注桩		±20
箍筋、横向水平干劲、螺旋筋间距			0,-20
钢筋骨架尺寸	长		±10
	宽、高或直径		±5
弯起钢筋位置			±20
保护层厚度	柱、梁、拱肋		±5
	基础、锚碇、墩、台		±10
	板		±3

1.3 混凝土施工

一、混凝土施工配合比

试验室配合比计算是以干燥材料为基准的,而施工现场存放的砂石材料都含有一定水分,所以要将试验室配合比换算为施工配合比。下面介绍混凝土施工配合比的确定。

施工时,每立方米混凝土水、砂和石的实际称量为:

水的称量＝用水量－砂、石材料中含水的质量；

砂的称量＝砂的用量＋砂中含水的质量；

石的称量＝石的用量＋石料中含水的质量；

水泥称量不变。

二、混凝土的拌制

（1）混凝土的配料宜采用自动计量装置，各种衡器的精度应符合要求，剂量应准确。计量器应定期标定，前一后应重新进行标定。拌制混凝土所用的各种材料，配料数量的允许质量偏差应符合《公路桥涵施工技术规范》(JTG/T F50—2011)规定，如表 3 - 1 - 7 所示。

表 3 - 1 - 7　配料数量允许质量偏差

材料类别	允许偏差（%）	
	现场拌制	预制场或集中搅拌站拌制
水泥、干燥状态的掺合物	±2	±1
粗、细集料	±3	±2
水、外加剂	±2	±3

（2）外加剂宜以稀释溶液加入，其稀释用水和原液中的水量，应从拌合加水量中扣除。加入搅拌筒的外加剂溶液应充分溶解，并搅拌均匀。掺合料应采用与水泥相同的输送、计量方式加入。

（3）混凝土应采用机械拌制，拌制时，自全部材料装入搅拌筒开始搅拌至开始出料的最短搅拌时间，应按照搅拌机产品说明书的要求并经试验确定。

（4）混凝土拌合料应搅拌均匀，颜色一致，不得有离析和沁水现象，对在施工现场集中拌制的混凝土，应检测其拌合物的均匀性。检测时，应在搅拌机的卸料过程中，从卸料流的 1/4～3/4 之间部位取试样进行试验，实验结果应符合下列规定：

① 混凝土中砂浆密度两次测值的相对误差应不大于 0.8%。

② 单位体积混凝土中粗集料含量两次测值的相对误差应不大于 5%。

（5）混凝土搅拌完毕后，应按下列要求检测混凝土拌合物的各项性能：

① 混凝土拌合物的坍落度及其损失，宜在搅拌地点和浇筑地点分别取样检测，每一工作班或每一单元结构不应少于两次，评定时应以浇筑地点的测值为准。当混凝土拌合物从搅拌机出料起至浇筑入摸的时间不超过 15 min 时，其坍落度可仅在搅拌地点取样检测。

② 必要时，尚宜对工作性能、泌水率及含气量等混凝土拌合物的其他指标进行检测。

三、混凝土的运输

混凝土搅拌完毕需运到施工现场进行浇筑。混凝土在运输过程中应保持均匀性、不分层、不离析和不漏浆，坍落度先后相差不超过 30%，并有充足的时间进行浇筑振捣。若混凝土到达浇筑地点时，已出现离析和初凝现象，则必须在浇筑前进行二次搅拌，方可入模浇筑。

1. 运输工具

（1）手推车

主要用于短距离水平运输，轻巧方便，其容量为 $0.07\sim0.1$ m^3。

（2）机动翻斗车

轻便灵活、速度快、效率高、能自动卸料、操作简便，用于短距离混凝土的运输或砂石等散装材料的倒运。其容量为 0.4 m^3，一般与出料容积为 400 L 的搅拌机配套使用。

（3）混凝土搅拌运输车

它是将搅拌筒安装在汽车底盘上，再把搅拌站生产的混凝土装入拌筒内，然后运至施工现场。在运输过程中，混凝土搅拌筒始终作慢速转动，从而使混凝土经过长期运输后，不会出现离析现象，保证了混凝土的质量。常用于混凝土的长距离运输。

当运输距离很长，采用上述运输工具难以保证混凝土质量时，可采用装载干料运输、拌和用水另外存放的方法，当快到浇筑地点时加水搅拌，待到达浇筑地点时已拌和完成，便可进行浇筑。

（4）混凝土泵

混凝土泵是利用泵体的挤压力将混凝土挤进管路系统并到达浇筑地点，同时完成水平运输和垂直运输。混凝土泵适用于多层建筑、水下及隧道等工程施工。其优点是既能连续浇筑混凝土、中间不停顿、施工速度快、生产效率高、降低劳动强度，还可以提高混凝土的强度和密实度。

混凝土泵有活塞泵、气压泵和挤压泵等类型，应用最广泛的是活塞泵。根据其构造和工作机理的不同，活塞泵又可分为机械式和液压式两种。

目前，混凝土泵的最大运输距离，水平运输可达 800 m，垂直运输可达 300 m。

2. 运输过程中的质量控制

混凝土应以最少的转运次数和最短的时间，从搅拌地点运至浇筑现场。混凝土从搅拌机中卸出到浇筑完毕的延续时间不宜超过表 3-1-8 所示的规定。

表 3-1-8　混凝土从搅拌机中卸出到浇筑完毕的延续时间（min）

混凝土强度等级	气温	
	≤25 ℃	>25 ℃
≤C30	120	90
>C30	90	60

注：1. 对掺有外加剂或采用快硬水泥拌制的混凝土，其延续时间应按试验确定。
　　2. 对轻集料混凝土，其延续时间应适当缩短。

在运输过程中，由于运输工具失水漏浆、集料吸水和夏季高温天气等原因，混凝土坍落度会有不同程度的减小。为了保证混凝土运至施工现场后能顺利浇筑，运输工具应严密不漏浆，运输前用水湿润容器，夏季应采取措施防止水分大量蒸发。

四、混凝土的浇筑

混凝土浇筑对于混凝土的密实性、结构的整体性和构件尺寸的准确性都起着决定性作用，故在浇筑过程中，需采取一系列措施来保证混凝土工程的质量。

1. 一般要求

(1) 浇筑前准备工作

混凝土浇筑前应检查模板的高程、尺寸、位置、强度和刚度等是否满足要求；模板的清洁、润滑和紧密程度；木模板应浇水湿润；钢筋及预埋件的数量、型号、规格、摆放位置和保护层厚度等是否满足要求。

(2) 混凝土的自由倾落高度

为保证混凝土在自由倾落过程中不发生离析现象，应遵守下列规定：

① 从高处直接倾卸时，自由倾落高度不宜超过 2 m。

② 当倾落高度超过 2 m 时，应通过串筒、溜管(槽)或振动溜管等设施输送；倾落高度超过 10 m 时，应设置减速装置。

③ 在串筒出料口下面，混凝土堆积高度不宜超过 1 m。

④ 当钢筋较密时，混凝土自由倾落高度不宜超过 30 cm，以免因钢筋碰撞而导致石子与砂浆分离。

(3) 混凝土浇筑层厚度

混凝土应分层浇筑，在下层混凝土初凝或能重塑前完成上层混凝土浇筑。混凝土分层浇筑厚度不宜超过表 3-1-9 规定。

表 3-1-9　混凝土分层浇筑厚度

捣实方法		浇筑厚度(mm)
用插入式振动器		300
用附着式振动器		300
用表面振动器	无筋或配筋稀疏时	250
	配筋较密时	150
人工捣实	无筋或配筋稀疏时	200
	配筋较密时	150

注：表列规定可根据结构物和振动器型号等情况适当调整。

(4) 工作缝的处理

混凝土浇筑工作需连续进行，如必须停歇，间歇时间应尽量缩短，并在前层混凝土初凝前完成次层混凝土的浇筑。混凝土运输浇筑的间歇时间不得超过表 3-1-8 所示规定。当间歇时间超过表中的数值时，应按工作缝处理，方法如下：

① 须待下层混凝土强度达到 1 200 kPa(钢筋混凝土为 2 500 kPa)后方可浇筑上层混凝土。

② 浇筑混凝土前应凿除施工缝处下层混凝土表面的水泥砂浆和松弱层。

③ 凿毛处理的混凝土表面，应用水冲洗干净。浇筑新混凝土前，垂直缝应刷一层净水泥浆，水平缝应在全部连接面上铺一层厚为 1~2 cm 的 1∶2 水泥砂浆。

④ 无筋构件的工作缝应加锚固钢筋和石榫。

2. 混凝土浇筑方法

混凝土的浇筑方法直接影响到混凝土的密实度和整体性，必须根据混凝土的拌制能力、运距、浇筑速度、气温和振捣能力等因素,制定混凝土的浇筑工艺。

中小跨径的 T 梁一般采用水平分层浇筑,空心板一般也是先浇底板水平层混凝土。

对于大型构造物,每小时混凝土浇筑量相当大,使混凝土的生产能力很难适应,采用斜层浇筑方法,可减少浇筑层的面积,从而减少每小时混凝土的浇筑量;也可上下层同时浇筑,但上层和下层前后浇筑距离应保证在 1.5 m 以上;当面积超过 100~150 m² 时,还可把混凝土分成几个单元浇筑,每个单元面积不小于 50 m²,高度不小于 1.5 m,上下两个单元之间的直缝应彼此相间,互相错开 1~1.5 m,单元间结合处按工作缝处理。

五、混凝土的振捣

为了增加混凝土的密实度,提高混凝土的强度和耐久性,应用振捣器对混凝土进行振捣,在缺乏或不能用振动器时,可采用人工振捣。

1. 人工振捣

采用人工振捣的混凝土,应按规定分层浇筑,每层需用捣钉捣实,并注意沿模板边缘捣边。捣边时要用手锤轻敲模板,使之振动。捣实时应注意均匀进行,大力振捣不如用小力振捣快而有效。

2. 机械振捣

(1)平板式振捣

采用平板振捣器放在浇筑层的表面振捣,适用于振捣面积较大的混凝土,如矩形板、空心板的底板和顶板。

(2)附着式振捣

采用附着式振捣器安装在模板外部振捣,适用于薄壁构件,如 T 梁的主梁和横隔板。振捣器的布置与构件厚度有关,当厚度小于 15 cm 时,可两面交错布置;当厚度大于 15 cm 时,应两面对称布置。振捣器布置的间距不应大于它的作用半径。此法是借助振动模板以捣实混凝土,效果并不理想,且对模板要求高,故一般只在钢筋过密而无法采用插入式振捣器时方可采用。

(3)插入式振捣

采用插入式振捣器插入混凝土内部振捣,适用于非薄壁构件的振捣,如实心板、墩台基础和墩台身。振捣棒插入混凝土时应垂直,不可触及模板和钢筋。插点要均匀,两点间距离以 1.5 倍作用半径为宜,如图 3-1-17 所示。作用半径可实际测得,一般为 40~50 cm。振捣上一层的混凝土时应将振捣器略微插入下层(3~5 cm),以消除两层之间的接触面。

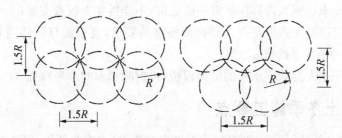

图 3-1-17 插入式振捣器移位示意图

振捣时间以混凝土不再下沉、气泡不再发生、水泥砂浆开始上浮、表面平整为止。达到这种程度所需时间,平板式振捣器为 25～40 s;插入式振捣器为 15～30 s。过久的振捣所造成的危害比振捣不足更大。

六、混凝土的养护与模板拆除

1. 混凝土的养护

(1) 对于塑性混凝土应在浇筑后 12 h 内,对于干硬性混凝土应在浇筑后 1～2 h 内,用湿麻袋、草帘或湿砂遮盖,并经常洒水。

(2) 混凝土洒水养护时间随环境气温和水泥品种而异,在常温下(15～25 ℃),用普通水泥拌制的不得少于 7 d;用矾土水泥拌制的不得少于 3 d;用矿渣水泥、火山灰质水泥拌制的或在施工中掺用塑化剂的不得少于 14 d。干燥、炎热天气应适当延长,气温低于＋5 ℃时不得浇水。

(3) 浇水次数的多少,以能保持混凝土表面处于湿润状态为度。

(4) 混凝土浇筑完毕后的硬化初期(最初的 2～3 d),应尽量使其不受任何振动。

2. 模板与支架的拆除

模板和支架的卸落应从挠度最大处(正弯矩最大处)开始,分别向两支点对称均匀、逐次进行,使整个承重结构逐渐受力,以免突然受力而遭到破坏。

模板与支架的拆除期限与混凝土的硬化速度、气温及结构性质等有关,如表 3-1-10 所示。

表 3-1-10　模板和支架拆除的最短期限(d)

混凝土强度达到设计强度的百分数	拆模项目	昼夜平均温度(℃)			
		30～20	20～15	15～10	10～5
25%	梁及柱的侧面模板,以及不承受混凝土的模板	2	3	4	5
50%	跨径小于 3 m 的地面模板,墩、台直立模板主梁侧面模板	6	7	8	10
70%	跨径大于 3 m 的底面模板,跨径小于 12 m 的底面模板及其支架	12	14	18	24
100%	跨径大于 12 m 主梁的底面模板及其支架,拱架模板,拱架及其支架	21	25	28	35

拆除模板和支架时应注意:

(1) 在混凝土未达到允许拆模所需强度之前,不能拆除模板或支架;

(2) 为了判定混凝土强度是否达到拆模所需的要求,要根据与构件同条件养护的混凝土试件的强度试验结果来确定;

(3) 拆模顺序是先拆除不承重的侧面模板,再拆除承重的水平模板。

七、混凝土冬季施工要点

混凝土受冻后,其硬化作用即行停止,温度回升后,虽能重新硬化,但最终强度被削弱了。经验证明,当混凝土硬化达到设计强度的 70% 时,再受冻就不受影响了,气温回升后,仍可达到正常的强度。当室外日平均气温连续 5 d 低于 5 ℃时,应采用冬季施工法浇筑混凝土。

1. 一般措施

减少用水量,增加拌和时间,改进运输工具,并在其周围设置保温装置,减少热量损失。

2. 原材料加热

(1) 当温度不能满足需要时,应先考虑对拌和用水加热,仍不能满足需要时,再对集料进行加热。水泥只保温,不得加热。各项材料加热的温度不得超过表 3-1-11 的规定。

表 3-1-11　拌和水及集料最高温度(℃)

项　目	拌和水	集料
强度等级小于 52.5 级的普通硅酸盐水泥、矿渣硅酸盐水泥	80	60
强度等级等于及大于 52.5 级的普通硅酸盐水泥、矿渣硅酸盐水泥	60	40

注:当集料不加热时,水可加热到 100 ℃,但水泥不应与 80 ℃以上的水直接接触,投料顺序为先投集料和已加热的水,然后再投入水泥。

(2) 冬季拌和混凝土时,集料不得带有冰雪和冻结块。投料前,用热水或蒸汽冲洗搅拌机。拌和时,先将集料和水拌和一定时间,再加水泥搅拌,以避免水泥与热水接触,产生"假凝现象"。拌和时间应较常温时延长 50%。混凝土拌和物的出机温度不宜低于 10 ℃,入模温度不得低于 5 ℃。

3. 掺用早强剂

掺用早强剂,可加快混凝土强度发展,防止混凝土早期冻结。常用的有氯化钙、氯化钠、三乙醇胺、亚硝酸钠复合剂等。

4. 提高养护温度

(1) 蓄热法:养护时不得低于 10 ℃,外界气温不低于-20 ℃,一般采用加厚模板、双层模板,覆盖稻草、草帘、锯末等作为保温材料。

(2) 暖棚法:是把结构物用棚子盖起来,在棚内生火,使温度保持在 10 ℃左右,不低于 5 ℃。

(3) 电热法:在混凝土内埋入导线(钢筋或铅丝)通电,使电能变为热能。

(4) 蒸汽加热法:是把构件放在封闭的养护室内,通以湿热蒸汽加以养护。

蒸汽养护分三个阶段:

① 升温阶段:为防止混凝土因体积膨胀太快而产生裂缝,升温时塑性混凝土不宜超过 10~15 ℃/h,干硬性混凝土不宜超过 30~35 ℃/h,厚大构件不宜超过 10 ℃/h,且当表面系数小于 6 时,也不得超过 10 ℃/h。

② 恒温阶段:硅酸盐水泥、普通水泥拌制的混凝土养护温度不宜超过 60 ℃,其他水泥拌制的混凝土不宜超过 80~85 ℃。恒温时间为 8~12 h。

③ 降温阶段:降温时不宜超过 15~20 ℃/h,对厚大构件不宜超过 10 ℃/h。

八、混凝土的质量检查

混凝土质量检查应贯穿于施工全过程,从混凝土配料、搅拌、运输、浇筑直至最后对混凝土试块强度的评定。只有对每一个环节认真施工、加强监督,才能保证混凝土的质量。

1. 基本要求

(1) 原材料

施工中要经常检查水泥的品种、标号是否与设计一致;使用时是否已超过 3 个月的有效期;配合比是否严格执行;砂石的级配、含泥量和杂质含量是否满足要求等。每一工作班至少检查两次。

(2) 混凝土搅拌后

检查坍落度是否满足设计要求,每一工作班至少检查两次。混凝土运至浇筑地点的坍落度与要求的坍落度差值不得超过表 3-1-12 中的规定。

表 3-1-12　混凝土坍落度与要求坍落度之间的允许偏差(mm)

要求坍落度	< 50	50～90	>90
允许偏差	±10	±20	±30

(3) 制作混凝土试件,应根据工程量大小、工程部位等情况,按下列要求确定:

① 不同标号和不同配合比的混凝土应分别制作试件。

② 对墩、台每 100～150 m³ 混凝土应制作试件一组;对钢筋混凝土结构每 50～100 m³ 混凝土应制作试件一组。

③ 每一班至少制作试件一组,如配合比相同,并经适当控制时,同一工程不同部位的混凝土,可合并制作试件一组。

④ 对于零星分散的混凝土工程,可根据质量控制情况及当地条件,减少或免留试件。

2. 外观检查及允许偏差

混凝土结构拆模后,应检查其表面有无麻面、蜂窝、露筋、孔洞等缺陷,预留孔道是否畅通无堵塞,如有应加以修正。

(1) 麻面。是模板表面粗糙、清理不干净、接缝不严密发生漏浆或振捣不充分等原因引起的,构件表面呈现无数的小凹点,无钢筋外露现象。

(2) 蜂窝。是材料配合比不准确、浆少石多、振捣中严重漏浆或振捣不充分等原因引起的,结构中出现蜂窝状窟窿,集料间有空隙存在。

(3) 露筋。是由于垫块位移、钢筋紧贴模板、混凝土保护层厚度不够、石子粒径过大、配筋过密、水泥砂浆不能充满钢筋四周、混凝土振捣不密实、漏浆等原因引起的,结构内钢筋未被混凝土包住而暴露在外。

对较小面积且数量不多的蜂窝、露筋、露石的混凝土表面,可用钢丝刷或压力水洗刷基层,再用 1∶2～1∶2.5 的水泥砂浆抹平即可。

对较大面积的蜂窝、露筋、露石的混凝土表面,应按全深度凿去薄弱混凝土层和突出的集料颗粒,再用钢丝刷或压力水将表面冲洗干净,最后用比原混凝土强度高一级的细集料混凝土堵塞,并振捣密实。

(4) 孔洞。是混凝土漏振或离析、石子成堆、杂物掺入混凝土中等原因引起的,混凝土结构局部没有混凝土,形成空腔。

修补孔洞时,可先将孔洞处松软的混凝土和突出的集料颗粒凿去,顶部凿成斜面,再用清水冲洗干净,保持湿润状态 72h 以后,用水泥砂浆或水泥将结合面抹一遍,然后用比原混凝土强度高一级的细集料混凝土浇筑,振捣密实并加强养护。

(5) 裂缝。是混凝土结构常见的缺陷,产生的原因较复杂,如养护不当、表面失水过多、温差过大等易产生干缩裂缝或温度裂缝;地基不均匀沉降可造成构件产生贯穿的裂缝。

对于结构表面细小裂缝可将裂缝冲洗干净,再用水泥砂浆填补;对于较大较深的裂缝,可先将裂缝凿成凹槽,用水冲洗干净后,再用 1∶2～1∶2.5 水泥砂浆或环氧胶泥填补;对结构整体性和承载力有明显影响或影响结构防水、防渗性能的裂缝,可采用灌浆方法修补,对于宽度小于 0.5 mm 的裂缝可采用化学灌浆,对于宽度大于 0.5 mm 的裂缝可采用水泥灌浆。

1.4 装配式构件的起吊、运输和安装

一、装配式构件的起吊

装配式构件的起吊,是指把预制构件从预制厂底座上移出来,也称为"出坑"。

1. 吊点选择

构件起吊的位置一般为吊环或吊孔的位置。

(1) 细长构件

细长构件中所放的钢筋,是按照起吊受力情况配置的;而吊点位置是根据细长构件内正弯矩和负弯矩相等条件确定的。因此,吊点选择不当会使构件产生裂缝以至断裂。

无预埋吊环或吊孔时,对于上下面有相同配筋的等截面直杆构件,单点吊可设在离端头 $0.293L$ 处,双点吊可设在离端头 $(0.22\sim0.25)L$ 处,L 为构件长。

(2) 一般构件

一般构件多采用双点吊,如梁、板等。由于钢筋配置上下不对称,上缘稀少,下缘密集,一般均在距支点不远处设置吊点,以减少起吊时吊点处负弯矩。

(3) 厚大构件

厚大构件多采用四点吊,以防止吊运过程中构件翻身。

2. 起吊方法

(1) 三角扒杆偏吊法

三角扒杆偏吊法就是将手拉葫芦斜挂在三角扒杆上,偏吊一次移动一次扒杆,把构件逐步移出,如图 3-1-18 所示。

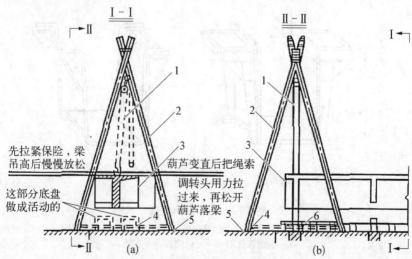

图 3-1-18　三角扒杆偏吊法

1—手拉葫芦;2—三角扒杆;3—梁;4—绊脚绳;5—木楔;6—底座

（2）横向移滚法

横向移滚法就是把构件从预制底座上抬高后，在构件底面两端装置横向移动设备，用手拉葫芦牵引，把构件移出底座，如图3-1-19所示。

在装置横向滚移设备时，从底座上抬高构件的办法有吊高法和顶高法。吊高法是用小型门架配神仙葫芦把构件从底座吊起，如图3-1-20所示。顶高法是用特制凹形托架（图3-1-21）配千斤顶把构件从底座顶起，如图3-1-22所示。滚移设备包括走板、滚筒和滚道三部分，如图3-1-23所示。走板托在构件底面，与构件一起行走。滚筒放在走板与滚道之间，由于它的滚动而使构件行走。滚筒用硬木或无缝钢管制成，其长度比走板宽度每边长出15～20 cm，以便操作。滚道是滚筒的走道，有木滚道和钢轨滚道两种。

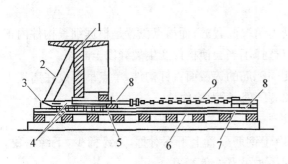

图 3-1-19　横向滚移法

1—梁；2—临时支撑；3—保险三角木；4—走板及滚筒；
5—端横隔板下用木块垫实；6—滚道；
7—手拉葫芦用木板垫平；8—千斤索；9—手拉葫芦

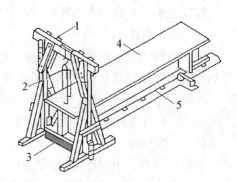

图 3-1-20　小型门架吊梁

1—小型门架；2—手拉葫芦；3—滚移设备
4—梁；5—梁的底座

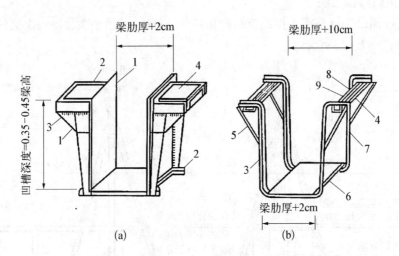

图 3-1-21　凹形托架

1—钢板；2—槽钢；3—焊缝；4—加强钢板；5—圆钢加强；6—支承钢板；
7—小钢轨骨架；8—定位钢板；9—钢轨

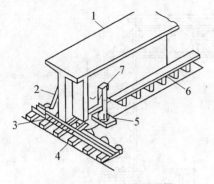

图 3-1-22 千斤顶顶梁

1—梁；2—斜支撑；3—滚移设备；
4—端横隔梁下面用木楔塞紧；
5—千斤顶；6—梁的底座；
7—凹形托梁

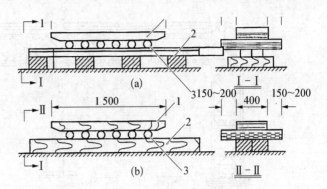

图 3-1-23 滚移设备(尺寸单位：mm)

(a) 钢轨滚道；(b) 木滚道
1—走板；2—滚道；3—滚筒

（3）龙门吊机法

就是用专设的龙门吊机把构件从底座上吊起，横移至运输轨道，卸落在运构件的平车上。

龙门吊机(也称龙门架)是由底座、机架和起重行车三部分组成，运行在专用轨道上。吊机的运动方向有三个，即荷重上下升降、行车的横向移动和机架的纵向运动，可用电力或人力推动。

龙门吊机的结构有钢木组合和钢桁架组合两种。图 3-1-24 所示为钢木组合龙门吊机，它是以工字梁为行车梁、以原木为支柱组成的支架，安装在窄轨平车和方木组成的底座上，可以在专用的轨道上纵向运行。起重行车是由型钢焊接的车架和槽轮所组成。行车的轨道用钢轨焊接在行车梁的工字钢上，行车装在轨道上后，在它的前后扎上钢丝绳，通过导向轮，连接到装置在底座上的绞车，用以横向运行。

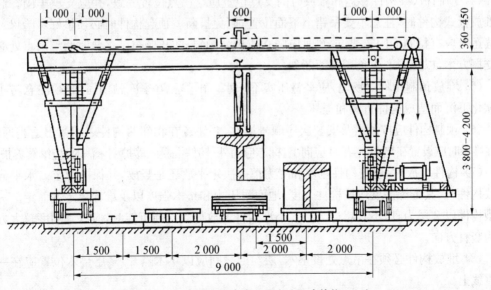

图 3-1-24 钢木组合龙门吊机(尺寸单位：mm)

图 3-1-25 所示为钢桁架组合龙门吊机，它以钢桁架片为主要构件，配上少量原木组成的机架，安装在由平车和方木组成的底座上，也在专用的轨道上纵向运行。

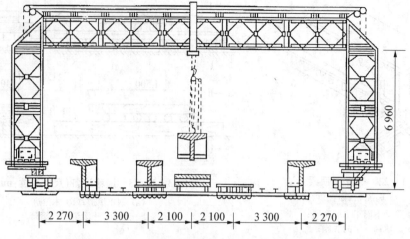

图 3-1-25 钢桁架组合龙门吊机(尺寸单位:mm)

3. 起吊堆放时注意事项

(1)预制构件在起吊移运和堆放时,混凝土强度不应低于设计规定的吊装强度;设计未规定时,应不低于设计强度的 80%;对于跨径≤3 m 的板等构件,混凝土强度应达到强度等级设计值的 50%后,方可起吊移运。

(2)预制构件在拆模后、出坑前,应检查其实际尺寸、伸出的预埋钢筋(或钢板)、吊环的位置及混凝土质量,并进行适当修补处理。尖角、凸出或细长构件在装卸移运过程中应用木板保护。

(3)构件的吊环应顺直,使吊环能顺利套入。吊绳(千斤绳)交角大于 60°时,必须设置吊架或扁担,使吊环垂直受力,以防吊环折断或破坏临时吊环处的混凝土。如用钢丝绳捆绑起吊时,需用木板、麻袋等垫衬,以保护混凝土的棱角。

(4)预制板、梁构件移运和堆放时的支点位置应与吊点位置一致,并应支承牢固。起吊及堆放板式构件时,注意不要吊错上下面位置,以免折断。顶起构件时必须垫好保险垛。构件移运时应有特制的固定架,放置时应竖立或稍微倾斜,防止倾覆。平放时两端吊点处必须设支搁方木,以免因产生负弯矩而断裂。

(5)堆放预制构件的场地,应平整压实不积水。雨季和春季冻融期间,必须注意防止地面软化下沉而造成构件折断和损坏。

(6)预制构件应按吊运及安装次序顺号堆放,并注意在相邻两构件之间留出适当通道。构件堆垛时应设置在垫木上,吊环应向上,标志应向外;构件混凝土养护期未满时,应继续养护。

(7)构件堆放时,应按构件刚度和受力情况决定平放还是竖放,并保持稳定。水平分层堆放构件时,其堆垛高度应按构件强度、地面耐压力和垫木强度以及堆垛稳定性而定。一般大型构件以 2 层为宜,不宜超过 3 层。小型构件堆放如有折断可能时,应以其刚度较大方向作为竖直方向。

(8)堆放构件必须在吊点处设垫木,层与层之间应以垫木隔开,多层垫木位置应在一条垂直线上。

二、装配式构件的运输

装配式预制构件通常在桥头附近的预制场或桥梁预制厂内预制。为此,需要通过一定的运输工具将预制构件运到桥头或桥孔下。从工地预制场到桥头或桥孔下的运输称为场内运输,将预制梁从桥梁预制厂(或场)运往桥孔或桥头的运输称为场外运输。

1. 场内运输

(1) 纵向滚移法运梁

用滚移设备,以人力或电动绞车牵引,把构件从工地预制场运往桥位处。其设备和操作方法与横向滚移基本相同,不过走板的宽度要适当加宽,以便在走板上装置斜撑,使 T 形梁具有足够的稳定性,如图 3-1-26 所示。

图 3-1-26 纵向滚移法运梁

(2) 轨道平车法运梁

把构件吊装在轨道平车上,用电动绞车牵引,沿专用临时铁路线运往桥位处。轨道平车设有转盘装置,以便装上车后能在曲线轨道上运行。同时装设制动装置,以便在运行过程中发生情况时刹车。运构件时,牵引的钢丝绳必须挂在后面一辆平车上,或从整根构件的下部缠绕一周后再引向导向轮至绞车。对于 T 形梁,还应加设斜撑,以确保稳定,如图 3-1-27 所示。

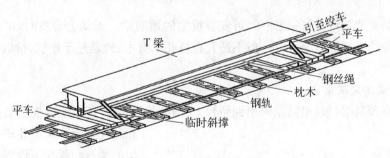

图 3-1-27 轨道平车运梁

2. 场外运输

距离较远的场外运输,通常采用汽车、大型平板拖车、火车或驳船。

受车厢长度、载重量的限制,一般中、小跨径的预制板、梁或小构件(如栏杆、扶手等)可用汽车运输。50 kN 以内的小构件可用汽车吊装卸;大于 50 kN 的构件可用轮胎吊、履带吊、龙门架或扒杆装卸。要运较长构件时,可在汽车上先垫以长的型钢或方木,再搁放预制构件,构件的支点应放在近两端处,以避免道路不平、车辆颠簸引起的构件开裂。特别长的构件应采用大型平板拖车或特制的运梁车运输。常见的平板车可参见《公路桥涵施工技术规范》(JTG/T F50—2011)。

使用大型平板拖车运梁时，车长应满足支承间距要求，构件装车时需平衡放正，以使车辆承重对称均匀。构件支点下及相邻两构件间，需垫麻袋或草帘，以防止构件相互碰撞。构件下的支点需设活动转盘以免搓伤混凝土。预制简支梁运输时应竖立放置，并用斜撑支撑（应支在梁腹上，不得支在梁板上，以免梁板根部发生负弯矩而开裂），以防梁倾倒。

三、装配式构件的安装

装配式构件安装是装配式简支梁桥施工中的关键性工序。从架梁工艺类别来分，有陆地架设法浮吊架设法和高空架设法等。

（一）陆地架梁法

1. 移动式支架架梁法

此法是在架设孔的地面上，顺桥轴线方向铺设轨道，其上设置可移动支架，预制梁的前端搭在支架上，通过移动支架将梁移运到要求的位置后，再用龙门架或人字扒杆吊装；或者在桥墩上设枕木垛，用千斤顶卸下，再将梁横移就位，如图3-1-28所示。

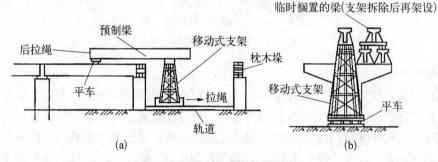

图3-1-28 移动式支架架设法

利用移动支架架设，设备较简单，可安装重型的预制梁。无动力设备时，可使用手摇卷扬机或绞盘移动支架进行架设。一般不适宜在桥孔下有水、地基过于松软、桥墩过高的情况下使用。

2. 摆动式支架架梁法

此法是将预制梁（板）沿路基牵引到桥台上并稍悬出一段，悬出距离根据梁的截面尺寸

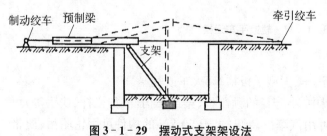

图3-1-29 摆动式支架架设法

和配筋确定。从桥孔中心河床上悬出的梁（板）端底下设置人字扒杆或木支架，如图3-1-29所示，前方用牵引绞车牵引梁（板）端，此时支架随之摆动而到对岸。为防止摆动过快，应在梁（板）的后端用制动绞车牵引制动。

此法较适宜用于高跨比稍大的桥梁，当河中有水时也可用此法，但需在水中设一个简单的小墩，以供设立木支架用。

3. 自行式吊机架梁法

一般中小跨径预制梁（板）的架设安装多采用自行式吊机。其优点是本身有动力、架设

迅速、可缩短工期,不需要架设临时动力设备,不必进行架设设备的准备工作,不需要其他方法架梁时所具备的技术工种。

自行式吊机架梁可采用一台吊机架设、两台吊机架设、吊机和绞车配合架设等方法。

当预制梁重量不大,而吊机又有相当的起重能力,河床坚实无水或少水,允许吊机行驶、停搁时,可采用一台吊机架梁法,如图 3-1-30(a)所示。此时应注意钢丝绳与梁面夹角一般以 45°～60°为宜,否则应使用起重梁(扁担梁)。对跨径不大的预制梁,吊机起重臂跨径 10 m 以上且起重能力超过梁重的 1.5 倍时,吊机可放在一孔已安装好的桥面上,架设安装次一孔梁(板)。

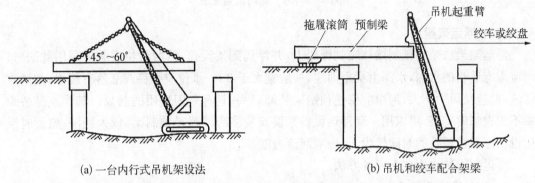

(a) 一台内行式吊机架设法　　　　　　(b) 吊机和绞车配合架梁

图 3-1-30　自行式吊机架梁法

两台吊机架梁法是用两台自行式吊机各吊住梁(板)的一端,将梁(板)吊起并架设安装。吊机和绞车配合架梁,如图 3-1-30(b)所示。预制梁一端用拖履滚筒支垫,另一端用吊机吊起,前方用绞车或绞盘牵引预制梁前进。梁前进时,吊机起重臂随之转动。梁前端就位后,吊机行驶到后端,提起梁后端取出拖履滚筒,将梁放下就位。

4. 跨墩或墩侧龙门架架梁法

此法是以胶轮平板拖车、轨道平车或跨墩龙门架将预制梁送到桥孔,再用跨墩龙门架或墩侧高低脚龙门架将梁吊起,然后横移到梁设计位置,最后落梁就位完成架梁工作。

轨道基础要按承受最大反力时能保持安全的原则进行加固处理。河滩上如有浅水,可在水中填筑临时路堤,水稍深时可考虑修建临时便桥,在便桥上铺设轨道。此法应与其他架设方法进行技术经济比较以决定取舍。

此法的优点是架设安装速度较快,河滩无水时较经济,架设时不需要复杂的技术工艺,作业人员较少。但缺点是龙门吊机设备费用较高,尤其对于高桥墩情况。

跨墩龙门架的架梁程序,如图 3-1-31(a)所示,预制梁可由轨道平车运送至桥孔,如两台龙门架吊机自行且能达到同步运行时,也可利用跨墩龙门架将梁吊着运送到桥孔,再吊起横移落梁就位。

墩侧高低脚龙门架,如图 3-1-31(b)所示,其架设程序与跨墩龙门架基本相同,但预制梁必须用轨道平车或胶轮平车拖板运送至桥孔。一孔各片梁安装完毕后,将 1 号墩的龙门架拆除运送到 3 号墩安装使用,以后如此循环使用。为了加快预制梁吊起横移就位速度,可准备 3 台高低脚龙门架,设置在 1、2、3 号墩侧。待第一跨各梁安装完毕,即可安装第二跨,与此同时,将 1 号墩的龙门架拆除运送到 4 号墩安装使用。这种高低脚龙门架较跨墩龙门架可减少一条轨道,一条腿的高度也可降低,但增加运、拆、装龙门架的工作量,并需要多准备 1 台龙门架。

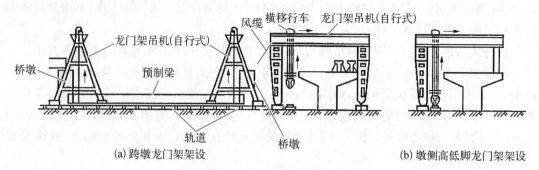

图 3-1-31 龙门架架世法

(二) 浮运架梁法

浮运架梁法是将预制梁移装到浮船上，并浮运到架设孔，然后就位安装。采用此法时，河流需有适当的水深，水深由梁重而定，一般宜大于 2 m；水位应平稳或涨落有规律，如潮汐河流；流速及风力不大；河岸能修建预制梁装卸码头；具有坚固适用的船只。其优点是桥跨中不需设临时支架，可以用一套浮运设备架设安装多跨同跨径预制梁，较为经济；架梁时浮运设备停留在桥孔的时间较少，不影响河流通航。

浮运架梁法采用如下三种方法：

1. 装船浮运至架设孔起吊就位安装法

此法可采用在引道栈桥或岸边设置栈桥码头，在码头上组拼龙门架，用龙门架吊运预制梁上船。吊装预制梁的浮船结构，如图 3-1-32 所示。

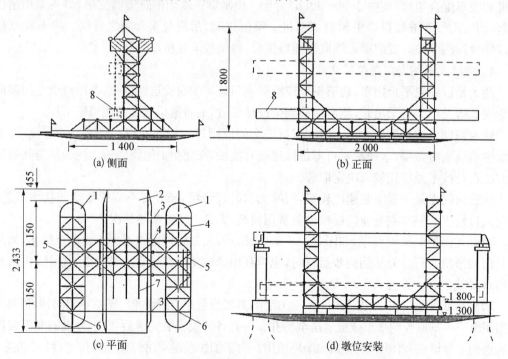

图 3-1-32 预制梁装船浮运架设法 (尺寸单位：mm)

1—190 kN 浮桥船；2—800 kN 铁驳船；3—联结 36 号工字钢；4—万能杆件；
5—吊点位置；6—50 kN 卷扬机；7—56 号工字钢；8—预制梁

2. 对浮船充排水架设法

将预制梁装载在一艘或两艘浮船中的支架枕木垛上,使梁底高度高于墩、台座顶面0.2～0.3 m,然后将浮船托运至架设孔,充水入浮船,使浮船吃水加深,降低梁底高度使预制梁安装就位。在有潮汐的河流上架设预制梁时,可利用潮汐时水位的涨落调整梁底高程,安装就位。若潮汐水位高度不够,可在浮船中用水泵充水或排水进行解决。

3. 浮船支架拖拉架设法

将预制梁拖拉滚移到岸边,并将其一端拖至浮船支架上,再用如前所述的移动式支架架设法沿桥轴线拖拉浮船至对岸,预制梁亦相应拖拉至对岸。预制梁前端抵达安装位置后,用龙门架或人字扒杆安装就位,如图 3-1-33 所示。

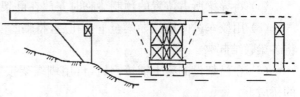

图 3-1-33 浮船支架拖拉架设法

(三) 高空架梁法

1. 联合架桥机架梁(蝴蝶架架梁法)

此法适用于架设安装跨径 30 m 以下的多孔桥梁。其优点是完全不设桥下支架,不受水深流急影响,架设过程中不影响桥下通航、通车,预制梁的纵移、起吊、横移、就位都比较方便。缺点是架设设备用钢量较多,但可周转试用。

联合架桥机由两套门式吊机、一个托架(即蝴蝶架)、一根两跨长的钢导梁三部分组成,如图 3-1-34 所示。钢导梁顶面铺设运梁平车和托架行走的轨道。门式吊机由工字梁组成,并在上下翼缘处及接头的地方用钢板加固。门式吊机顶横梁上设有吊梁用的行走小车。为了不影响架梁的净空位置,其立柱做成拐脚式(俗称拐脚龙门架)。门式吊机的横梁高程,由两根预制梁叠起的高度加平车及起吊设备高确定。蝴蝶架是专门用来托运门式吊机转移的,它由角钢组成。整个蝴蝶架放在平车上,可沿导梁顶面轨道行走。

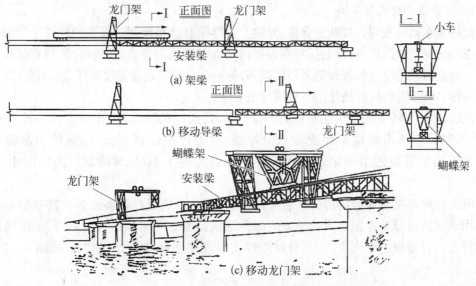

图 3-1-34 用导架、龙门架及蝴蝶架联合架梁

联合架桥机架梁顺序如下：

（1）在桥头拼装导梁，梁顶铺设钢轨，并用绞车纵向拖拉导梁就位。

（2）拼装蝴蝶架和门式吊机，用蝴蝶架将两个门式吊机移运至架梁孔的桥墩（台）上。

（3）用平车将预制梁沿轨道运送至架梁孔位，将导梁两侧可以安装的预制梁用两个门式吊机吊起，横移并落梁就位。

（4）将导梁所占位置的预制梁临时安放在已架设好的梁上。

（5）用绞车纵向拖拉导梁至下一孔后，将临时安放的梁由门式吊机架设就位，并用电焊将各梁联结起来。

（6）在已架设的梁上铺接钢轨，再用蝴蝶架按顺序将两个门式吊机托起并运至前一孔的桥墩上。

如此反复，直至将各孔梁全部架设好为止。

图 3-1-35 为该架设法的原理图。

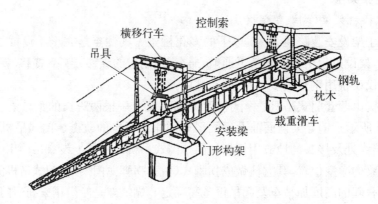

图 3-1-35　联合架桥机（单导梁）架设法原理图

2. 双导梁穿行式架梁法

此法是在架设孔间设置两组导梁，导梁上安设配有悬吊预制梁设备的轨道平车和起重行车或移动龙门式吊机，将预制梁在双导梁内吊着运到规定位置后，再落梁、横移就位。横移时一种是由两组导梁吊着预制梁整体横移；另一种是导梁设在宽度以外，预制梁在龙门吊机上横移，导梁不横移，此法比第一种横移法安全。

此法优点与联合架桥机法相同，适用于墩高、水深的情况下，架设多孔中小跨径的装配式桥梁，但不需蝴蝶架而配备双组导梁，故架设跨径可较大，吊装的预制梁可较重。我国用该类型的吊机架设了梁长 51 m、重力达 1 310 kN 的预应力混凝土 T 形梁桥。

两组分离布置的导梁可用公路装配式钢桥桁节、万能杆件设备或其他特制的钢桁节拼装而成。两组导梁净距应大于待安装的预制梁宽度。导梁顶面铺设轨道，供吊梁起重行车行走。导梁设三个支点，前端可伸缩的支承设在架桥孔前方桥墩上，如图 3-1-36 所示。

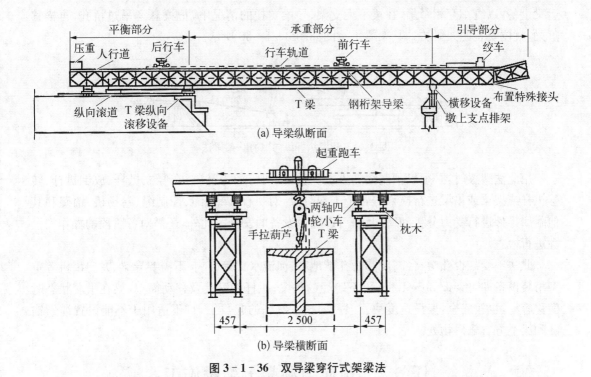

图 3-1-36 双导梁穿行式架梁法

两根型钢组成的起重横梁支承在能沿导梁顶面轨道行走的平车上,横梁上设有带复式滑车的起重行车。行车上的挂链滑车供吊装预制梁用。其架设顺序如下:

(1)在桥头路基上拼装导梁和行车,并将拼装好的导梁用绞车拖拉就位,使可伸缩支脚支承在架梁孔的前墩上。

(2)先用纵向滚移法把预制梁运到两导梁间,当梁前端进入前行车的吊点下面时,将预制梁前端稍稍吊起,前方起重横梁吊起,继续运梁前进至安装位置后,固定起重横梁。

(3)用横梁上的起重行车将梁落在横向滚移设备上,并用斜撑撑住以防倾倒,然后在墩顶横移落梁就位(除一片中梁外)。

(4)用以上步骤并直接用起重行车架设中梁。

如用龙门吊机吊着预制梁横移,其方法同联合架桥机架梁。此法预制梁的安装顺序是先安装两个边梁,再安装中间各梁。全孔各梁安装完毕并符合要求后,将各梁横向焊接联系,然后在梁顶铺设移运导梁的轨道,将导梁推向前进,安装下一孔。

重复上述工序,直至全桥架梁完毕。

3. 自行式吊车桥上架梁法

在预制梁跨径不大,重量较轻且梁能运抵桥头引道上时,可直接用自行式伸臂吊车(汽车吊或履带吊)来架梁。但是,对于架桥孔的主梁,当横向尚未连成整体时,必须核算吊车通行和架梁工作时的承载能力。此种架梁方法简单方便,几乎不需要任何辅助设备,如图3-1-37所示。

4. 扒杆纵向"钓鱼"架梁法

此法是用立在安装孔墩、台上的两副人字扒杆,配合

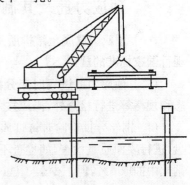

图 3-1-37 自行式吊车桥上架梁法

运梁设备,以绞车互相牵吊,在梁下无支架、导梁支托的情况下,把梁悬空吊过桥孔,再横移落梁,就位安装的架梁法。其架梁示意图如图3-1-38所示。

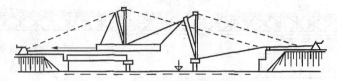

图3-1-38 扒杆纵向"钓鱼"架梁法

用此法架梁时,必须以预制梁的重量和墩、台间跨径为基础,在竖立扒杆、放倒扒杆、转移扒杆或架梁或吊梁进行横移等各个工作阶段,对扒杆、牵引绳、控制绳、卷扬机、锚碇和其他附属零件进行受力分析和应力计算,以确保设备的安全。此外,还需对各阶段的操作安全性进行检查。

此法不受架设孔墩、台高度和桥孔下地基、河流水文等影响;不需要导梁、龙门吊机等重型吊装设备即可架设30～40 m以下跨径的桥梁;扒杆的安装及移动简单,梁在吊着状态时横移容易,也较安全,架设速度快。但需要技术熟练的起重工,且不适用于不能设置缆索锚碇和梁上方有障碍物处。

任务2 预应力混凝土梁桥施工

预应力混凝土梁桥和钢筋混凝土梁桥的施工方法基本相同,所不同的是需要在梁正常使用前给梁体施加预压应力,而预压应力是依靠张拉预应力钢筋来实现的。我们仅介绍装配式预应力混凝土桥的施工和悬臂施工法。

预应力混凝土工程施工前,应采取必要的安全防护措施,防止发生事故。

2.1 装配式预应力混凝土桥的施工

装配式预应力混凝土桥的施工也要经过制作、起吊、运输和安装四个过程。后三个过程与钢筋混凝土梁桥完全相同,所不同的就是梁体预制时,需要加入预应力筋的施工内容。本单元就预应力筋的加工、张拉所需要的机具和预应力的施加方法进行重点介绍。

一、预应力筋及其制作

(一)预应力混凝土结构所采用的钢丝、钢绞线、螺纹钢筋等材料的性能和质量,应符合现行国家标准的规定。

(二)预应力筋进场时应分批验收,验收时,除应按合同要求对其质量证明书、包装、标志和规格等进行检查外,尚应按下列规定进行检验:

(1)钢丝分批检验时每批质量应不大于60 t。检验时应从每批中抽查5%且不少于5盘,进行表面质量检查,如检查不合格,则应对该批钢丝逐盘检查。在表面质量检查合格的钢丝中抽取5%,但不少于3盘,在每盘钢丝的两端取样进行抗拉强度、弯曲和伸长率的试验。试验结果如有一项不合格时,则不合格盘报废,并从同批未试验过的钢丝盘中取双倍数量的试样进行该不合格项的复验;如仍有一项不合格,则该批钢丝为不合格。

(2) 钢绞线分批检验时每批质量应不大于 60 t,检验时应从每批钢绞线中任取 3 盘,并从每盘所选的钢绞线端部正常部位截取一组试样进行表面质量、直径偏差和力学性能试验。如每批少于 3 盘,则应逐盘取样进行上述试验。试验结果如有一项不合格时,则不合格盘报废,并再从未试验过的钢绞线中取双倍数量的试样进行该不合格项的复验;如仍有一项不合格,则该批钢绞线为不合格。

(3) 螺纹钢筋分批检验时每批质量应不大于 100 t,对表面质量应逐根目视检查,外观检查合格后在每批中任选两根钢筋截取试件进行拉伸试验。试验结果如有一项不合格时,则应另取双倍数量的试件重做全部各项试验;如仍有一根试件不合格,则该批钢筋为不合格。

(4) 预应力筋的实际强度不得低于现行国家标准的规定。预应力筋的检验试验方法应按现行国家标准的规定执行,用作拉伸试验的试件,不得进行任何形式的加工。在对预应力的拉伸试样中,应同时测定其弹性模量。

(5) 对特大桥、大桥或重要桥梁工程中使用的钢丝、钢绞线和螺纹钢筋,进场时应按上述规定进行检验;对预应力材料用量较少的一般桥梁工程,其预应力钢材的力学性能可仅进行抗拉强度检验,或由生产厂提供力学性能试验报告。

(三) 预应力钢筋下料

1. 先张法用预应力钢筋

直径大于 12 mm 的预应力钢筋的加工工作有下料、焊接、冷拉、时效及端头镦粗或轧丝等。

钢筋下料时,应按钢筋的计算长度、工作长度和原材料的试验数据确定下料长度,做到合理配料,尽量减少接头数目。

钢筋的下料长度可选用下式计算:

$$L = \frac{l}{1 + \delta_1 - \delta_2} + nb + L_0 \qquad (3-1)$$

式中:L——下料长度;

　　l——计算长度;

　　δ_1——冷拉伸长率,一般为 2%～4%;

　　δ_2——弹性回缩率,一般为 0.45%;

　　n——接头数目;

　　b——焊接接头预留量,每个接头的预留量与钢筋的直径有关,一般选用 25～35 mm;

　　L_0——工作长度,先张法时的工作长度根据台座情况定,采用轧丝锚具时取 0.15 m,两端张拉时取 0.2 m。

采用先张法预制构件时,若是在长线台座上同时生产几片梁(板),下料长度应包括梁与梁间连接器的长度。

注意:

(1) 几个概念

钢筋计算长度:施工图纸上标明的长度。

钢筋工作长度:张拉设备所需要的钢筋长度。

(2) 焊接

目前生产的粗钢筋的长度,最长有 12 m,施工时常需要接长使用。

（3）冷拉

钢筋焊接接长后,冷却至正常温度后即可进行冷拉。

冷拉钢筋的目的是为了提高钢筋的屈服强度。冷拉时最好采用双控,即同时控制钢筋的应力和伸长率,一般是以应力控制为主,伸长率控制为辅。

（4）时效

冷拉后的钢筋,屈服强度提高,但脆性也相应地增加了。因此钢筋冷拉后将钢筋置于一定的温度下经过一段时间,使钢筋逐渐硬化,从而使钢筋的强度有所提高,并且使钢筋的弹性模量得到恢复,这就是所谓的时效处理。一般情况下,时效是个缓慢的过程,主要是和温度有关。有条件时可将冷拉后的钢筋在 1 000 ℃的恒温下搁置 2h 左右,此即为人工时效;否则可采用自然时效,即在自然温度为 20～30 ℃时,钢筋至少应放置 24 h。

（5）钢筋端头的镦粗或轧丝

此项工作可在钢筋冷拉前进行,亦可在其冷拉后加工,可采用镦粗机或轧丝机加工。

2. 后张法用预应力钢筋

后张法用预应力钢筋的下料长度可按下式计算:

$$下料长度＝孔道净长（计算长度）＋构件两端的预留比变（工作长度） \qquad (3-2)$$

（四）高强钢丝和钢绞线的成束

成束时要保持钢丝一端齐平再向另一端进行。首先用梳丝板（图 3 - 2 - 1）将其理顺,然后每隔 1.0～1.5 m 衬以长 3～4 cm 的螺旋衬圈或短钢管,并在衬圈处用铁丝缠绕 20～30 道。绑扎的铁丝扣应弯入钢丝束内,以免影响穿束。绑束完成后,应按设计编号挂牌堆放,以免错乱。搬运钢束时,支点间的跨度不得大于 3 m,两端悬空的不得大于 1 m。

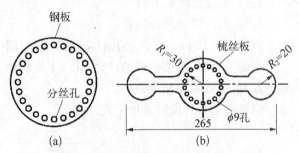

图 3 - 2 - 1　梳丝板的构造（尺寸单位:mm）

（五）后张法预应力筋位置的设置

在后张法预应力混凝土结构中,力筋的孔道宜由浇筑在混凝土中的刚性或半刚性管道构成。对于一般工程,也可采取钢管抽芯、胶管抽芯及金属伸缩套管抽芯等方法预留。

刚性和半刚性管道为预埋式的制孔器;钢管抽芯、胶管抽芯及金属伸缩套管抽芯等为抽拔式制孔器。

图 3 - 2 - 2　金属波纹管实物图

力筋孔道的内横截面面积至少应是预应力筋净截面面积 2.0～2.5 倍。对于超长钢束的管道,亦应通过试验来确定其面积比。

常见的预埋式制孔器是钢管和波纹状的金属螺旋管。这种制孔器是按筋束的设计位置固定在钢筋骨架中,混凝土浇筑后,即可形成预应力筋的孔道。金属螺旋管是后张法施工中使用最广泛的制孔器,这是因为它具有局部抗压强度大、内壁摩阻力小、与混凝土的联结性能好、易弯曲等优点。它的缺陷是需要比钢管更密的定位钢筋,以及电焊时要严加防范,以免发生管道线形变样和管道漏浆等。金属波纹管见图 3 - 2 - 2。

刚性管道一般是指内壁平滑的钢管,其壁厚不得小于2 mm;半刚性管道是波纹状的金属螺旋管,制作此金属螺旋管的钢带厚度不得小于0.3 mm。为提高管道的防腐性能,金属管道应尽量采用镀锌材料。

常用的抽拔式制孔器是橡胶管,管内插入一根比橡胶管内径小8~10 mm的钢筋,即芯棒。橡胶管是按设计位置固定在钢筋骨架中,等混凝土抗压强度达到0.4~0.8 MPa时,先将芯棒抽出再拔出橡胶管,从而形成孔道。制孔器的抽拔时间与预制时的气温有关,必须严格掌握,否则将会出现塌孔或拔不出的情况。抽拔时间可按100 h除以预制场温度来估算。

二、锚具及张拉设备

(一) 锚具的分类

锚具按其传力锚固的受力原理,可分为:

1. 依靠摩阻力锚固的锚具

如楔形锚、锥形锚和用于锚固钢绞线的JM锚具等。都是借助张拉而来的回缩或千斤顶顶压,带动锥销或夹片将筋束楔紧于锥孔中而锚固的。

2. 依靠承压锚固的锚具

如镦头锚、钢筋螺纹锚等。利用钢丝的镦粗头或钢筋螺纹承压进行锚固的。

3. 依靠黏结力锚固的锚具

如先张法的筋束锚固,以及后张法固定端的钢绞线压花锚具等,都是利用筋束与混凝土之间的黏结力进行锚固的。

(二) 目前桥梁施工中几种常用的锚具

1. 锥形锚

锥形锚(又称弗式锚)是用于锚固$\phi5$ mm钢丝束的锚具。它由锚圈和锚塞(又称锥销)两个部分组成,如图3-2-3所示。多用于张拉吨位较小的预应力结构中。

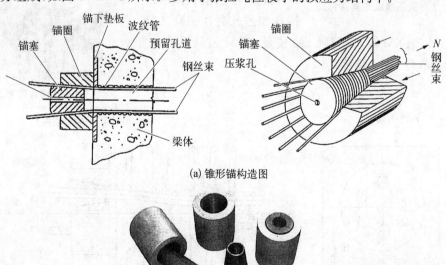

(a) 锥形锚构造图

(b) 锥形锚实物照片

图3-2-3　锥形锚

目前桥梁中常用的锥形锚,有用来锚固 $18\phi55$ mm 钢丝束和锚固 $24\phi55$ mm 钢丝束的两种锚具。

2. 镦头锚

镦头锚主要用于锚固钢丝束,也可锚固直径在 14 mm 以下的钢筋束。它是利用钢丝或热轧粗钢筋两端的镦粗来锚固预应力钢筋(图 3-2-4)。

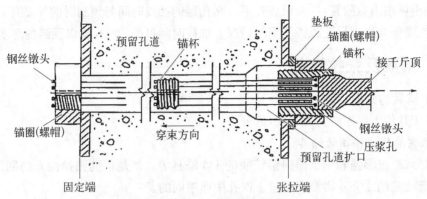

图 3-2-4 镦头锚示意图

目前有锚固 12~133 根 $\phi55$ mm 和 12~84 根 $\phi7$ mm 两种锚具系列。

图 3-2-5 钢筋螺纹锚具实物图

3. 钢筋螺纹端杆锚具

当采用高强粗钢筋作为预应力筋束时,可采用螺纹端杆锚具固定,即利用粗钢筋两端的螺纹,在钢筋张拉后直接拧上螺帽进行锚固(图 3-2-5)。

4. 夹片锚具

夹片锚具主要作为锚固钢绞线筋束之用。有单夹片锚具和多孔夹片锚具之分。

(a) 夹片锚具实物图

目前有 JM 锚、XM 锚、QM 锚、YM 锚及 OVM 锚具系列。图 3-2-6所示为 YM-15 锚具。

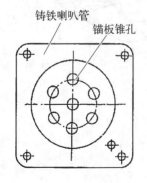

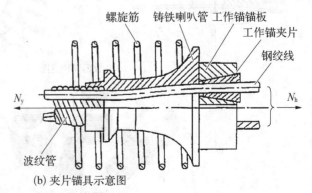

(b) 夹片锚具示意图

图 3-2-6 夹片锚具

5. 扁锚

这是20世纪80年代开发的一种新型夹片式锚具(图3-2-7),因其外形是扁形的,故称为扁锚。

6. 连接器

这是将两段预应力索连接成整体的机具(图3-2-8)。连接器的用途有:

(1) 将特别长的预应力索在弯矩较小的部位断开,变成多个短索,逐段张拉,逐段连接,使预应力索连成一体。

(2) 将分段搭接的短索连成长索,梁上不必设置凸出或凹入的齿板、齿槽,也不用对结构局部加厚。

图3-2-7 扁锚实物图

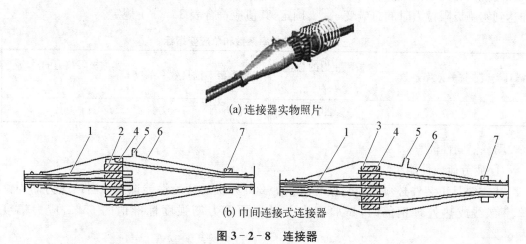

(a) 连接器实物照片

(b) 巾间连接式连接器

图3-2-8 连接器

1—钢绞线束;2—镦头锚具;3—夹片;4—连接体;5—灌浆口;6—护罩;7—钢环

(三) 锚具的检验

1. 技术要求

锚具是建立预应力和保证结构安全的关键,因此,既要求锚具的尺寸和形状准确,又要求锚具具有足够的承载能力和良好的使用性能,还要具有可靠的锚固性能,从而能充分发挥预应力筋的强度,安全地实现预应力张拉作业。夹具应具有良好的自锚性能、松锚性能和重复使用性能;对于连接器,当用于后张法时,必须符合锚具的性能要求,用于先张法时,必须符合夹具的性能要求;锚固性能不可靠或承载能力不够的锚具、夹具和连接器不得用于预应力混凝土构件施工中。

按使用要求,锚具的锚固性能分为以下两类。

(1) Ⅰ类锚具:适用于承受动载、静载的预应力混凝土结构;

(2) Ⅱ类锚具:仅适用于有黏结预应力混凝土结构中预应力筋应力变化不大的部位。

对锚具的技术要求有:

(1) 静载锚固性能

锚具的静载锚固性能用锚具效率系数表示,其表达式为:

$$\eta_n = F_{aP\mu}/\eta_p F^c_{aP\mu} \tag{3-3}$$

式中：$F_{aP\mu}$——预应力筋锚具组装件的实测极限拉力(kN)；

$F_{aP\mu}^c$——预应力筋锚具组装件中各根预应力钢材计算极限拉力之和(kN)；

η_p——预应力筋的效率系数。

预应力筋效率系数 η_p 按下列规定取用：

① 对于重要的预应力混凝土结构工程使用的锚具，应按国家现行标准《预应力筋用锚具、夹具和连接器应用技术规程》(JGJ85—2010)计算确定；

② 对于一般预应力混凝土结构工程使用的锚具，当预应力筋为钢丝、钢绞线或热处理钢筋时，η_p 取 0.97；当预应力筋为冷拉Ⅱ、Ⅲ、Ⅳ级钢筋时，η_p 取 1.00。

为了保证预应力筋在破坏时锚具有足够的延伸性，总应变 $\varepsilon_{aP\mu,tot}$ 也必须满足一定的要求，因此Ⅰ、Ⅱ类锚具的静载锚固性能由预应力锚固组装件静载试验测定的锚具效率系数和达到实测极限拉力时的总应变 $\varepsilon_{aP\mu,tot}$ 确定，其值应符合表 3-2-1 规定。

表 3-2-1　锚具效率系数和总应变指标

锚具类型	锚具效率系数	实测极限扭力的总应变 $\varepsilon_{aP\mu,tot}$	锚具类型	锚具效率系数	实测极限拉力的总应变 $\varepsilon_{aP\mu,tot}$
Ⅰ	≥0.95	≥2.0	Ⅱ	≥0.90	≥17

(2) 动载锚固性能

① 疲劳荷载性能

Ⅰ类锚具组装件必须能经受循环次数为 200 万次的疲劳性能试验。当预应力筋为钢丝、钢绞线或热处理钢筋时，试验应力上限为预应力筋强度标准值的 65%，应力幅度为 80%。

② 周期荷载性能

用于抗震结构的锚具，尚应能承受 50 次循环的周期荷载试验。当预应力筋为钢丝、钢绞线或热处理钢筋时，试验应力上限为预应力筋强度标准值的 100%，下限为 40%。

(3) 其他要求

① 锚具应满足分级张拉及张拉工艺要求，同时宜具有能放松预应力筋的性能。

② 锚具或其附件上宜设置灌浆孔道，灌浆孔道应使浆液有通畅的截面面积。

③ 用于后张法的预应力筋连接口，必须符合Ⅰ类锚具锚固性的要求。

④ 夹具的静载锚固性能应符合表 3-2-1 中Ⅰ类锚具的效率系数和锚固性的要求。

2. 锚具质量检验

预应力筋锚具、夹具和连接器，应按合同核对其型号、规格和数量，以及适用的预应力筋品种、规格和强度等级，且生产厂家应提供产品质保书、产品技术手册、锚固区传力性能型式检验报告，以及夹片式锚具的锚口摩擦损失测试报告或参数。产品按合格验收后，应按下列规定进行进厂检验：

(1) 外观检查：应从每批产品中抽取 2% 且不少于 10 套的样品，检查其外形尺寸、表面裂纹及锈蚀情况。外形尺寸应符合产品质保书所示的尺寸范围，且表面不得有裂纹及锈蚀。当有下列情况之一时，本批产品应逐套检查，合格后方可进入后续检查：

① 当有一个零件不符合产品质保书所示的外形尺寸，则应另取双倍数量的零件重新检查，仍有一个不合格；

② 当有一个零件表面有裂纹或夹片、锚孔锥面有锈。

对配套使用的锚垫板和螺旋筋可按上述方法进行外观检查,但允许表面有轻度锈蚀。

(2) 硬度检查:应从每批产品中抽取 3% 且不少于 5 套样品(对多孔夹片式锚具的夹片,每套抽取 6 片),对其中有硬度要求的零件进行硬度检验,每个零件测试 3 点,其硬度应符合产品质保书的规定。当有一个零件不合格时,则应另取双倍数量的零件重做检验;如仍有一个零件不合格,应对本批产品逐个检验,合格者方可使用或进入后续检验。

(3) 静载锚固性能试验:应在外观检查和硬度检验均合格的同批产品中抽取样品,与相应规格和强度等级的预应力筋组成 3 个预应力筋——锚具组装件,进行静载锚固性能试验。如有一个试件不符合要求时,则应另取双倍数量的样品重做试验;仍有一个试件不符合要求,则该批锚具为不合格产品。静载锚固试验方法应符合现行国家标准《预应力筋用锚具、夹具和连接器》(GB/T 14370—2015)的规定。

(4) 对特大桥、大桥和重要桥梁工程中使用的锚具产品,应进行上述 3 项检查和检验;对锚具用量较小的一般中、小桥梁工程,如生产厂能提供有效的静载锚固性能试验合格的证明文件,则仅需进行外观检查和硬度检验。

(5) 进场检验时,同种材料、同一生产工艺条件下、同批进场的产品可视为同一验收批。锚具的每个验收批不宜超过 2 000 套;夹具、连接器的每个验收批不宜超过 500 套;获得第三方独立认证的产品其验收批可扩大 1 倍。检验合格的产品,在现场的存放期超过一年时,再用时应进行外观检查。

(四) 施加预应力

(1) 预应力筋的张拉宜采用穿心式双作用千斤顶,整体张拉或放张宜采用具有自锚功能的千斤顶,千斤顶的额定张拉力宜为所需张拉力的 1.5 倍,且不得小于 1.2 倍。

(2) 与千斤顶配套使用的压力表应选用防震型产品,最大读数应为张拉力的 1.5~2.0 倍,标定精度不应低于 1.0 级。

(3) 张拉机具设备应与锚具产品配套使用,并在使用关进行校正、检验和标定。

(4) 张拉用的千斤顶与压力表应配套标定、配套使用。当处于下列情况之一时,应重新进行标定:使用时间超 6 个月,或张拉次数超 300 次,或使用中出现异常,或更换配件后。

(5) 施加预应力前,施工现场应已具备批准的张拉顺序、张拉程序、施工作业指导书,经培训的施工人员及防护措施。且检验达到锚具安装正确、构件混凝土强度满足要求。

(6) 千斤顶安装时,工具锚应与前端的工作锚对正,工具锚和工作锚之间的各根预应力筋不得错位或扭绞。实施张拉时,千斤顶与预应力筋、锚具的中心线应位于同一轴线上。

(7) 预应力筋的张拉顺序和张拉控制力应符合设计规定,当需超张拉或计入锚圈口预应力损失时可比设计规定提高 5%,但任何情况下均不得超过设计规定的最大控制应力。

(8) 预应力筋采用应力控制方法张拉时,应伸长值进行校核。实际伸长值与理论伸长值的差值应控制在 ±6% 以内,否则应暂停张拉并查明原因并调整。

(9) 预应力筋的理论伸长值 $\Delta L_L = (P_P L)/(A_P E_p)$,预应力筋的平均张拉力 $P_P L$ 取值为当直线筋取张拉端的拉力,两端张拉的曲线筋按《公路桥涵施工技术规范》附录 C1 公式计算。

（10）预应力筋张拉时，先调整到初应力 σ_0，σ_0 应为 σ_{con} 的 $10\%\sim25\%$，伸长值应从初应力时开始量测。

预应力筋的实际伸长值 ΔL_S 除量测的伸长值外，尚应加上初应力以下的推算伸长值。

$\Delta L_S=\Delta L_1$（从初应力至最大张拉应力间的实测伸长值）$+\Delta L_2$（初应力以下的推算伸长值，可采用相邻级的伸长值）。

（11）预应力筋的锚固，应在张拉控制应力处于稳定状态下进行。夹片式锚具当无顶压时，其预应力筋回缩及锚具变形容许值为 6 mm。

（12）预应力筋张拉、锚固过程中及锚固完成后，均不得大力敲击或振动器具。预应力筋锚固后需放松时，对夹片式锚具宜采用专门的放松装置松开。

（13）预应力筋在张拉时，应采取有效的安全防护措施，预应力筋两端的正面严禁站人和穿越。

三、先张法施加预应力

（一）准备工作

1. 张拉台座

先张法板梁是在张拉台座上进行制作的。

张拉台座可分为墩式台座和槽式台座两种。

（1）墩式台座（图 3-2-9）

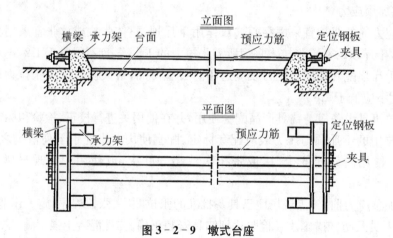

图 3-2-9　墩式台座

墩式台座是由台面、承力架、横梁和定位钢板等组成。它是靠自重力和土压力来平衡张拉力所产生的倾覆力矩，并靠土壤的反力和摩擦力来抵抗水平位移。

台面是制梁的底模，有整体式混凝土台面和装配式混凝土台面两种。承力架要承受全部的张拉力，所以要有足够的承载能力和稳定性。横梁是将预应力筋张拉力传给承力架的构件，为保证其承载力，常用型钢制成；设计时，要根据横梁的跨径、张拉力的大小确定其截面尺寸，并保证其刚度和稳定性。定位钢板是用来固定预应力筋的位置，采用上面打孔的钢板制成，钢板的厚度应保证承受张拉力后具有足够的刚度。定位钢板上孔的位置按预应力筋的位置确定，为便于穿筋，孔径比钢筋的直径大 $2\sim5$ mm。

（2）槽式台座（图 3-2-10）

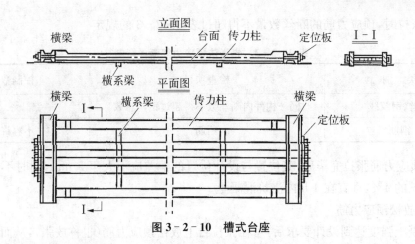

图 3-2-10　槽式台座

由台面、传力柱、横梁、横系梁、定位钢板等组成。它适用于现场地质条件差,台座又不是很长时的情况。传力柱和横系梁是由钢筋混凝土制成的,其他与墩式台座相同。

2. 安装定位板、预应力筋及检查

预应力筋张拉前,应先安装定位钢板,检查定位钢板的钻孔位置和孔径大小是否符合设计要求,然后将定位钢板固定在横梁上,再安装预应力筋。

对于长线台座,预应力筋需要先用连接器串联。

先张法的墩式台座应进行专门设计,并应具有足够强度、刚度和稳定性,抗倾覆安全系数不小于 1.5,抗滑移系数不小于 1.3,锚固横梁受力后挠度不大于 2 mm。

(二) 张拉工艺

钢筋数量、位置和张拉设备经过检查后,才可进行张拉。

先张法梁通常采用一端张拉,另一端在张拉前要设置好固定装置或安放好预应力筋的放松装置。当然也有采用两端张拉的方法。

(1) 单根张拉设备比较简单,吨位低,但张拉速度慢。张拉的顺序应按不使台座承受大偏心力而定。

(2) 多根同时张拉一般需有两个大吨位拉伸机,张拉速度快。数根钢筋张拉时,必须注意使它们的初始长度一致,张拉后每根(束)钢筋的应力均匀。为此可在钢筋的一端选用螺丝端杆锚具,另一端选用镦粗夹具与拉伸机连接,这样可以利用螺丝端杆的螺帽调整各根钢筋的初始长度。如果钢筋直径较小,在保证每根钢筋下料长度精确的情况下,两端都可采用镦粗夹具。此外还必须使两个千斤顶与钢筋对称布置,两个千斤顶油路串通,同步进行工作。

(3) 张拉程序

表 3-2-2　先张法预应力筋张拉程序

预应力筋种类		张拉程序
钢丝、钢绞线	夹片式等具有自锚性能的锚具	普通松弛预应力筋:$0 \rightarrow$ 初应力 $\rightarrow 1.03\sigma_{con}$(锚固)
		低松弛预应力筋:$0 \rightarrow$ 初应力 $\rightarrow \sigma_{con}$(持荷 5 min 锚固)
	其他锚具	$0 \rightarrow$ 初应力 $\rightarrow 1.05\sigma_{con}$(持荷 5 min)$\rightarrow 0 \rightarrow \sigma_{con}$(锚固)
螺纹钢筋		$0 \rightarrow$ 初应力 $\rightarrow 1.05\sigma_{con}$(持荷 5 min)$\rightarrow 0.9\sigma_{con} \rightarrow \sigma_{con}$(锚固)

注:1. 表中 σ_{con} 为张拉时的控制应力值,包括预应力损失值。
　　2. 超张拉数值超过《规范》7.6.3 条规定的最大超张拉应力限值时,应按该条规定的限制张拉应力进行张拉。
　　3. 张拉螺纹钢筋时,应在超张拉并持荷 5 min 后放张至 $0.9\sigma_{con}$ 时再安装模板、普通钢筋及预埋件。

（4）张拉时，预应力筋的断丝数量不得超过表 3-2-3 的规定。

表 3-2-3　先张法预应力筋断丝限制

类　别	检查项目	控制数
钢丝、钢绞线	同一构件内断丝数不得超过钢丝总数	1％
钢筋	断筋	不容许

（5）预应力筋张拉完毕后，其位置与设计位置的偏差应不大于 5 mm，同时不应大于构件最短边长的 4％，且宜在 4 h 内浇筑混凝土。

（三）放松预应力筋

当混凝土强度达到设计要求后，可在张拉台上放松预应力筋（也称放张），从而对预制梁施加预应力。当设计无规定时，一般应在混凝土强度达到设计强度的 80％时进行。放松之后，切割梁外钢筋，即可移位准备再生产。在力筋放张之前，应将限制位移的侧模、翼缘模板和内模拆除。

放松预应力钢筋的方法有：千斤顶放松、张拉放松、砂箱放松、滑楔放松等。以下只简单介绍常用的前三种放松方法。

1. 千斤顶放松法

如图 3-2-11 所示，张拉前在承力架与横梁之间安放两个千斤顶。待混凝土达到规定放张强度后，即可让两个千斤顶同步回程，使拉紧的力筋慢慢回缩，将力筋放松。

注意：用千斤顶放张时，应分数次完成，不可一次放张完成。

2. 张拉放松法

（1）在张拉端利用连接器、拉杆、双螺帽放松预应力筋，如图 3-2-12 所示。将固定在横梁定位板前的双螺帽慢慢旋动，同一组放松的预应力筋螺帽旋动的距离应相等，然后再将千斤顶回油，力筋就慢慢回缩，张拉力即被释放。如果采用单根放松时，应先两侧后中间，分阶段进行，不得一次将一根力筋松完。

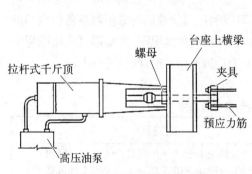

图 3-2-11　千斤顶放松示意图

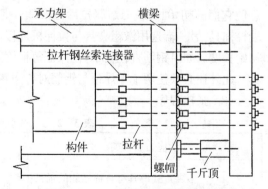

图 3-2-12　张拉端张拉放松示意图

（2）在台座固定端设置螺杆和张拉架，张拉架顶紧横梁让预应力筋锚固在张拉架上，如图 3-2-13 所示。放松时，先略微拉紧力筋，让其伸长一些，然后拧松螺帽，再将千斤顶回油，力筋就慢慢回缩，张拉力即被释放。

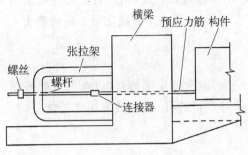

图 3-2-13　固定端张拉放松示意图

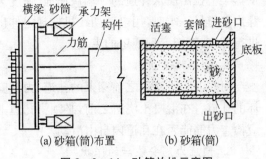

(a) 砂箱(筒)布置　　(b) 砂箱(筒)

图 3-2-14　砂箱放松示意图

3. 砂箱放松法

如图 3-2-14 所示,张拉前将放松装置放在台座承力架与横梁之间。张拉前砂筒的活塞要全部拉出,筒内装满烘干细砂,张拉时筒内砂子被压实,承担横梁的反力。放松钢筋时,打开砂口,活塞缩回,钢筋逐渐放松。

预应力混凝土梁桥预制工艺,与普通混凝土梁桥基本一致。图 3-2-15 给出的是先张法空心板梁预制工艺流程图,以便于学生从这个简单的预制流程中加深对混凝土梁桥预制工艺全过程的认识。

四、后张法施加预应力

(一) 张拉前的准备工作

后张法预制梁施加预应力时,构件的混凝土需达到设计规定的强度,一般不低于强度设计值的 80%,弹性模量应不低于混凝土 28 d 弹性模量的 80%。张拉前需要完成梁内预留孔道、编束、制锚穿束和张拉机具设备的准备工作。

1. 穿束

预应力筋可在浇筑混凝土之前或之后穿入孔道。若是在混凝土浇筑之后穿入,需要等梁体混凝土强度达到强度设计值的 80% 以上时,才可以进行穿束。

穿束前,应检查锚垫板和孔道,锚垫板位置应准确,孔道内应畅通,无水和其他杂物。为确保孔道通畅,先用空压机吹风等方法清除孔道内的污物积水。

穿束可采用人工直接穿束,也可借助一根 5 m 长钢丝作为引线,用卷扬机牵引进行穿束工作。穿束时钢丝束从一端穿入预留孔道,钢丝束在孔道两端头伸出的长度应大致相等。目前,穿钢绞线束的新方法是用专门的穿束机,将钢绞线

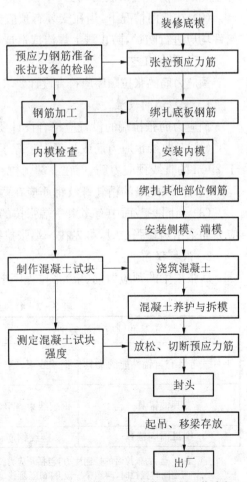

图 3-2-15　先张法空心板梁预制工艺流程

从盘架上拉出后从孔道的一端快速地(速度为 3～5 m/s)推送入孔道,当戴有护头的束前端穿出孔道另一端时,用电动切线机按规定伸出长度予以截断,再将护头戴在第二束的端头上进行穿束,直至穿到规定的束数。

2. 检查孔道

对在混凝土浇筑之前穿束的孔道,力筋安装完成后,应进行全面检查,以查出可能被损坏的孔道。在混凝土浇筑之前,必须将孔道上一切非有意留的孔、开口或损坏之处修复,并应检查力筋能否在孔道内自由滑动。

3. 预应力筋安装后的保护

(1) 对在混凝土浇筑和养生之前安装在孔道内,但在下列规定时限内没有压浆的预应力筋,应采取防锈或其他防腐蚀的措施,直至压浆。不同暴露条件下,未采取防腐蚀措施的力筋在安装后直至压浆时的容许间隔时间如下:

空气湿度大于 70% 或盐分过大时:　　　　7 d

空气湿度 40%～70% 时:　　　　　　　　15 d

空气湿度小于 40% 时:　　　　　　　　　20 d

(2) 力筋安装在孔道中后,孔道端部开口应密封以防止湿气进入。采用蒸汽养生时,在养生完成之前不应安装力筋。

(3) 在任何情况下,当在安装有预应力筋的构件附近进行电焊时,对全部预应力筋和金属件均应进行防护,防止溅上焊渣或造成其他损坏。

(二) 张拉工艺

预应力筋的张拉顺序应符合设计要求,当设计未作规定时,可采取分批、分阶段对称张拉。

1. 张拉端的设置

预应力筋张拉端的设置应符合设计要求,当设计无具体要求时,应符合下列规定:

(1) 对曲线预应力筋或长度大于等于 25 m 的直线预应力筋,宜在两端张拉;对长度小于 25 m 的直线预应力筋,可在一端张拉。

(2) 曲线配筋的精轧螺纹钢筋应在两端张拉,直线配筋的可在一端张拉。

(3) 当同一截面中有多束一端张拉的预应力筋时,张拉端宜分别设置在构件的两端;预应力筋采用两端张拉时,可先在一端张拉锚固后,再在另一端补足预应力值进行锚固。

2. 张拉程序

后张法梁的预应力筋(束)张拉程序根据锚具形式和筋束种类不同而不同。

表 3-2-4　后张法预应力筋张拉程序

锚具和预应力筋类别		张拉程序
夹片式等具有自锚性能的锚具	钢绞线束、钢丝束	普通松弛预应力筋:0→初应力→$1.03\sigma_{con}$(锚固)
		低松弛预应力筋:0→初应力→σ_{con}(持荷 5min 锚固)
其他锚具	钢绞线束、钢丝束	0→初应力→$1.05\sigma_{con}$(持荷 5min)→σ_{con}(锚固)
		0→初应力→$1.05\sigma_{con}$(持荷 5min)→0→σ_{con}(锚固)
螺母锚固锚具	螺纹钢筋	0→初应力→σ_{con}(持荷 5min)→0→σ_{con}(锚固)

注:1. 表中 σ_{con} 为张拉时的控制应力,包括预应力损失值。

　　2. 两端同时张拉时,两端千斤顶升降压、画线、测伸长等工作应基本一致。

　　3. 超张拉数值超过《规范》7.6.3 条规定的最大超张拉限值时,应按该条规定的限值进行张拉。

(三) 张拉注意事项

(1) 预应力钢筋在张拉时,混凝土强度不得低于强度设计值的80%或设计的规定值。

(2) 混凝土抗压强度必须是与构件同条件养护的混凝土试件的抗压强度测定值。

(3) 预应力筋张拉过程中严禁操作人员(包括其他人员)站在千斤顶后方,防止断丝或滑丝伤人。

(4) 曲线预应力钢材或长度≥25 m的直线预应力钢筋宜采用两端张拉的方法。

(5) 认真做好张拉记录,当发现实际伸长量与理论计算值相差太多(一般在±6%之间)时,立即停止张拉,分析原因。

(6) 张拉预应力钢材断丝、滑移不得超过规定的控制数,见表3-2-5。

(7) 必须在张拉控制应力达到稳定后方可锚固。

表3-2-5　后张预应力筋断丝、滑移限制

类　别	检查项目	控制数
钢丝束 钢绞线束	每束钢丝断丝或滑丝	1根
	每束钢绞线断丝或滑丝	1丝
	每个断面断丝之和不超过该断面钢丝总数的百分比	1%
螺纹钢筋	断筋或滑移	不容许

注:1. 钢绞线断丝系指单根钢绞线内钢丝的断丝。
　　2. 超过表列控制数时,原则上应更换;当不能更换时,在许可的条件下,可采取补救措施,如提高其他束预应力值,但必须满足设计各阶段极限状态的要求。

(四) 后张孔道压浆及封锚

(1) 预应力筋张拉锚固后,孔道应尽早压浆,且应在48 h内完成,否则应采取防止预应力筋锈蚀的措施。

(2) 压浆宜采用专用压浆料或专用压浆剂配制的浆液进行压浆,应采用高效减水剂,掺合料品种宜为Ⅰ级粉煤灰,膨胀剂宜用钙矾石系或复合型膨胀剂,配制的浆液性能应符合《公路桥涵施工技术规范》中表7.9.3规定。

(3) 压浆设备性能:

① 搅拌机转速不低于1 000 r/min;

② 储料罐应有搅拌功能且有网格尺寸不大于3 mm的过滤网;

③ 压浆机采用活塞式可连续作业的压浆泵,不得采用风压式压浆泵,压力表最小分度值应不大于0.1 Mpa;

④ 真空辅助压浆中采用的真空泵应能达到0.10 Mpa的负压力。

(4) 孔道压浆前,准备工作:

① 应在工地试验室对压浆材料加水进行试配;

② 应对孔道进行清洁处理,可用水冲洗,再用压缩空气将孔道内的所有积水吹出;

③ 应对压浆设备进行清洗。

(5) 压浆顺序:

① 压浆时,对曲线孔道和竖向孔道应从最低点的压浆孔压入;

② 构件中上下分层设置的孔道,按先下层、后上层的顺序压浆。

③ 同一管道的压浆应连续进行,一次完成。压浆应缓慢、均匀地进行,不得中断,并应将所有最高点的排气孔依次一一打开和关闭,使孔道内排气通畅。

(6)浆液自拌完成至压入孔道的延续时间不宜超过 40 min。

(7)对水平或曲线孔道压浆压力宜为 0.5～0.7 MPa,超长孔道最大压力不宜超过 1.0 MPa,对竖向孔道,压浆压力宜为 0.3～0.4 MPa。压浆的充盈度应达到孔道另一端饱满且排气孔排出与规定流动度相同的水泥浆为止,关闭出浆口后,宜保持一个不小于 0.5 MPa 时长 3～5 min 的稳压期。

(8)采用真空辅助压浆时,压浆前应对孔道进行抽真空,真空度宜稳定在－0.06～－0.10 MPa 范围内,真空度稳定后,应立即开启孔道压浆端阀门,同时启动压浆泵进行连续压浆。

(9)压浆时,每一工作班应制作留取不少于 3 组尺寸为 40 mm×40 mm×160 mm 的试件,标养 28 d,进行抗压强度、抗折强度试验。

(10)压浆过程中及压浆后 48 h 内,构件及环境温度不得低于 5 ℃,否则应采取保温措施并应按冬期施工要求处理,浆液中可适当掺入引气剂,但不得掺用防冻剂。

当环境温度高于 35 ℃时,压浆宜在夜间进行。

(11)压浆后应通过检查孔抽查压浆的密实情况,如有不实,应及时进行补压浆处理。

(12)压浆完成后,需要封锚的锚具,应对梁端砼凿毛并将其周围冲洗干净,设置钢筋网浇筑封锚砼,封锚采用与构件同强度的砼并严格控制封锚后梁体长度。

长期外露的锚具,应采取防锈措施。

(13)对后张预制构件,压浆后应在浆液强度达到规定强度后方可移运和吊装。

五、后张法预制工艺流程见图 3－2－16

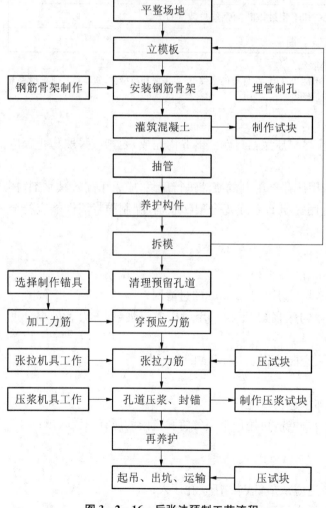

图 3－2－16 后张法预制工艺流程

2.2 悬臂施工法

悬臂施工法也称为分段施工法,悬臂施工法是以桥墩为中心向两岸对称、逐节悬臂接长的施工方法。预应力混凝土桥梁采用悬臂施工法是从钢桥悬臂拼装发展而来的。悬臂施工法最早主要用于修建预应力 T 型刚构桥,由于悬臂施工方法的优越性,后来被推广用于预应力混凝土悬臂梁桥、连续梁桥、斜腿刚构桥、桁架桥、拱桥及斜拉桥等。

悬臂施工法又可分为悬臂浇筑法和悬臂拼装法。下面对这两种施工方法均进行简单的介绍。

一、悬臂浇筑法

(一) 梁体分段要求

悬臂浇筑施工时,梁体一般要分为四部分浇筑,如图 3 - 2 - 17 所示。Ⅰ为墩顶梁段(又称 0 号块),Ⅱ为由 0 号块两侧对称分段悬臂浇筑部分,Ⅲ为边孔在支架上浇筑部分,Ⅳ为主梁在跨中合龙段。主梁各部分的长度视主梁形式和跨径、挂篮的形式及施工周期而定。0 号块一般为 5~10 m,悬浇分段一般为 2~6 m,支架现浇段一般为 2~3 个悬臂浇筑分段长,合龙段一般为 1~3 m。

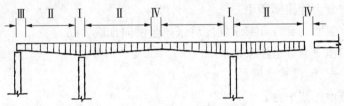

图 3 - 2 - 17　梁体分段示意图

(二) 悬臂梁段 0 号块施工

0 号块结构复杂,预埋件、钢筋、各向预应力钢束及其孔道、锚具密集交错,梁面有纵横坡度,端面与待浇段密切相连,务必精心施工。视其结构形式及其高度,一般分 2~3 层浇筑,先底板、再腹板、后顶板。

悬臂梁段 0 号块施工程序如下:

(1) 安装墩顶托架平台;

(2) 浇筑支座垫石及临时支座;

(3) 安装永久盆式橡胶支座;

(4) 安装底、侧钢梁及降落木楔或千斤顶;

(5) 安装底板部分堵头模板;

(6) 托架平台试压;

(7) 调整模板位置及高程;

(8) 绑扎底板和腹板的伸入钢筋;

(9) 安装底板上的竖向预应力管道和预应力筋;

(10) 监理工程师验收;

(11) 浇筑底板第一层混凝土;

(12) 混凝土养护;

(13) 绑扎腹板、横隔梁钢筋;

(14) 安装腹板纵向、横隔梁横向预应力管道和预应力筋;

(15) 安装全套模板;

(16) 监理工程师验收;

(17) 浇筑腹板横隔板;

（18）混凝土养护；

（19）拆除部分内模后，安装顶板模；

（20）安装顶板端模；

（21）绑扎顶板底层钢筋网及管道定位筋；

（22）安装顶板纵向预应力管道及横向预应力管道和预应力筋；

（23）安装顶板上层钢筋网；

（24）监理工程师验收；

（25）浇筑顶板混凝土；

（26）纵向胶管抽拔；

（27）管道清理及混凝土养生；

（28）拆除顶、底板端模；

（29）两端混凝土连接面凿毛；

（30）混凝土强度达到设计要求强度后张拉竖横向预应力筋；

（31）竖横向预应力管道压浆；

（32）拆除内模、侧模和底模；

（33）拆除墩顶托架平台。

若墩梁刚性固结时，可省去（2）、（3）施工步骤。

因施工程序很多，现将主要程序施工要点分述如下：

1. 施工托架

采用悬臂浇筑法施工时，墩顶 0 号块梁段采用在托架上立模现浇。施工托架可根据承台形式、墩身高度和地形情况，分别支承在承台、墩身或地面上。

常用施工托架有扇形托架（图 3-2-18）、高墩托架（图 3-2-19）、墩顶预埋牛腿托架平台（图 3-2-20）、临时墩及型钢结构支承平台（图 3-2-21）等。托架的顶面尺寸，视拼装挂篮的需要和拟浇梁段的长度而定，横桥向的宽度一般应比箱梁底板宽出 1.5～2.0 m，以便设立箱梁边肋的外侧模板。托架顶面（或增设垫梁）应与箱梁底面纵向线形的变化一致。

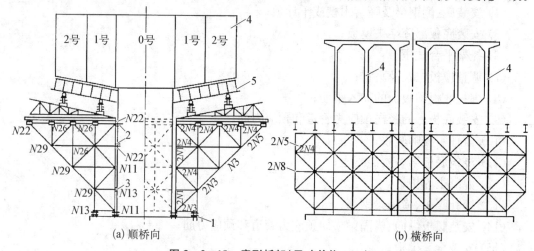

图 3-2-18 扇形托架（尺寸单位：mm）

1—预埋螺栓；2—预埋钢筋；3—硬木；4—箱梁；5—底模垫梁

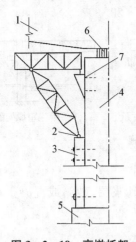

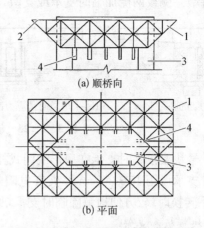

图 3-2-19　高墩托架

1—箱梁;2—圆柱形铰;3—承托槽钢;4—墩身
5—承台;6—支座;7—预埋牛腿

图 3-2-20　墩顶预埋牛腿托架平台

1—万能杆件托架;2—平台面层结构;
3—桥墩;4—预埋牛腿支点

托架可以现场整体拼装,亦可分部在邻近场地或船上拼装再运吊就位整体组装。托架总长度视装挂篮的需要而决定。

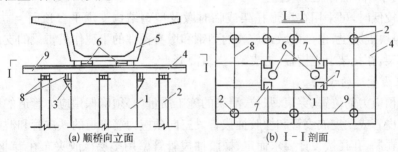

图 3-2-21　临时墩及型钢结构支撑平台

1—墩柱;2—临时墩;3—牛腿;4—支撑平台;5—箱梁;6—支座;7—临时支座;8—平台纵梁;9—平台横梁

2. 临时固结措施

(1)大跨径预应力混凝土桥梁采用悬臂施工法施工,如结构采用 T 型刚构,因墩身与梁本身采用刚性连接,所以不存在梁墩临时固结问题。

(2)悬臂梁桥及连续梁桥采用悬臂施工法时,为保证施工过程中结构的稳定可靠,必须采用 0 号块梁段与桥墩间临时固结或支撑措施。临时支座的作用是在施工阶段临时固结墩、梁,承受施工时由墩两侧传来的悬浇梁段荷载,在梁体合龙后便于拆除和体系转换。

(3)临时固结措施或支承措施有下列几种形式:

① 临时支座一般采用 C40 混凝土,并将用塑料包裹的锚固钢筋穿过混凝土,预埋在梁底和墩顶中,其布置见图 3-2-22。

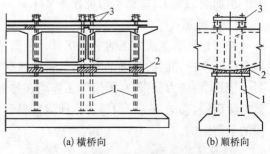

(a)横桥向　　　(b)顺桥向

图 3-2-22　0 号块与桥墩的临时固结

1—预埋临时锚固用预应力钢筋;2—支座;3—工字钢

② 在桥墩一侧或两侧加临时支承或支墩,见图 3-2-23。

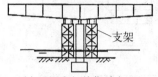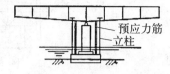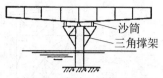

(a) 采用支架的临时支承　　(b) 采用竖向预应力钢筋的临时支承　　(c) 采用三角撑架的临时支承

图 3-2-23　临时支承措施

③ 将 0 号块梁段临时支承在扇形或门式托架的两侧。

④ 临时支承可用 10～20 cm 厚夹有电阻丝的硫黄砂浆层、砂筒或混凝土块等卸落设备,以使体系转换时,较方便地解除临时支承,见图 3-2-23。

3. 0 号块模板和支架

模板和支架是 0 号块施工的关键,其设计、施工的主要技术要求是:

(1) 有足够的刚度和强度;

(2) 准确计算在浇筑过程中结构的弹性变形和非弹性变形;

(3) 施工偏差和定位要求应符合有关规范的规定;

(4) 便于操作,确保施工质量。

当墩身较低时,可采用在扇形托架或临时墩及型钢结构支承平台顶面上立模板、搭支架,浇筑 0 号块混凝土;也可由墩顶放置的型钢和墩身预埋的牛腿作贝雷梁的支承形成 0 号块的施工托架,在托架上立模板、搭支架,浇筑混凝土。

4. 预应力管道的设置

为确保预应力筋位置、穿束、张拉、灌浆的施工质量,必须确保预应力管道的质量。一般采用预埋铁皮管或铁皮波纹管和橡胶抽拔管。三向预应力筋管道的铁皮管和波纹管需由专用设备加工卷制,孔径按设计要求而定;橡胶抽拔管管壁用多层橡胶夹布在专业厂家制作,抽拔管宜在混凝土初凝后终凝前(150～200 ℃·h——胶管被混凝土全部埋没的时间与平均温度的乘积)时进行。抽拔时用尼龙绳锁住外露胶管,启动卷扬机抽拔,视设置管的长度和阻力一次可抽拔 5～8 根。为避免抽拔时塌孔,宜将波纹管与胶管相间布置,采用架立钢筋固定管道的空间位置。铁皮管或抽拔管后的管道,必须用小于内径 10 mm 的梭形钢锤清孔,以便清除异物、补救塌孔,保证力筋穿孔畅通。

5. 预加应力

预加应力施工,详见本情境任务 2,1.1。

(三) 挂篮

挂篮是悬臂浇筑施工的主要机具。挂篮是一个能沿着轨道行走的活动脚手架,挂篮悬挂在已经张拉锚固的箱梁梁段上,悬臂浇筑时箱梁梁段的模板安装、钢筋绑扎、管道安装、混凝土浇筑、预应力筋张拉、压浆等工作均在挂篮上进行。当一个梁段的施工程序完成后,挂篮解除后锚,移向下一梁段施工。所以挂篮既是空间的施工设备,又是预应力筋未张拉前梁段的承重结构。

1. 挂篮的类型

随着施工技术的不断发展,挂篮已经由原来的压重平衡式发展成现在通用的自锚平衡式。自锚式挂篮结构形式主要有桁架式和斜拉式两种。

　　桁架式挂篮按其组成部件的不同,可分为万能杆件挂篮、贝雷梁或装配式公路钢桁梁组合式的挂篮等。按桁架构成形状的不同,又可分为平行桁架式挂篮、平弦无平衡重式挂篮、弓弦式挂篮和菱形式挂篮等,如图3-2-24所示。

　　斜拉式挂篮也叫轻型挂篮,主要是为了减轻挂篮自重,以达到减少施工节段的临时钢丝束的目的,如图3-2-25所示。

　　挂篮主要构造见图3-2-26。

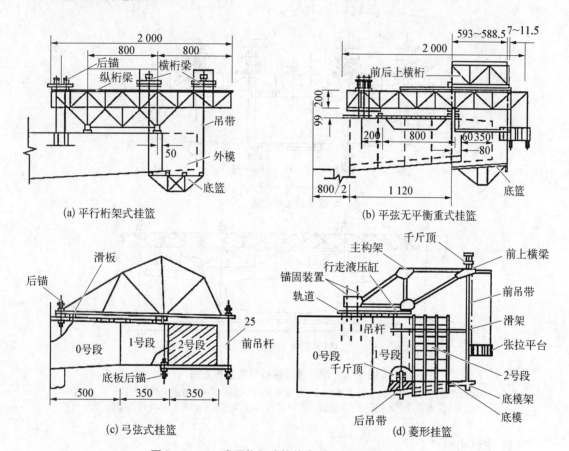

图3-2-24　常用桁架式挂篮类型图(尺寸单位:mm)

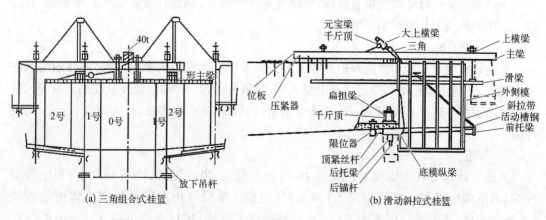

图3-2-25　常用斜托式挂篮示意图

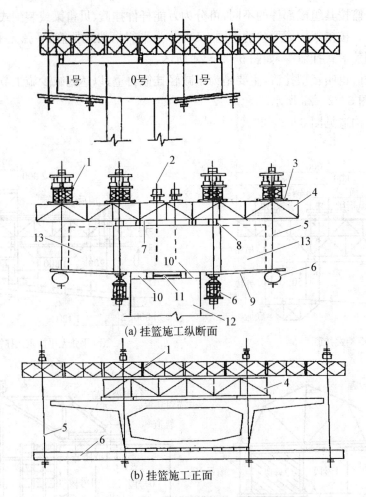

图 3－2－26　挂篮纵横桁架系布置图

1—主桁横梁；2—后锚点；3—行走滑板；4—主纵桁梁；5—吊杆；6—底篮横梁(钢管)；7—后支点；
8—前支点；9—底模；10—临肘固定支座；11—永久支座；12—桥墩；13—待浇梁段

（1）主纵桁梁

主纵桁梁是挂篮悬臂的承重结构，可由万能杆件或贝雷桁架（或装配式公路钢桁架）组拼或采用钢板或大号型钢加工而成。

（2）行走系统

行走系统包括支腿和滑道及拖移收紧设备。采用电动卷扬机牵引，通过圆棒滚动或在铺设的上、下滑道上移动。滑道要求平整光滑，摩阻力小，拆装方便，能反复使用。目前大多采用上滑道覆一层不锈钢薄板，下滑道用槽钢，内设聚四氟乙烯板，行走方便、安全，稳定性好。

（3）底篮

底篮直接承受悬浇梁段的施工重力，可供立模、绑扎钢筋、浇筑混凝土、养生等工序用，由下横桁梁和底模纵横及吊杆（吊带）组成。横梁可用万能杆件或贝雷桁架或型钢、钢管构成，底模纵梁用多根 24～30 号槽钢或工字钢；吊杆一般可用 $\phi32$ mm 的精轧螺纹钢筋。

（4）后锚系统

后锚是主纵桁梁的自锚平衡装置,由锚杆压梁、压轮、连接件、升降千斤顶等组成,目的是防止挂篮在行走状态及浇筑混凝土梁段时倾覆失稳。系统结构按计算确定,混凝土浇筑前,应按设计锚力的 0.6、1.0、1.5 倍分别用千斤顶检验锚杆。

2. 挂篮安装的注意事项

（1）挂篮组拼后,应全面检查安装质量,并做载重试验,以测定其各部位的变形量,并设法消除其永久变形。

（2）在起步长度内梁段浇筑完成并获得要求的强度后,在墩顶拼装挂篮。有条件时,应在地面上先进行试拼装,以便在墩顶熟练有序地开展挂篮拼装工作。拼装时应对称进行。

（3）挂篮的操作平台下应设置安全网,防止物件坠落,以确保施工安全。挂篮应采用全封闭形式,四周设围护,上下应有专用扶梯,方便施工人员上下挂篮。

（4）挂篮行走时,须在挂篮尾部压平衡重,以防倾覆。浇筑混凝土梁段时,必须在挂篮尾部将挂篮与梁进行锚固。

3. 消除挂篮变形的措施

每个悬浇段的混凝土一般可分两次或三次浇筑完成（混凝土数量少的也可以采用一次浇筑完成）,为了使后浇混凝土不引起先浇混凝土的开裂,需要消除后浇混凝土引起的挂篮变形。常采用的措施有:

（1）箱梁混凝土一次浇筑法

箱梁混凝土采用一次浇筑,并在底板混凝土凝固前全部浇筑完毕。这样可以使挂篮的变形全部发生在混凝土塑性状态时,从而避免裂纹的产生。需要注意的是,在混凝土浇筑之前要预留下沉量。

（2）水箱法

水箱的布置图见图 3-2-27。这种方法是在浇筑混凝土之前,先在水箱里注入相当于混凝土重量的水,在混凝土浇筑过程中,逐步放水使挂篮的载重和挠度基本相符。

（3）抬高挂篮的后支点法

① 浇筑混凝土之前,将模板前端的设计高程抬高 10～30 mm,作为预留的第一次浇筑混凝土的下沉量。

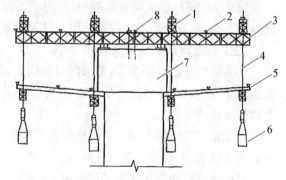

图 3-2-27　挂篮水箱法试压示图
1—横桁梁；2—观测点；3—纵桁梁；4—吊杆；5—底篮
6—水箱；7—墩顶梁段；8—后锚固

② 用螺旋式千斤顶顶起挂篮的后支点,使之高于滑道或钢轨顶面 20～30 mm。

③ 在浇筑第一次混凝土时千斤顶不动,浇筑混凝土的重力使挂篮的下沉量与模板的抬高量相抵消。

④ 在浇筑第二次混凝土时,将千斤顶分次下降,并随即收紧后锚系统的螺栓,使挂篮后支点逐步贴近滑道而或轨道面。

⑤ 随着后支点的下降,以前支点为轴的挂篮前端必然上升一数值,此数值正好与第二次混凝土重力使挂篮所产生的挠度相抵消,从而保证箱梁底板不会发生下沉变形。

（四）混凝土的施工

混凝土的施工过程与本情境任务1内容相仿，故不再赘述。

悬臂浇筑梁段时需注意的几点：

（1）挂篮就位后，安装并校正模板，此时应对浇筑预留悬臂梁段混凝土进行抬高，以使施工完成的桥梁符合设计高程。抬高值包括施工期结构挠度、因挂篮重力和临时支承释放时支座产生的压缩变形等。

（2）模板安装应该核准中心位置及高程，模板与前一段混凝土面应平整密贴。如上一节段施工后出现中线或高程误差需要调整时，应在模板安装时予以调整。

（3）安装预应力预留管道时，应与前一段预留管道接头严密，并用胶布包裹，防止灰浆渗入管道。管道四周应布置足够的定位钢筋，确保预留管道位置正确，线形平顺。

（4）浇筑混凝土时，可以从前端开始，应尽量对称平衡浇筑。浇筑时应加强振捣，并注意对预应力预留管道的保护。

（5）为提高混凝土早期强度，以加快施工速度，在设计混凝土配合比时，一般加入早强剂或减水剂，如上海地区一般采用 SN-2 减水剂，如混凝土梁段浇筑一般 5～7 d 一个周期。为防止混凝土出现过大的收缩、徐变，应在配合比设计时按规范要求控制水泥用量。

（6）梁段拆模后，应对梁段的混凝土表面进行凿毛处理，以加强接头混凝土的连接。

（7）箱梁梁段混凝土浇筑，一般采用一次浇筑法，即在箱梁顶板中部留一窗口，混凝土由窗口注入箱内，再分布到底板上。当箱梁断面较大时，考虑梁段混凝土数量较多，每个节段可分为二次浇筑，先浇筑底板到肋板倒角以上，待底板混凝土达一定强度后，再支内模，浇筑肋板上段和顶板。其接缝按施工缝要求进行处理。

（8）箱梁梁段分次浇筑混凝土时，为了不使后浇混凝土的重力引起挂篮变形，导致先浇混凝土开裂，要有消除后浇混凝土引起挂篮变形的措施。

（五）合龙段施工及体系转换

连续梁的分段悬浇施工，常采用对称施工，但在一定条件下也可不用对称施工。全梁施工过程是从各墩顶0号段开始至该T构的完成，再将各T构拼接而形成整体连续梁。这种T构的拼接就是合龙。

合龙是连续梁施工和体系转换的重要环节，合龙施工必须满足设计要求的受力状态和保持梁体线形，并要控制合龙段的施工误差。

结构体系转换是指在施工过程中，当某一施工程序完成后，桥梁结构的受力体系发生了变化，如简支体系转化为悬臂体系和连续体系等，这种转化的过程就是体系转换。

连续梁分段悬浇施工的受力特点，就是利用连续梁的负弯矩预应力筋为支承，悬浇中各独立T构的梁体处于负弯矩受力状态。随着各T构的依次合龙，梁体也依次转化为正负弯矩交替分布形式，这一转化就是连续梁的体系转换。因此，连续梁悬浇施工的过程是其体系转换的过程，也就是悬浇时实行支座临时固结、各T构的合龙、固结的适时解除、预应力的分配以及分批依次张拉预应力筋的过程。

通常多跨连续梁合龙段施工的顺序为先各边跨，再各次边跨，最后为中跨。次边跨和中跨合龙段施工的原则和要求类似边跨合龙施工，中跨合龙段因温差引起的变形变位大，由此产生的应力也大，对合龙前临时连续约束的设施亦有更高的要求。

二、悬臂拼装施工

悬臂拼装施工工序主要包括梁体节段的预制、移位、堆放、运输;梁段起吊拼装;悬拼梁体体系转换;合龙段施工。

(一) 梁段预制

悬臂拼装的核心是梁的吊运与拼装,而梁体节段的预制则是悬臂拼装的基础。

梁段预制的方法通常有立式预制和卧式预制两种。下面主要讲述立式预制,卧式预制只作简要描述。

1. 立式预制

(1) 长线预制

长线预制通常在预制厂或施工现场较大的预制场进行。首先按桥梁底缘曲线制作有固定台座(图 3-2-28),然后在台座上安装底模进行节段混凝土浇筑工作。组成 T 构半悬臂或全悬臂的各梁段均在固定台座上的活动模板内浇筑而成,且相邻段相互贴合浇筑,接缝面在浇筑前涂抹隔离剂,以利脱模。

长线预制需要有较大的场地,台座两侧常设挡土墙,内填不沉降的砂石和 20 cm 厚的混凝土封顶,其上用高强砂浆找平,在砂浆终凝前,再加铺一层镀锌铁皮,并用铁钉固定。

台座底座的最小长度应不小于桥孔跨径的一半。底座的形成的方法有:

① 利用预制场的地形填筑土胎,经过加固夯实后再铺砂石层,然后在上面浇筑混凝土,从而形成底板。

② 在盛产石料的地区,也可以用石砌成所需的梁底缘的形状,顶上加铺混凝土而形成底板。

③ 在地质条件较差的地区,可采用打短桩基础,再在桩基础上搭设排架,排架顶按所需梁底缘的线形设置,排架可采用木材或型钢组成,最后在排架顶上安装梁底模板。

梁体节段的预制一般在底板上进行。侧模板常采用钢模,每段一块,以便于装拆和重复使用。为加快施工进度,保证节段之间密贴,常采用先浇筑奇数段,然后利用奇数段混凝土的端面作模板,再浇筑偶数段;也可以采用分阶段的预制方法。当节段混凝土强度达到设计强度 75% 以上后,就可吊出预制场地。

(2) 短线预制

短线预制的台座是由基础、可调整底座和端模组成(图 3-2-29),台座有 3 个梁段长。当第一节段混凝土浇筑完成后,在其相邻位置上安装下一节段模板,并利用第一节段混凝土的端面作为第二节段的端模完成第二节段混凝土的浇筑工作。以同样的方法浇筑第三节段的混凝土,同时可将第一节段移出台位,并在前一节段端部组拼下一节段的底模及侧模,再进行混凝土的浇筑。依此过程重复进行,直至梁段预制完成。此法亦称活动底座法。

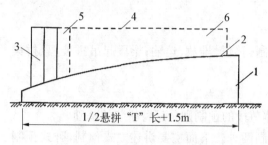

图 3-2-28　长线法台座

1—长线台座；2—梁底线形；3—预制梁段；4—梁顶线形；
5—待浇梁段；6—待浇梁段位置

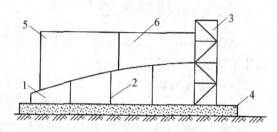

图 3-2-29　短线法台座

1—台座；2—可调底模；3—封闭式端模；4—基础；
5—配筑梁段；6—待浇梁段

这种方法适合工厂化生产预制，设备可周转使用，但节段的尺寸和相对位置的调整要复杂一些。短线台座除基础部分外，多采用钢材加工制作。

2. 卧式预制

当主梁为桁架梁时，具有较大的桁高和节段长度，且桁架的桁杆截面尺寸不大时，常采用卧式预制。

卧式预制要有一个较大的地坪，地坪的高低要经过测量，并有足够的强度，不致产生不均匀沉陷。对相同尺寸的节段还可以在已预制完成的节段上安装模板进行平卧叠层预制，两层构件间常用塑料布或涂机油等方法分隔。桁架梁预制节段的起吊、翻身工作要求操作细致，并注意选择吊点和吊装机具。

无论是立式预制还是卧式预制，都要求相邻节段之间接触紧密，故必须以前面浇筑完成的节段的端面作为后来浇筑节段的端模，同时必须采用隔离剂使节段出坑时较容易从接缝处脱离。常用的隔离剂有：① 薄膜类，如塑料硬薄膜；② 油脂类，如较好机油，可掺少量黄油以增加黏度，但要注意浇筑后混凝土表面不能变黑；③ 皂类，如烷基苯磺酸钠，此类隔离剂成本较高，但使用效果较好。

（二）梁段起吊拼装

1. 悬臂拼装的方法

预制节段的悬臂拼装根据施工现场条件，可采用的方法有：

（1）处于岸边的桥跨，如果桥梁不高且可在陆地或便桥上施工时，可采用自行式吊车、门式吊车来拼装。

（2）处于河中的桥孔，若水流不急，且桥墩不高，可采用水上浮吊进行安装。

（3）如果桥墩很高，或水流湍急而不便在陆上、水上施工时，就可利用移动式吊车、桁式吊车、缆索起重机等各种吊机进行高空悬臂拼接。

2. 悬臂拼装施工的要点

（1）支座临时固结或设置临时支架

为了确保连续梁分段悬拼施工的平衡和稳定，常与悬浇方法相同，将 T 构支座临时固结。当临时固结支座不能满足悬拼要求时，一般考虑在墩的两侧或一侧加临时支架。悬拼完成，T 构合龙后，即可恢复原状，拆除支架。

（2）采用悬臂吊机、缆索、浮吊悬臂拼装时，应按施工荷载对结构和吊具进行强度、刚度、稳定性等的验算，使安全系数满足施工技术标准的要求。施工时注意以下事项：

① 块件起吊安装前,应对起吊设备进行全面的安全技术检查,并按设计荷载的 60%、100%和 130%分别进行起吊试验。

② 吊机重应符合设计要求,应注意吊机的定位和锚固,经检查符合要求后再进行起吊拼装。

③ 桥墩两侧块件宜对称起吊,以保证桥墩两侧受力平衡。

④ 墩侧相邻的 1 号块件提升到设计高程初步定位后,应立即测量、调整 1 号块件的纵轴线,使之与梁顶块件纵轴线的延伸线重合,使其横轴线与梁顶块件的横轴线平行且间距符合设计要求。应在检查梁顶块件与 1 号块件间孔道的接头情况调整并制作接缝孔道接头后才可以将 1 号块件牢靠固定,其他各个块件连接时,均应按本规定测量调整其位置。

⑤ 应在施工前绘制主梁安装挠度变化曲线,悬臂拼装过程中应随时观测桥轴线安装挠度曲线的变化情况,并与设计值进行对比,遇有较大偏差时应及时处理,以便控制块件的安装高程。

(3) 接缝处理

梁段拼装过程中的接缝有湿接缝、干接缝和胶接缝等。施工阶段不同、部位不同,常采用的接缝形式也不同。

① 湿接缝的处理和拼装程序

1 号梁段即墩柱两侧的第一个节段,一般与墩柱上的 0 号块以湿接缝相接。1 号块是 T 型刚构两侧悬臂梁的基准节段,是全跨安装质量的关键。T 构悬拼施工时,防止梁上翘和下挠的关键就在于 1 号块的定位准确。因此,必须采用各种定位方法以确保 1 号块定位的精度。定位后的 1 号块可由吊机悬吊支承,也可用下面的临时托架支承。为了便于进行接缝处管道的接头拼装、接头钢筋的焊接和混凝土振捣作业,湿接缝一般取宽度为 0.1~0.2 m。

1 号梁段拼装和湿接缝处理的程序如图 3-2-30 所示。

跨度大的 T 型刚构,由于悬臂很长,往往要在悬臂中部设置一道现浇箱梁横隔板,同时设置一道湿接缝。这道湿接缝除了能增加箱梁的刚度外,也可以调整拼装位置。在拼装过程中,如拼装上翘的误差很大,难以用其

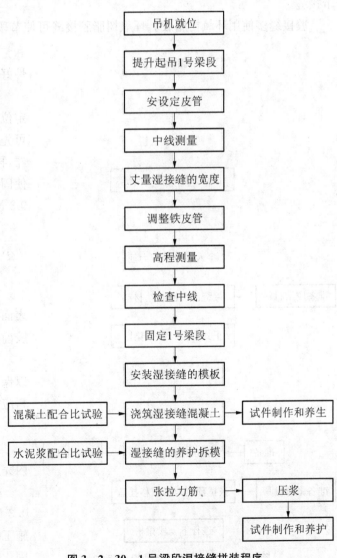

图 3-2-30 1 号梁段湿接缝拼装程序

他办法补救时,可以增设一道湿接缝来调整。但应注意,增设的湿接缝宽度必须与凿去的节段长度相等。

1号梁段安装的容许偏差如表3-2-6所示。

表3-2-6　1号梁段安装的容许偏差(mm)

高程	中线	平面位置长度	扭转高差	转角高差
±1	±1	1	1	0.5/m

湿接缝处铁皮管的对接,是一项施工工艺很高且很复杂的技术,在对接中往往不易处理。常会出现铁皮管长度、直径与接缝宽度不相称,预留管道位置不准确,管孔串浆、排气的三通铁皮管错乱等现象,施工时应特别注意。

② 胶接缝和干接缝

节段采用干接缝的密贴性差,接缝中易进水汽,从而导致钢筋锈蚀,所以一般不宜采用干接缝。

胶接缝多使用环氧树脂胶。环氧树脂胶接缝可使节段连接紧密,可使梁体的抗剪能力和整体刚度提高,同时梁体的不透水性好。

胶接缝是在其他梁段起吊并基本定位后,此时接缝宽约 1.0～1.5 cm,可先将临时预应力筋穿入,安好连接器,再开始涂胶及张拉临时预应力筋,使固化前胶接缝处的压应力不低于0.3 MPa,此时可解除吊梁的吊钩。

胶接缝拼装梁段程序如图3-2-31所示。

③ 接缝施工注意事项:

a. 混凝土表面应尽量平整,疏松表面层及附着的水泥应清除干净,涂胶前表面应干燥或烘干。

b. 胶结剂使用过程中应继续搅拌以保证均匀,胶缝加压被挤出的胶结料应及时刮干净。

c. 涂胶人员应有防护设施。

d. 安装调整位置、高程应在 3 h 内完成。

e. 胶接缝采用预施应力(挤压) 0.3 MPa,挤压应在 3 h 以内完成。当施工时间超过裸露时间的 70% 时,在固化前应清除被挤出的胶结料。

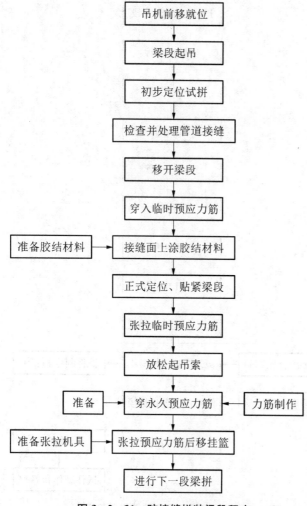

图3-2-31　胶接缝拼装梁段程序

(三) 合龙段施工和体系转换

1. 合龙段施工

(1) 合龙的方法

合龙段施工常采用的方法有现浇和拼装两种。两种方法各有特点,现浇合龙,影响质量的因素较多,如:温差影响、混凝土早期收缩及水化热的影响、已完成梁段混凝土的收缩徐变的影响和结构体系转换等的影响。拼装合龙,施工工序简单,施工速度快,但对预制和拼装的精度要求高。

(2) 合龙施工的几个要求

① 在满足施工操作要求的前提下,应尽量缩短合龙段的长度,一般采用的是 1.5~2.0 m。

② 合龙宜在低温下施工。夏季应选择在晚上合龙,并用草袋覆盖,并要加强接头混凝土的养护,使混凝土的早期结硬是在升温受压状态下完成的。

③ 合龙段混凝土中宜加入减水剂、早强剂,以使混凝土能及早达到设计要求的强度,并能及时张拉预应力筋束,防止合龙段出现裂缝。

④ 合龙段需采用临时锁定措施,一般是将劲性型钢或预制的混凝土柱安装在合龙段上下部作支撑,然后张拉部分预应力钢束,待合龙段混凝土达到要求强度后,再张拉其余预应力钢束,最后拆除临时锁定装置。

2. 体系转换

这部分内容可参见悬臂浇筑中的相关内容。

任务 3 拱桥施工

拱桥指的是在竖直平面内以拱作为上部结构主要承重构件的桥梁,其造型优美,曲线圆润,富有动态感。拱桥是我国公路上广泛使用的一种桥型。拱桥和梁桥一样,由上部结构(桥跨结构)及下部结构组成。它与梁桥的区别,主要在于其桥跨结构外形的不同和两者受力性能有差别。由于拱式结构在竖向荷载作用下,支承处不仅产生竖向反力,而且还产生水平推力。由于这个水平推力的存在,拱的弯矩将比相同跨径的梁的弯矩小得多,而使整个拱主要承受压力。这样,拱桥不仅可以利用钢、钢筋混凝土等材料来修筑,而且还可以根据拱的这个受力特点,充分利用抗压性能较好而抗拉性能较差的圬工材料(石料、混凝土等)来修建。

拱桥施工方法主要有有支架施工法、无支架缆索吊装法、悬臂施工法、转体施工法、劲性骨架施工方法等,那么一座拱桥究竟采用哪种施工方法较合理,就要根据其结构形式、跨径大小、建桥材料、桥址环境的具体情况以及方便、经济、快速的原则而定了。

我们主要学习拱桥的有支架施工法和无支架施工法中的缆索吊装法。

3.1 拱桥有支架施工法

一、拱架的施工

(一) 拱架的类型及构造

1. 拱架的类型

拱架的种类很多,按其使用的材料可分为木拱架、钢拱架、竹拱架、竹木混合拱架、钢木组合拱架以及土牛拱胎等形式。木拱架一般有排架式、撑架式、扇形式、叠桁式及三铰木桁架式等。前4种因在桥孔中间设有或多或少的支架故统称满布式拱架,最后一种为拱式拱架。

2. 拱架的构造

1) 木拱架

(1) 排架式木拱架

排架式木拱架的排架间距小,结构简单且稳定性好,适用于干岸河滩上流速小、不受洪水威胁的不通航河流上的桥孔,如图3-3-1所示。

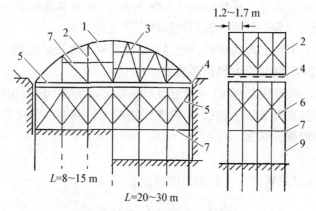

图 3 - 3 - 1 排架式木拱架

1—弓形木;2—立柱;3—斜撑;4—卸架设备;5—水平拉杆;6—斜夹木;7—水平夹木;8—桥墩(台);9—桩木

① 构造:拱架通常由拱架上部(拱盔)、卸架设备、拱架下部(支架)三个部分组成。上部是由斜梁、立柱、斜撑和拉杆组成拱形桁架(拱盔),下部是由立柱及横向联系(斜夹木和水平夹木)组成支架,上下部之间放置卸架设备(木楔或砂筒等)。在斜梁上钉以弧形垫木以适应拱腹曲线形状,故将斜梁和弧形垫木合称为弓形木。弓形木支承在立柱或斜撑上,长度一般为1.5~2.0 m。在弓形木上设置横梁,其间距一般为0.6~0.7 m,上面再纵向铺设模板。当拱架横向的间距较密时,也可不设横梁,而直接在弓形木上面铺设模板,如图3-3-2所示。

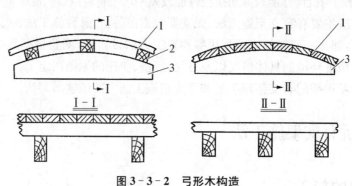

图 3 - 3 - 2 弓形木构造

1—模板;2—横木;3—弓形木

② 支架基础:支架基础必须稳固,承重后应能保持均匀沉降且下沉量不得超过设计范围。基础为石质时,将表土挖去,立柱根部岩面应凿低、凿平。基础为密实土时,如施工期间

不会被流水冲刷,可采用枕木或铺砌石块作支架基础;如基础施工期间可能被流水冲刷或为松软土质时,需采用桩基、框架结构或其他加固措施施工(比如采用夯填碎石补强,砂砾土用水泥固结,再在其上浇混凝土基座作为支架基础)。

（2）撑架式木拱架

撑架式木拱架是用少数框架式支架加斜撑来代替数目众多的立柱,如图3-3-3所示。其木材用量较排架式拱架少,构造上也不复杂,而且能在桥孔下留出适当的空间,减小洪水及漂流物的威胁,并在一定程度上满足通航的要求。

（3）三铰木桁架

三铰木桁架是典型的拱式拱架,它在桥孔中可完全不设支架,所以适合于经常性通航、水域较深或墩、台较高的桥孔,其构造如图3-3-4所示。

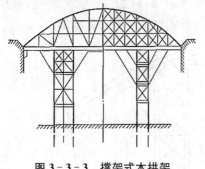

图3-3-3　撑架式木拱架

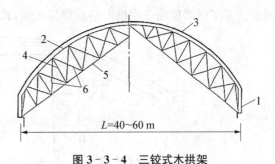

图3-3-4　三铰式木拱架

1—垫块;2—上弦;3—模板;4—竖杆;5—下弦;6—斜杆

（4）木拱架的其他形式

① 扇形式拱架比撑架式拱架复杂,但支架(或支点)间距可以比撑架式更大些,当设置中间支架有困难或者拱度很大时宜采用这种木拱架形式,其构造如图3-3-5所示。

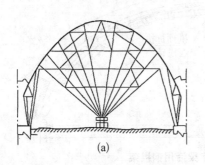

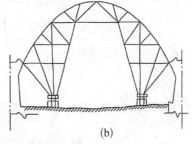

(a)　　　　　　　　　　(b)

图3-3-5　扇形木拱架

② 叠桁式木拱架构造如图3-3-6所示,这种用小直径杆件支撑的"叠桁"解决了大跨径高支架的整体刚度和稳定问题。它比单一的满布式或桁式拱架都要好,既节省材料又易于施工。

2）钢拱架和钢木组合拱架

（1）工字梁钢拱架

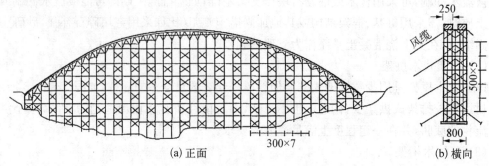

(a) 正面　　　　　　　　　　　　　(b) 横向

图 3-3-6　叠桁式木拱架构造(尺寸单位:mm)

工字梁钢拱架可采用两种形式:

① 钢木组合拱架是在木支架上用工字钢梁代替木斜梁,以加大斜梁的跨度,减少支架用量。工字钢梁顶面可用垫木垫成拱模弧线,其构造形式如图 3-3-7 所示。

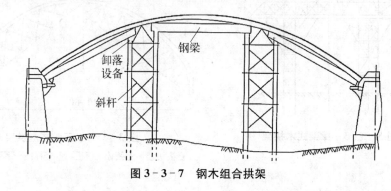

图 3-3-7　钢木组合拱架

② 工字梁活用钢拱架适用于施工期间需保持通航、墩台较高、河水较深或地质条件较差的桥孔,它构造简单,拼装方便,且可重复使用,其构造形式如图 3-3-8 所示。

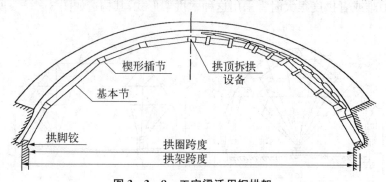

图 3-3-8　工字梁活用钢拱架

拱架由工字钢梁基本节(分成几种不同长度)、楔形插节(由同号工字钢截成)、拱顶铰及拱脚铰等基本构件组成。

(2) 钢桁架拱架

钢桁架拱架的结构类型有很多种,我们以常备拼装式桁架型拱架为例来学习钢桁架拱架的构造。

此种拱架由标准节段、拱顶段、拱脚段和连接杆等以钢销或螺栓联结而成。一般钢桁架式拱架采用三铰拱,以使拱架能适应施工荷载产生的变形。拱架横桥向可由若干组拱片组成,每组的拱片数及组数依桥梁跨径、荷载大小和桥宽而定,每组拱片及各组间由纵、横联结系联成整体。可用变换连接杆长度的方法来调整曲度和跨径,其构造如图 3-3-9 所示。

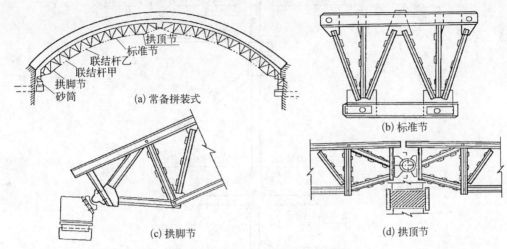

图 3-3-9　常备拼装式桁架型拱架

① 扣件式钢管拱架

扣件式钢管拱架就是将房建施工用的钢管脚手架移植到拱桥施工中作为拱架。它不仅在陆地上可使用,在水深 7 m 左右的河流中也可使用。

扣件式钢管拱架一般不分支架和拱盔部分。它是一个空间框架结构,所有杆件(钢管)通过各种不同形式的扣件实现联结,也不需设置卸落拱架的设备。

扣件式钢管拱架(图 3-3-10)一般由立杆(立柱)、小横杆(顺水流方向)、大横杆(顺桥轴线方向)、剪刀撑、斜撑、扣件(图 3-3-11,直角扣件、回转扣件和钢管对接扣件)和缆风索组成。

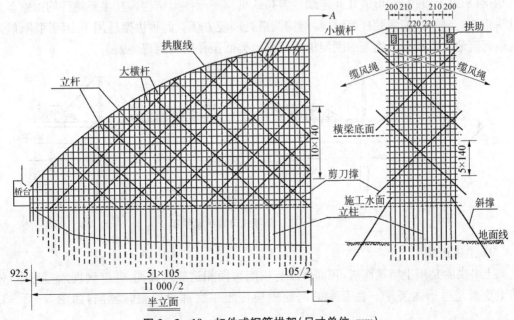

图 3-3-10　扣件式钢管拱架(尺寸单位:mm)

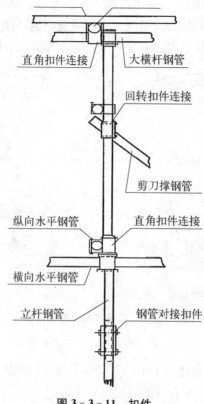

图 3-3-11　扣件

② 斜拉式贝雷平梁拱架

斜拉式贝雷平梁拱架的构造如图 3-3-12 所示,可应用在几跨拱架连续施工的情况。在距边墩一定位置处设一临时墩,在中间墩墩顶各设一个塔柱,塔柱顶端伸出斜拉杆拉住贝雷平梁,平梁上设拱盔,形成几孔连续的斜拉式贝雷平梁拱架结构。其主要构件均由常备式贝雷桁架、支撑架、加强弦杆等组成,结构构造处理较方便。此种拱架适用于山区河流、航道复杂河流地段或峡谷间施工的刚架拱桥及其他类似条件的桥梁现浇施工。

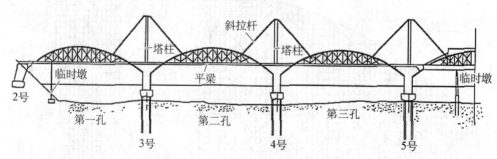

图 3-3-12　斜拉式贝雷平梁拱架

3) 土牛拱胎

土牛拱胎是用土填筑而成,顶面做成与拱圈腹面相适应的曲面,并准确埋入弓形木,使填土顶面与弓形木齐平。在有水的河流中应在土牛底部设置临时涵洞,如图 3-3-13 所示。

土牛顶面宽度应较拱圈略宽 0.5～1.0 m,以免边缘松动坍塌。在施工期间可能降雨时,土牛顶面应铺一层油毛毡,边坡用草覆盖,防止雨水浸入。土牛拱胎的优点是施工方法简单,可就地取材,节约木料。其缺点是耗费劳力较多,施工期间妨碍泄洪。

3. 拱架的卸架设备

(1) 木楔

木楔有简单木楔和组合木楔等不同构造,如图 3-3-14 示。简单木楔如图 3-3-14(a)、(b)所示,由两块 1:6～1:10 斜面的硬木楔形块组成,构造简便。落架时用锤轻轻敲击木楔小头,将木楔取出,拱架即下落。组合木楔构造如图 3-3-14(c)所示,它由三块楔形木和一根拉紧螺栓组成。卸架时只需扭松螺栓,木楔徐徐下降,拱架即可逐渐降落。

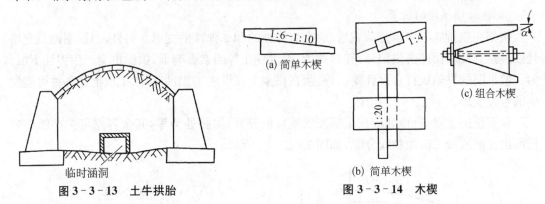

图 3-3-13　土牛拱胎　　　　　图 3-3-14　木楔

(2) 砂筒或千斤顶

拱式拱架及大跨径拱架,宜采用砂筒或千斤顶卸架。砂筒的构造如图 3-3-15 所示,内装砂子的砂筒可由铸铁制成圆筒或用方木拼成方盒。砂筒上面的顶芯可用钢材或混凝土制成。砂筒与顶芯间的空隙应以沥青填塞,以免砂子受潮不易流出。卸架是靠砂子从砂筒下部的泄砂孔流出而实现的。因此要求筒里的砂子干燥、均匀、洁净。由砂子的泄出量来控制砂筒顶芯的降落量(即控制拱架卸落的高度)这样就能由卸沙孔的开与关,分数次进行卸架,并能使拱架均匀下降而不受振动。

(二) 拱架的制作与安装

1. 拱架的制作与安装方法

在设计和安装拱架时,应结合桥位处地形、地基等实际

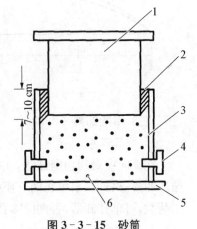

图 3-3-15　砂筒

1—活塞;2—沥青;3—钢板筒;
4—泄砂孔;5—垫板;6—砂

条件进行多方面的技术经济比较。主要原则是拱架要有足够的强度、刚度和稳定性。拱架可就地拼装,也可根据起吊设备能力,预拼成组件后再进行安装。下面以满布式木拱架为例,学习拱架的制作及安装方法。

拱架制作安装时,拱架尺寸和形状要符合设计要求,立柱位置准确且保持直立,各杆件连接接头要紧密,支架基础要牢固,高拱架应特别注意它的横向稳定性。拱架全部安装完成后,应全面检查,确保结构牢固可靠。程序如下:

(1) 在平台上,按拱圈(或拱肋)内弧线加施工预拱度值放出拱模弧线,并将拱模弧线分

成若干段,定出弧形木接头位置和排架、斜撑、拉杆的中心线或叠桁式拱架拱盔顶板和立柱顶端的中心线和位置。

（2）在样台上量出各杆件尺寸,制作各杆件大样。

（3）竖立支架立柱(预先对地基整平、夯实、设置枕梁)。

（4）安装帽木和夹木,并在帽木的立柱位置放上卸落设备。

（5）在支架及卸落设备上抄平,定出拱架上部大梁水平线。

（6）安装水平大梁、立柱、斜撑、夹木、弧形木、横梁和模板等,并注意控制弧形木各节点高程及拱架中线偏离。拱架较高时,可在支架两侧设置斜撑和在拱冠两侧设置缆风绳,以增强拱架横向稳定性。

2. 施工预拱度的设置

拱架在拱桥施工中承受荷载后,会产生弹性的和非弹性的变形。另外,当拱圈砌筑完毕且强度达到要求而卸落拱架后,在自重力、温度变化等因素影响下,拱圈也会产生弹性下沉。为了使拱圈的拱轴线符合设计要求,必须在拱架上预设施工预拱度,以抵消上述各种可能发生的竖直变形。

设置预拱度时,拱顶处应按全部预拱度总值设置,拱脚处为零,其余各点可按拱轴线坐标高度比例或按二次抛物线分配,如图3-3-16所示。

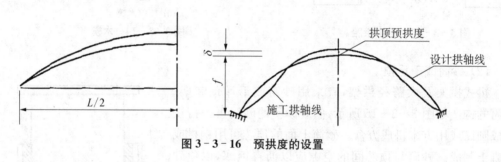

图3-3-16 预拱度的设置

（三）拱架卸落

1. 卸落程序

在纵向应对称均衡卸落,在横向应同时卸落。满布式拱架卸落时,可从拱顶向拱脚依次循环卸落;拱式拱架可在两支座处同时均匀卸落。多孔拱桥卸架时,若桥墩允许承受单孔施工荷载,可单孔卸落,否则应多孔同时卸落,或各连续孔分阶段卸落。

2. 拱架卸落的要求

（1）卸落拱架应按拟定的卸落程序进行,分几个循环卸完,卸落量开始宜小,以后逐渐增大。

拱架卸落的过程,就是由拱架支承的拱圈(或拱上建筑已完成的整个拱桥上部结构)的重力逐渐转移给拱圈自身来承担的过程。为了对拱圈受力有利,拱架不能突然卸除,而应按一定的卸架程序和方法进行。在卸架中,只有当达到一定的卸落量时,拱架才脱离拱圈体并实现力的转移。所以拱架的卸落量应分成几次和几个循环逐步完成,各次和各循环之间有一定间歇。间歇后应将松动的卸落设备顶紧,使拱圈体落实。

卸落拱架时,应设专人对拱圈的挠度和墩台的位置等情况进行监测,当有异常时,应暂停卸落,查明原因并采取相应措施后方可继续进行。

（2）拱架卸落期限，若为砌筑拱圈时，应待砌筑砂浆强度达到设计强度的85％以后才能卸落拱架；若是浇筑拱圈、拱肋，只有当接头混凝土及拱肋横向联结构件混凝土的强度达到设计强度的85％或满足设计规定后，方可开始卸架。此外还须考虑拱上建筑、拱背填料、连拱等因素对拱圈受力的影响，尽量选择对拱体产生最小应力的时机为宜，过早或过迟卸架都将使拱圈受力不利。

一般情况下，卸架期限应选择在下列阶段并符合以下规定：

① 实腹式拱在护拱、侧墙完成后；

② 空腹式拱在拱上小拱横墙完成后、小拱圈砌筑前；

③ 裸拱卸架时，应对裸拱进行截面强度及稳定性验算，并采取必要的稳定措施；

④ 如必须提前卸架，应适当提高砂浆（或混凝土）强度或采取其他措施；

⑤ 较大跨径拱桥的拱架卸落期限，一般在设计中有明确规定，应按设计规定进行。

（四）拱圈模板的制作

1. 板拱模板

板拱拱圈模板（底模）的厚度应根据弧形木或横梁间距的大小来确定。一般有横梁时底模板厚度为4～5 cm，直接搁在弧形木上时为6～7 cm。有横梁时为使顺向放置的模板与拱圈内弧线圆顺一致，可预先将木板压弯。40 m以上跨径的拱桥模板可不必事先压弯。

石砌板拱拱圈的模板，应在拱顶处预留一空当，以便于拱架的拆卸。

混凝土和钢筋混凝土板拱拱圈模板，板面应刨平，拼缝应严密以防漏浆。侧面模板应在样台上按拱圈弧线大样分段制作。在拱轴线与水平面倾角较大区段，应设置顶面盖板，以防混凝土流失。

2. 肋拱拱肋模板

拱肋模板如图3-3-17所示，其底模与混凝土或钢筋混凝土板拱拱圈底模基本相同，拱肋之间及横撑间的空当也可不铺底模。

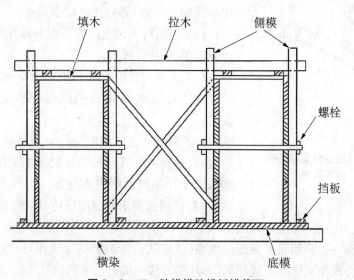

图3-3-17 肋拱拱肋模板横截面

拱肋侧面模板,一般应预先按样板分段制作,然后拼装在底模板上,并用拉木、螺栓拉杆及斜撑等固定。安装时,应先安置内侧模板,等钢筋入模后再安置外侧模板。模板宜在适当长度内设一道变形缝,以避免在拱架沉降时模板间相互顶死。

拱肋间的横撑模板与上述侧模构造基本相同,处于拱轴线较陡位置时,可用斜撑支撑在底模板上。

二、拱圈(或拱肋)的浇筑施工

1. 连续浇筑

跨径小于 16 m 的拱圈(或拱肋)混凝土,应按拱圈全宽度、自两端拱脚向拱顶对称地连续浇筑,并在拱脚处混凝土初凝前全部完成。如预计不能在限定时间内完成,则须在拱脚处预留一个隔缝并最后浇筑隔缝混凝土。

2. 分段浇筑

跨径≥16 m 的拱圈(或拱肋),为避免拱架变形而产生裂缝以及减少混凝土的收缩应力,应采用分段浇筑的施工方法。分段位置应以能使拱架受力对称、均匀和变形小为原则,拱式拱架宜设置在拱架受力反弯点、拱架节点、拱顶及拱脚处;满布式拱架宜设置在拱顶、L/4 部位、拱脚及拱架节点等处,分段长度一般为 6～15 m。间隔缝的位置应避开横撑、隔板、吊杆及刚架节点等处,间隔缝的宽度一般为 50～100 cm,以便于施工操作和钢筋连接。如图 3-3-18 所示,分段浇筑程序应符合设计要求,且对称于拱顶进行,使拱架变形保持对称均匀和尽可能地小。

填充间隔缝混凝土,应由两拱脚向拱顶对称进行。拱顶及两拱脚间隔缝应在最后封拱时浇筑,间隔缝与拱段的接触面应事先按施工缝进行处理。各段的接缝面应与拱轴线垂直,并应注意以下几点:

(1) 间隔缝混凝土应在拱圈分段混凝土强度达到设计强度的 85% 后进行;

(2) 为缩短拱圈合龙和拱架拆除的时间,间隔缝内的混凝土强度可采用比拱圈高一等级的半干硬性混凝土;

(3) 封拱合龙的温度应符合设计要求,如设计无规定时,宜选择夜间气温较稳定时段的温度。拱圈合龙前如采取千斤顶对两侧拱圈施加压力的方法调整拱圈的应力时,拱圈混凝土的强度应达到设计规定的强度。

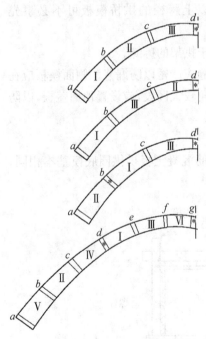

图 3-3-18 拱圈分段浇筑的施工程序

3. 箱形截面拱圈(或拱肋)的浇筑

大跨径拱桥一般采用箱形截面的拱圈(或拱肋),为减轻拱架负担,一般采取分环、分段的浇筑方法。分段的方法与上述相同,分环的方法一般有以下两种。

(1) 分成二环浇筑。先分段浇筑底板(第一环),然后分段浇筑腹板、横隔板及顶板混凝土(第二环)。

(2) 分成三环浇筑。先分段浇筑底板(第一环),然后分段浇筑腹板和横隔板(第二环),最后分段浇筑顶板(第三环)。

分环、分段浇筑时,拱圈(或拱肋)的合龙方法有两种:一种是采取分环填充间隔缝合龙;另一种是全拱圈(或拱肋)浇筑完成后最后一次填充间隔缝合龙。采取前者时,已合龙的环层可起到拱架作用,在浇筑后一环混凝土时,可减轻拱架的负担,但施工工期较一次合龙的方法长。采用后者时,拱圈(或拱肋)仍必须一环一环地分段浇筑,但不是浇完一环合龙一环,而是在最后一环混凝土浇完后,一次填充各环间隔缝完成拱圈(或拱肋)的合龙。因此,采用这种合龙方法时,上下环的间隔缝位置应互相对应和贯通,其宽度一般为 2 m 左右,有钢筋接头的间隔缝一般为 4 m 左右。如图 3-3-19 为箱形截面拱圈采用分环分段浇筑方法的例子。

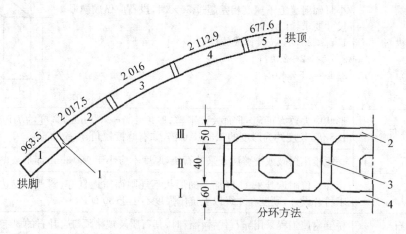

图 3-3-19　箱形拱圈浇筑示意图(尺寸单位:cm)

4. 钢筋接头布置

为适应拱圈(或拱肋)在浇筑过程中的变形,拱圈(或拱肋)的主钢筋或钢筋骨架一般不使用通长钢筋,而在适当位置的间隔缝中设置钢筋接头,一般安排在设计规定的最后浇筑的几个间隔缝内,并应在这些间隔缝浇筑时再连接。如图 3-3-18 所示为主钢筋接头位置布置示意图,有 ＊形符号处为有主钢筋接头的间隔缝。

分环浇筑拱圈(或拱肋)时,钢筋可分环绑扎。分环绑扎时各种预埋钢筋应予临时固定,并在浇筑混凝土前进行检查和校正。

5. 钢筋混凝土拱桥拱上建筑施工

(1) 钢筋与模板

为简化在拱圈(或拱肋)上进行的施工作业,拱上建筑的钢筋宜预先绑扎或焊接成钢筋骨架,模板宜预先组装成整块或整体。钢筋骨架和整体式模板可用缆索吊车运到拱上安装。

(2) 混凝土的浇筑

拱上建筑的施工应由拱顶向拱脚,或由拱脚向拱顶对称、均衡地进行。大跨径拱桥拱上建筑的浇筑程序,应按设计规定进行。无设计规定时按拱圈(或拱肋)最有利的受力情况进行。

三、石拱桥与混凝土预制块拱桥的砌筑

（一）砌筑材料

（1）拱圈及拱上建筑可按设计要求采用粗料石、块石、片石（或乱石）、黏土砖或混凝土预制砌块等。一般可在砌筑时，选择较规则和平整的同类石料稍经加工后作为镶面。如有镶面要求时，应按规定加工镶面石。镶面石要求详见《公路桥涵施工技术规范》（JTG/T F50—2011）的有关规定，见表3-3-1。

表3-3-1　石块及混凝土预制砌块规格

类　别	规　格
粗料石拱石	当拱圈曲线半径较大时，拱石可做成矩形；曲线半径较小且辐射缝上下宽度相差超过30%时，拱石应做成楔形 尺寸要求： 1. $t_1 \not< 20$，t_2 按设计或放样； 2. $h = 1.2 \sim 2.0 t_1$； 3. $L = 2.5 \sim 4.0 t_1$
拱石块石	形状应大致方正，上下面大致平整，厚度 $200 \sim 300$ mm，宽度约为厚度的 $1.0 \sim 1.5$ 倍，长度约为厚度的 $1.5 \sim 3.0$ 倍（如有峰棱锐角，应敲除）
片石	一般指用爆破或楔劈法开采的石块，厚度不应小于 150 mm（卵形或薄片者）
乱石	指在桥位附近开采、未经加工的形状不规则而质地良好、解理不发达的石料，要求符合设计，硬度在 4 级以上抗压强度不小于 30 MPa
河卵石	桥涵附属工程采用卵石代替片石时，其石质及规格须符合片石的规定
砖	强度应符合设计要求，形状方正，尺寸准确，边角整齐，规格和质量符合国家现行黏土砖标准
混凝土预制块	混凝土预制块砌体形状、尺寸统一，其规格应与粗料石相同，砌体表面应整齐美观，一般为楔形，强度不低于 C25

（2）拱圈砌缝可用砂浆或小石子混凝土砌筑、填塞。砌筑拱圈用的砂浆，一般宜为水泥砂浆；小桥涵拱圈可使用水泥石灰砂浆。砂浆强度等级应符合设计规定。砂浆必须具有良好的和易性；应随拌随用，保持适宜的流动性。砂浆中使用的水泥、砂、水等材料质量应符合相应材料的质量标准。

小石子混凝土的配合比设计、材料规格和质量检验标准，应符合《公路桥涵施工技术规范》（JTG/T F50—2011）有关规定。小石子混凝土拌和料应具有良好的合易性和保水性。为改善小石子混凝土拌和料的和易性和保水性并节约水泥，可通过试验在拌和料中掺入一定数量的减水剂或粉煤灰等混合材料。

（二）拱圈基本砌筑方法

1. 粗料石拱圈

拱圈砌筑应按编号顺序取用石料。砌筑时砌缝砂浆应铺填饱满。对于较平的砌缝，应先坐浆再放拱石挤砌，以利用石料自重将砂浆压实。侧面砌缝可填塞砂浆，用插刀捣实。当砌缝较陡时，可在拱石间先嵌入与砌缝同宽的木条或用撬棍拨垫，然后分层填塞砂浆捣毕后再抽出木条或撬棍。

2. 块石拱圈

块石拱石的尺寸可不统一,排数可不固定,砌筑时应符合下列要求:

(1) 应分排砌筑,每排中拱石内口宽度应尽量一致;

(2) 竖缝应成辐射形,相邻两排间砌缝应互相错开;

(3) 石块应平砌,每层石料高度应大致相等。

3. 浆砌片石拱圈

浆砌片石拱圈的砌筑应符合下列要求:

(1) 石块宜竖向放置,小头向上,大面朝向拱轴。如石块厚度不小于拱圈厚度或石块较整齐、可错缝搭接时,也可横向放置。

(2) 较大的石块应使用于下层,砌筑时应选用形状及尺寸较为合适的石块,尖锐突出部分应敲除。竖缝较宽时,应在砂浆中塞以小石块,但不得在片石下面用高于砂浆砌缝的小石片支垫。

(3) 片石应分层砌筑,宜以 2~3 层砌块组成一个工作层,每一工作层的水平缝应大致找平。各工作层竖缝应互相错开、不得贯通。

(4) 外圈定位行列和转角石,应选择形状较为方正且尺寸较大的片石,并长短相间地与里层砌块咬接,连成整体,特别是拱圈与拱上侧墙及护拱连接处、拱脚与墩台身连接处、拱圈上下层间及垂直路线方向应"错缝咬马"、连成整体。

(5) 片石拱圈靠拱腹一面,可略加锤改、打平,并用砂浆及大小适宜的石块填补缺口。

(6) 拱石的空隙要用砂浆填实,较大的空隙应塞以坚硬石片。

此外,规范还规定,浆砌粗料石和混凝土预制块拱圈的砌缝宽度应为 10~20 mm,块石拱圈的砌缝宽度不应大于 30 mm,片石拱圈的砌缝宽度不应大于 40 mm。用小石子混凝土砌块石时,不应大于 50 mm。拱圈的辐射缝应垂直于拱轴线,辐射缝两侧相邻两行拱石的砌缝应互相错开(同一行内上下层砌缝可不错开),错开距离不应小于 100 mm,错缝规则见图 3-3-20。

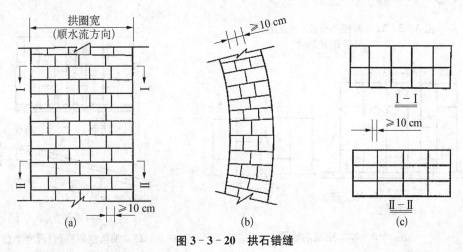

图 3-3-20 拱石错缝

(三) 拱圈的砌筑与合龙

1. 拱圈按顺序对称连续砌筑

跨径≤10 m 的拱圈,当用满布式拱架砌筑时,可按拱圈的全宽和全厚,由两拱脚同时按顺序对称均衡地向拱顶砌筑,最后砌拱顶石合龙,但应争取以最快的速度施工,使在拱顶合龙时拱脚处砌缝中的砂浆尚未凝结。

2. 拱圈分段砌筑

跨径 10～20 m 的拱圈,不论采用何种拱架,每半跨均应分成 3 段砌筑,先砌拱脚段拱顶段,后砌 1/4 跨径段,两半跨应同时对称地进行。对分段砌筑的拱段,当其倾斜角大于砌块与模板间的摩擦角时,应在拱段下部设置临时支撑,避免拱段滑移。砌筑顺序如图3-3-21所示,先砌拱脚段(Ⅰ)和拱顶段(Ⅱ)、后砌 1/4 跨径段(Ⅲ),两半跨应同时对称地进行,最后砌筑拱顶石合龙。

跨径大于 20 m 的拱圈,其砌筑程序应符合设计规定;设计未规定时,宜采用分段砌筑或分环分段相结合的方法砌筑,必要时应对拱架预加一定的压力。分环砌筑时,应待下环砌筑合龙、砌缝砂浆强度达到设计强度的 85% 以上后,再砌筑上环。

拱圈分段砌筑时,各段间应预留空缝,以防止拱圈因拱架变形而开裂,并起部分预压作用。空缝数量由分段长度而定,一般在拱脚、拱顶石两侧、各分段点等处设置空缝,空缝宽度宜为 3～4 cm,空缝设置如图 3-3-22 所示。为保证空缝的宽度,当拱圈跨径≥16 m 时,拱脚部位附近的空缝宜用铸铁垫隔,其他部位的空缝可用 M2.5 水泥砂浆块垫隔,垫隔如图3-3-23所示。空缝的填塞,应在砌缝砂浆强度达到设计强度的 85% 后进行,填塞时应分层捣实。空缝的填塞顺序视具体情况确定,可由拱脚逐次向拱顶对称填塞,或先填塞拱脚处,再填塞拱顶处,然后自拱顶向两端对称逐条填塞;所有空缝也可同时填塞。

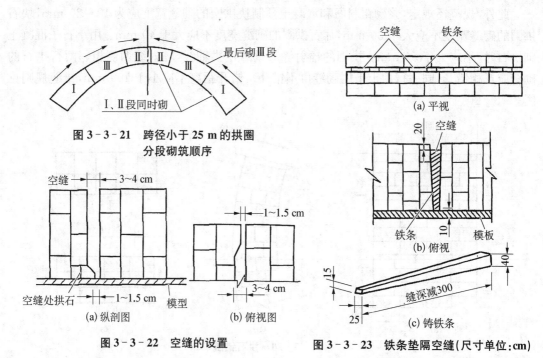

图 3-3-21　跨径小于 25 m 的拱圈
分段砌筑顺序

图 3-3-22　空缝的设置

图 3-3-23　铁条垫隔空缝(尺寸单位:cm)

隔开砌的拱段,其倾斜角大于砌块与模板间的摩擦角时,为了防止拱段向下滑动,应在拱段下侧临时设置分段支撑,如图3-3-24所示。

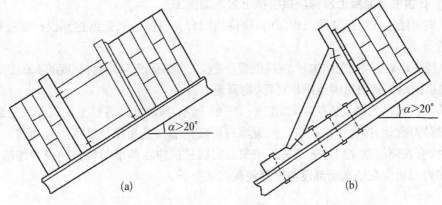

图 3 - 3 - 24　分段支撑

合龙、砌缝砂浆强度达到设计强度的 85% 以上后,再砌筑上环。

拱圈分段砌筑时,各段间应预留空缝,以防止拱圈因拱架变形而开裂,并起部分预压作用。空缝数量由分段长度而定,一般在拱脚、拱顶石两侧、各分段点等处设置空缝,空缝宽度宜为 3~4 cm,空缝设置如图 3 - 3 - 25 所示。为保证空缝的宽度,当拱圈跨径≥16 m 时,拱脚部位附近的空缝宜用铸铁垫隔,其他部位的空缝可用 M2.5 水泥砂浆块垫隔,垫隔如图 3 - 3 - 26 所示。空缝的填塞,应在砌缝砂浆强度达到设计强度的 85% 后进行,填塞时应分层捣实。空缝的填塞顺序视具体情况确定,可由拱脚逐次向拱顶对称填塞,或先填塞拱脚处,再填塞拱顶处,然后自拱顶向两端对称逐条填塞;所有空缝也可同时填塞。

预加压力砌筑法是在砌筑前,在拱架上预加一定重力,以防止或减少拱架的弹性和非弹性下沉的一种砌筑方法。它可以有效地预防拱圈产生不正常的变形和开裂。压重材料可以利用砌筑拱圈所用的拱石;不能利用拱石时,也可用砂袋等其他材料。加压顺序应与计划砌筑拱圈的顺序一致。砌筑时,应尽量利用附近压重拱石就地安砌,随撤随砌,使拱架保持稳定。

在采用刚性较强的拱架时,可仅预压拱顶。预压拱顶时,可将拱石堆放在该段内,或当时即将该段砌筑完。对于刚性较差的拱架,预压必须均匀地进行,不能单压拱顶。

4. 拱圈合龙

(1) 安砌拱顶石合龙

砌筑拱圈时,常在拱顶预留一合龙口,在各拱段砌筑完成后安砌拱顶石完成拱圈合龙。分段砌筑的拱圈应待填塞空缝的砂浆强度达到设计强度的 85% 后进行合龙。分段较多的拱圈以及分环砌筑的拱圈,为使拱架受力对称、均匀,可在拱圈两半跨的 1/4 处或在几处同时完成拱圈合龙。

为防止拱圈因温度变化产生过大的附加应力,拱圈合龙应按设计规定的温度和时间进行。如设计无规定,则拱圈合龙宜选择在接近当地年平均温度时或昼夜平均温度(一般为 5~15 ℃)时进行。

(2) 刹尖封拱

对于小跨径拱圈,为提高拱圈应力和有利于拱架的卸落,可采用刹尖封顶完成拱圈合龙。此法是:在砌筑拱顶石前,先在拱顶缺口中打入若干组木楔,使拱圈挤紧、拱起,然后嵌入拱顶石合龙。刹尖封顶应在拱圈砌缝砂浆达到设计强度的 85% 后方可进行。

(四) 石拱桥与混凝土预制块拱桥拱上建筑的施工

(1) 拱上结构在拱架卸落前砌筑时,应待拱圈合龙段的砂浆强度达到设计强度的85%以上后进行。

(2) 当先卸架后砌拱上结构时,应待拱圈合龙段的砂浆强度达到设计强度的100%后进行。

(3) 拱上结构宜由拱脚至拱顶对称、均衡地砌筑。

砌筑实腹式拱的拱上建筑时,如图3-3-25所示,应将侧墙等拱上建筑分成几部分,由拱脚向拱顶对称地、按台阶式砌筑。拱腹填料可随侧墙砌筑顺序及进度进行填筑。填料数量较大时,宜在侧墙砌完后再分部进行填筑。实腹式拱应在侧墙与桥台间设伸缩缝使两者分开。多跨拱桥应在桥墩顶部设伸缩缝使两侧墙分开。

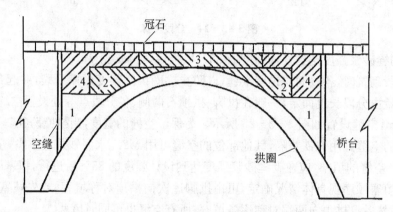

图3-3-25 拱上建筑砌体砌筑顺序(图中数字为砌筑顺序号)

对于空腹式拱桥,为防止腹拱圈受到主拱圈卸落拱架时的变形影响,可在主拱圈砌完后,先砌腹拱横墙,待卸落拱架后再砌筑腹拱拱圈。腹拱上的侧墙,应在腹拱拱铰处设置变形缝。多跨连续拱桥拱上建筑的砌筑,当桥墩不是按施工单向受力墩设计时,应注意使相邻孔间的拱上建筑对称均衡施工,避免桥墩承受过大的单向推力。

3.2 拱桥无支架施工法

在峡谷河段、通航河段、有漂流物影响河段修建拱桥,以及采用有支架的方法施工将会遇到很大困难或是很不经济时,便可以考虑采用无支架的施工方法。缆索吊装施工是目前我国大跨度拱桥无支架施工的主要方法,在就地浇筑拱桥的拱架和劲性骨架及钢管混凝土拱桥的钢管拱肋吊装中也是经常采用的。下面介绍缆索吊装施工的几项主要工艺。

一、构件的预制、堆放与运输

(一) 构件的预制

1. 拱肋立式预制

立式浇筑方法预制拱肋,具有起吊方便、节省木材的优点。底模采用土牛拱胎密排浇筑时,能减小预制场地,是预制拱肋最常用的方法,尤其适用于大跨径拱桥。

(1) 土牛拱胎立式预制

该法施工方便,适用性较强。填筑土牛拱胎时,应分层夯实,表面土中宜掺入适量石灰,并加以拍实,然后用栏板套出圆滑的弧线,如图3-3-26所示。为便于固定侧模,表层宜按适当距离埋入横木,也可用粗钢筋或钢管固定侧模。土牛拱胎的表面,可铺一层木板、油毛毡或水泥袋纸,也可抹一层水泥砂浆。侧模可采用4~5 cm厚的木板或其他适宜材料。当采用密排浇筑时,可利用已浇拱肋作侧模,但须用油毛毡、塑料布等隔开。

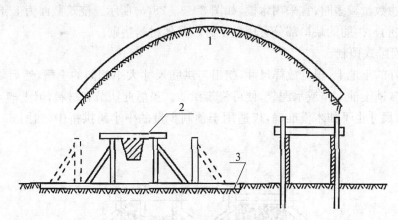

图3-3-26　土牛拱胎预制拱肋

1—土牛拱胎;2—凹形拱肋扶手;3—横木

（2）木架立式预制

当取土及填土不方便时,可采用木支架进行装模和预制,但拆除支架时须注意拱肋的强度和受力状态,防止拱肋发生裂纹。

（3）条石台座立式预制

条石台座由数个条石支墩、底模支架和底模等组成,如图3-3-27所示。

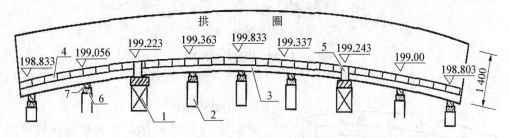

图3-3-27　条石支墩布置图(尺寸单位:mm)

1—滑道支墩;2—条石支墩;3—底模支架;4—底模;5—船形滑板;6—木楔;7—混凝土帽梁

条石支墩是用M5砂浆砌筑块石而成。支墩平面尺寸应根据拱肋的长度和宽度决定;支墩高度根据拱肋端头下高程及便于横移拱肋操作确定,顶部用砂浆抹平或再浇筑20~25 cm高的混凝土。每个台座设2个滑道支墩。

滑道支墩顶面埋设钢板,以便拱肋移运。

底模支架由槽钢、角钢等型钢组成。底模可采用组合钢模,为便于脱模,可将钢模点焊在底模支架上。底模支架应根据拱肋高程作适当预弯。每个支墩处设木楔用于脱模。

条石台座预制拱肋,脱模方便;由于滑道支墩处设有滚筒和船形滑板,移梁容易,因此不需要专门的起重设备,施工方法简单。

2. 拱肋卧式预制

卧式预制,拱肋的形状和尺寸较易控制,特别是空心拱肋,浇筑混凝土时操作方便,且节约木材,但起吊时容易损坏。卧式预制一般有下列几种方法。

(1) 木模卧式预制

预制拱肋数量较多时,宜采用木模,如图3-3-28(a)所示。浇筑截面为L形或倒T形时(双曲拱拱肋),拱肋的缺口部分可用黏土砖或其他材料垫砌。

(2) 土模卧式预制

在平整好的土地上,根据放样尺寸,挖出与拱肋尺寸大小相同的土槽,然后将土槽壁仔细抹平、拍实,铺上油毛毡或水泥袋,便可浇筑拱肋。虽然此法节省材料,但土槽开挖较费工且容易损坏,尺寸也不如木模准确,仅适用于预制少量的中小跨拱桥中,如图3-3-28(b)所示。

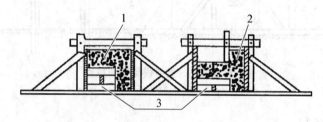

(a) 木模卧式预制拱肋

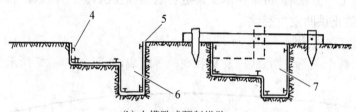

(b) 土模卧式预制拱肋

图3-3-28　拱肋卧式预制

1、6—边肋;2、7—中肋;3—砖砌垫块;4—圆钉;5—油毛毡

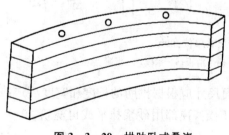

图3-3-29　拱肋卧式叠浇

(3) 卧式叠浇

如图3-3-29所示。卧式叠浇一般可达5层,浇筑时每层拱肋接触面用油毛毡、塑料布或其他隔离剂隔开。卧式叠浇的优点是节省预制场地和模板,但先期预制的拱肋不易取出,影响工期。

(二)拱肋分段与接头

1. 拱肋的分段

拱肋跨径在30 m以内时,可不分段或仅分2段;在30~80 m范围时,可分3段;大于80 m时一般分5段。拱肋分段吊装时,理论上接头宜选择在拱肋自重弯矩最小的位置及其附近,但实际运用中一般为等分,这样各段重力基本相同,吊装设备较省。

2. 拱肋的接头形式

(1) 对接

为方便预制,简化构造,当拱肋分2段吊装时多采用对接形式,如图3-3-30(a)、(b)所示。对接接头在连接处为全截面通缝,要求接头的连接材料强度高,一般采用螺栓或电焊钢板。

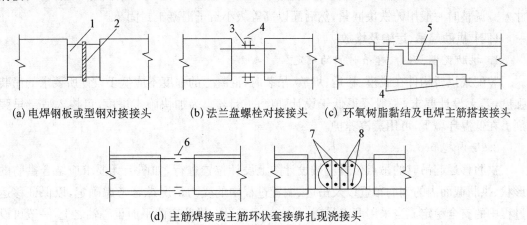

(a) 电焊钢板或型钢对接接头　　(b) 法兰盘螺栓对接接头　　(c) 环氧树脂黏结及电焊主筋搭接接头

(d) 主筋焊接或主筋环状套接绑扎现浇接头

图3-3-30　拱肋接头形式

1—预埋钢板或型钢;2—电焊缝;3—螺栓;4—电焊;5—环氧树脂;6—主筋对接和绑焊;7—箍筋;8—横向插销

(2) 搭接

分3段吊装的拱肋,因接头处在自重弯矩较小的部位,一般宜采用搭接形式,如图3-3-30(c)所示。分5段安装的拱肋,边段与次边段拱肋的接头也可采用搭接形式。

搭接接头受力较好,但构造复杂,预制也较困难,须用样板校对、修凿,确保拱肋安装质量。

(3) 现浇接头

用简易排架施工的拱肋,可采用主筋焊接或主筋环状套接的现浇接头,如图3-3-30(d)所示。

(三) 拱座

拱肋与墩、台的连接,称为拱座。拱座主要有如图3-3-31几种形式,其中插入式及方形拱座因其构造简单、钢材用量少、嵌固性能好,采用较为普遍,如图3-3-31(a)所示。

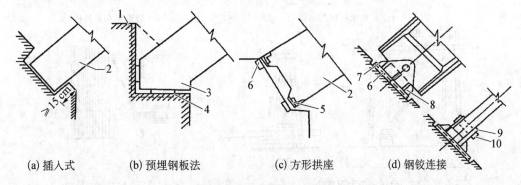

(a) 插入式　　　(b) 预埋钢板法　　　(c) 方形拱座　　　(d) 钢铰连接

图3-3-31　拱肋肋座形式

1—预留槽;2—拱肋;3—肋座;4—铸铁垫板;5—预埋角钢;6—预埋钢板;7—铰座底板;8—加劲钢板;
9—铰轴支撑;10—钢铰轴

预埋钢板法,如图3-3-31(b)所示,是在拱座上预埋角钢和型钢,与边段拱肋端头的型钢焊接。这种方法施工简单,但对型钢预埋精度要求较高。

按无铰拱设计的肋拱桥,其拱肋宜采用插入式以加强与墩、台的连接,在拱脚插入端应适当加长拱肋,安装时将拱肋加长部分插入拱座预留孔内,合龙定位后,即可封槽。

采用方形拱座的拱肋,在安装时可利用水平面与垂直面,适当调整拱肋和墩、台间的尺寸差。调整时一般用铸铁块嵌紧,然后灌以高等级小石子混凝土封固。

(四) 拱肋起吊、运输及堆放

1. 拱肋脱模、运输、起吊时间的确定

装配式拱桥构件在脱模、移运、堆放、吊装时,混凝土的强度不应低于设计所要求的吊装强度,若无设计要求,一般不得低于设计强度的85%。为加快施工进度,可掺入适量早强剂。在低温环境下,可用蒸汽养护。

2. 场内起吊

拱肋移运起吊时的吊点位置应按设计图上设计位置进行,如图上无要求应结合拱肋的形状、拱肋截面内的钢筋布置以及吊运、搁置过程中的受力情况综合考虑确定,以保证移运过程中的安全稳定。当采用两点吊时,吊点位置应设在拱肋弯曲平面重心轴之上,一般可设在离拱肋端头$(0.22\sim0.24)L$处(L为拱肋长度)。当拱肋较长或曲率较大时,应采用三点吊或四点吊,以保持拱肋受力均匀和稳定。除跨中设一吊点外,其余两吊点可设在离拱肋端头$0.2L$处。采用四点吊时,外吊点一般设在离拱肋两端头$0.17L$处,内吊点可设在离拱肋两端头$0.37L$处,4个吊点应左右对称布置。

大跨径拱桥拱肋构件的脱模起吊一般采用龙门架,小跨径拱桥拱肋及小型构件可采用三角扒杆、马凳、吊车等机具进行,如图3-3-32所示。

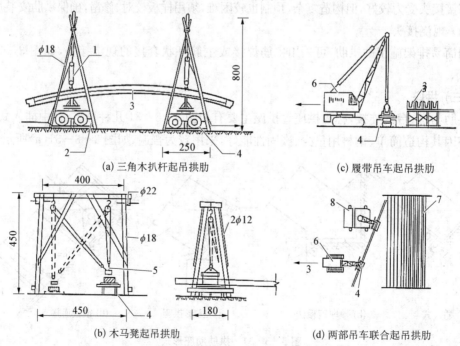

(a) 三角木扒杆起吊拱肋 (c) 履带吊车起吊拱肋

(b) 木马凳起吊拱肋 (d) 两部吊车联合起吊拱肋

图3-3-32 拱肋起吊方法(尺寸单位:cm)

1—滑轮组;2—千斤顶;3—拱肋;4—胶轮平车;5—横移索;6—履带吊车;7—预制拱肋;8—汽车吊机固定回转起吊

3.场内运输(包括纵横移)

场内运输可采用龙门架、胶轮平板挂车、汽车平板车、轨道平车或船只等机具进行。

4.构件堆放

拱肋堆放时应尽可能卧放,特别是矢跨比小的构件(拱肋、拱块),卧放时应垫3点,垫木位置应在拱肋中央及离两端0.15L处,3个垫点应同高度。如必须立放时,应搁放在符合拱肋曲度的弧形支架上,如无此种支架,则应垫搁3个支点,其位置在中央及距两端0.2L处,各支点高度应符合拱肋曲度,以免拱肋折断。

堆放构件的场地应平整夯实,不致积水,当因场地有限而采用堆垛时,应设置垫木。堆放高度按构件强度、地面承载力、垫木强度以及堆放的稳定性而定,一般以2层为宜,不应超过构件。应按吊运及安装次序顺序堆放,并留适当通道,防止越堆吊运。

二、缆索吊装设备和吊装准备工作

(一) 缆索吊装设备

1. 缆索吊装设备的组成与使用

缆索吊装设备又称缆索起重机,主要用于高差较大的垂直吊装和高空纵向运输,吊运质量从几吨到上百吨,纵向运距从几十米到几百米。其设备可自行设计、就地安装,也可采用定型产品运至现场安装。

缆索吊装系统由主索、天线滑车、起重索、牵引索、起重及牵引绞车、主索锚碇、塔架、缆风索等主要设备组成,如图3-3-33所示。

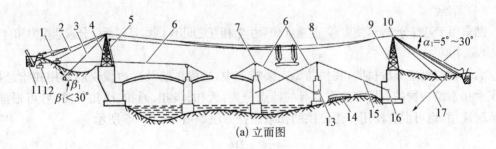

(a) 立面图

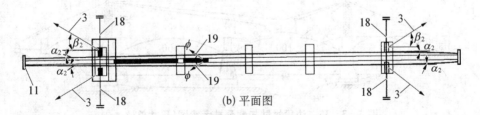

(b) 平面图

图3-3-33　缆索吊装布置示例

1—主索张紧绳;2—2号起重索;3—后浪风;4—塔架;5—扣索;6—扣索;7—平滚;8—主索;9—塔顶索鞍;10—地垄;11—手摇绞车;12—扣塔;13—待吊肋段;14—单排立柱浪风;15—法兰螺法兰螺丝;16—牵引索;17—侧向浪风;18—浪风

(1) 主索

主索又称承重或运输天线,它横跨桥墩支承在两岸塔架的索鞍上,两端锚固于锚碇上,吊运构件的行车支承于主索上。

（2）起重索

起重索套绕于天线滑车纽，作起吊重物之用。一端与绞车滚筒相连，另一端固定于对岸的锚碇上。这样，当行车在主索上沿桥跨作往复运动时，可保持行车与吊钩间的起重索长度不随行车的移动而改变，如图3-3-34所示。

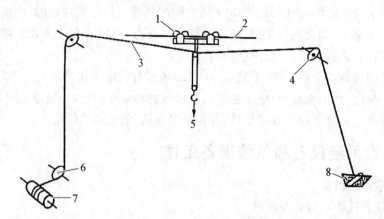

图3-3-34　起重索的布置图

1—行车；2—主索；3—起重索；4—滑轮组；5—吊重；6—转向滑轮组；7—卷扬机滚筒；8—地锚

（3）牵引索

牵引索是牵引天线滑车沿主索作水平移动的拉绳。每岸各设一台绞车，一台用于前进牵引，一台用于后退牵引，而牵引一端固定在滑车上，另一端与绞车相连。

（4）结索

结索用于悬挂分索器，使主索、起重索和牵引索相互之间不干扰，且仅承受分索器重力和自重。

（5）扣索

为了暂时固定分段拱肋，在拱肋无支架施工中，边段拱肋及次边段拱肋均用扣索悬挂。按支承扣索结构物的位置和扣索本身的特点分为：天扣、塔扣、通扣、墩扣等类型，可根据具体情况选用，也可混合使用。边段拱肋扣索悬挂方法如图3-3-55所示。

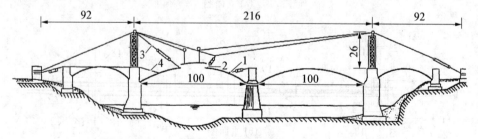

图3-3-35　边段拱肋扣索悬挂示意图(尺寸单位：m)

1—墩扣；2—天扣；3—塔扣；4—通扣

图中1号扣索锚固在桥墩上，简称墩扣；2号扣索是用另一组主索跑车将拱肋悬挂在天线上，简称天扣；3号扣索支承在主索塔架上，简称塔扣；4号扣索一直贯通到两岸地锚前收紧，简称通扣。

（6）缆风索

缆风索又称浪风索或抗风索，主要用于稳定塔架（或索架和墩上排架），调整和固定预制构件的位置。

（7）天线滑车

天线滑车又称骑马滑车或跑车，由跑车轮、起重滑车组和牵引系统三部分组成，如图3-3-36所示。

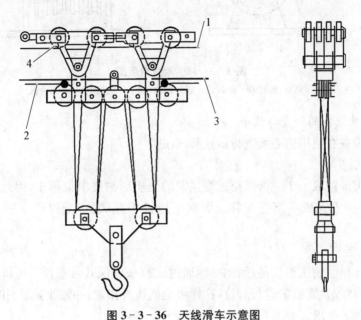

图3-3-36 天线滑车示意图

1—主索；2—起重索；3—另一跑车起重索；4—跑车轮

（8）塔架和索鞍塔架

塔架是用来提高主索的临空高度和支承各种受力钢索的结构物，由塔身、塔顶、塔底等组成。塔身材料多用万能杆件或贝雷桁节拼成的钢塔架。塔底应采用浆砌片石或片石混凝土基础，如图3-3-37所示。塔顶设置索鞍，索鞍用于放置主索、起重索、扣索等，以减小钢绳与塔架间的摩阻力，如图3-3-38所示。

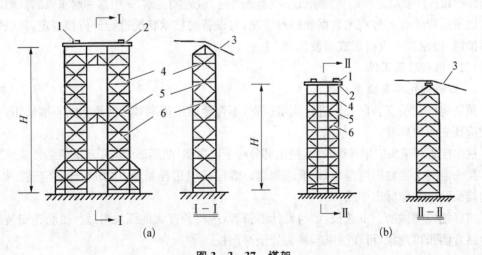

图3-3-37 塔架

1—索鞍；2—帽梁；3—主索；4—立柱；5—水平撑；6—斜撑

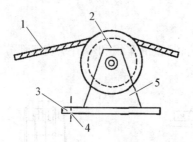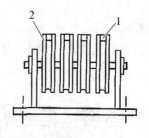

图 3-3-38 索鞍构造图

1—主索；2—滑轮；3—垫板；4—联结螺栓（固定于塔架上）；5—支承板

2. 缆索吊装设备的检查与试吊

缆索吊装设备在使用前必须进行试拉和试吊。

（1）地锚试拉

一般每一类地锚取一个进行试拉。缆风索的土质地锚要求位移小，因此在有条件时宜全部试拉，使其预先完成一部分位移。可利用地锚相互试拉，受拉值一般为设计荷载的1.3～1.5倍。

（2）扣索对拉

扣索是悬挂拱肋的主要设备，因此必须通过试拉来确保其可靠性。可将两岸的扣索用卸甲连在一起，将收紧索收紧进行对拉，这样可全面检查扣索、扣索收紧索、扣索地锚和动力装置等是否达到了要求。

（3）主索系统试吊

主索系统试吊一般分跑车空载反复运转、静载试吊和吊重运行三步骤。必须待每一步骤检查、观测工作完成并无异常现象后，方可进行下一步骤。试吊重物可以利用钢筋混凝土预制构件、钢轨和钢梁等，一般按设计吊重的60％、100％、130％，分几次进行。

在各阶段试吊中，应连续观测塔架位移、主索垂度和主索受力的均匀程度；动力装置工作状态、牵引索、起重索在各转向轮上运转情况；主索地锚稳固情况以及检查通信、指挥系统的通畅性能和各作业组之间的协调情况。在有条件时，应施测主索、牵引索和起重索的拉力。

试吊后应综合各种观测数据和检查情况，对设备的技术状况进行分析和鉴定，然后提出改进措施，确定能否进行正式吊装。

（二）吊装准备工作

1. 预制构件质重检查

预制构件起吊安装前必须进行质量检查，不符合质量标准和设计要求的不准使用，有缺陷的应预先予以修补。

拱肋接头和端头应用样板校验，突出部分应予以凿除，凹陷部分应用环氧树脂砂浆抹平。

接头混凝土接触面应凿毛，钢筋应除锈。螺栓孔应用样板套孔，如不合适应适当扩孔。拱肋接头及端头应标出中线。

应仔细检测拱肋上下弦长，如与设计不符者，应将长度大的弧长凿短。拱肋在安装后如发生结合面张口现象，可在拱座和接头处垫塞钢板。

2. 墩、台拱座尺寸检查

墩、台拱座混凝土面要修平，水平顶面高程应略低于设计值，预留孔长度应不小于计算值,拱座后端面应与水平顶面相垂直,并与桥墩中线平行。在拱座面上应标出拱肋安装位置的台口线及中线。用红外线测距仪或钢尺(装拉力计)复核跨径,每个拱座在肋宽范围内左右均应至少丈量 2 次。用装有拉力计的钢尺丈量时,丈量结果要进行温度和拉力的修正。

3. 跨径与拱肋的误差调整

每段拱肋预制时拱背弧长宜小于设计弧长 0.5~1.0 cm,使拱肋合龙时结合面保留上缘张口,便于嵌塞钢片,调整拱轴线。通过丈量和计算所得的拱肋长度和墩、台之间净跨的施工误差,可以在拱座处垫铸铁板来调整,如图 3-3-39 所示。背垫板的厚度一般比计算值增加 1~2 cm,以缩短跨径。合龙后,应再次复核接头高程以修正计算中一些未考虑的因素和丈量误差。

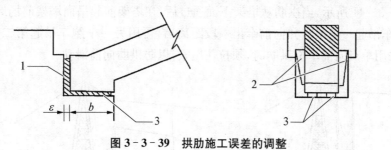

图 3-3-39　拱肋施工误差的调整
1—背调整垫板;2—左、右木楔;3—底调整垫板

三、缆索吊装施工

1. 拱肋缆索起吊

拱肋由预制场运到主索下后,一般用起重索直接起吊,当不能直接起吊时,可采用下列方法进行。

(1) 翻身

卧式预制拱肋在吊装前,需要"翻身"成立式,常用就地翻身和空中翻身两种方法。

① 就地翻身,如图 3-3-40(a)所示,先用枕木垛将平卧拱肋架至一定高度,使其在翻身后两端头不至碰到地面,然后用一根短千斤将拱肋吊点与吊钩相连,边起重拱肋边翻身直立。

② 空中翻身,如图 3-3-40(b)所示,在拱肋的吊点处用一根串有手链滑车的短千斤,穿过拱肋吊环,将拱肋兜住,挂在主索吊钩上,然后收紧起重索起吊拱肋,当拱肋起吊至一定高度时,缓慢放松手链滑车,使拱肋翻身为立式。

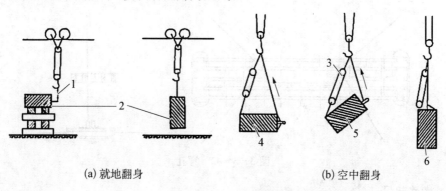

(a) 就地翻身　　　　　　　　　　　(b) 空中翻身

图 3-3-40　拱肋翻身
1—短千斤;2—拱肋;3—手链滑车;4—平放;5—放松;6—翻身

（2）掉头

为方便拱肋预制，边段拱肋有时采用同一方向预制，这样部分拱肋在安装时，掉头方法常因设备不同而异：

① 在河中起吊时，可利用装载拱肋的船进行掉头。

② 在平坦场地采用胶轮平车运输时，可将跑车与平车配合起吊将拱肋掉头。

③ 用一个跑车吊钩将拱肋吊离地面约 50 cm，再用人工拉动麻绳使拱肋旋转 180°掉头放下，当一个跑车承载力不够时，可在两个跑车下另加一钢扁担起吊，旋转调头。

（3）吊鱼

如图 3-3-41 所示，当拱肋从塔架下面通过后，在塔架前起吊而塔架前场地不足时，可先用一个跑车吊起一个吊点并向前牵出一段距离后，再用另一个跑车吊起第二个吊点。用此法起吊，并用单点向前牵引拱肋时，须拉住尾索，以防拱肋向前滑动。

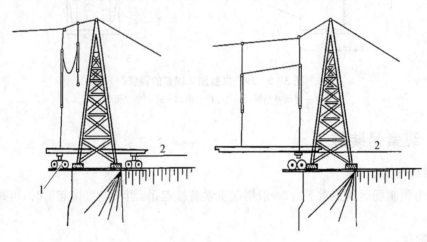

图 3-3-41 吊鱼

1—悬臂钢架；2—尾索

（4）穿孔

拱肋在桥孔中起吊时，最后几段拱肋常须在该孔已合龙的拱肋之间穿过，俗称穿孔，如图 3-3-42 所示，穿孔前应将穿孔范围内的拱肋横夹木暂时拆除。在拱肋两端另加稳定缆风索，穿孔时应防止碰撞已合龙的拱肋，故主索宜布置在两拱肋中间。

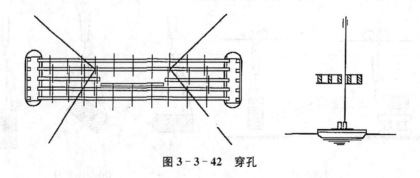

图 3-3-42 穿孔

（5）横移起吊

当主索布置在对中拱肋位置，不宜采用穿孔工艺起吊时，可以用横移索帮助拱肋横移起吊。

2. 拱肋缆索吊装程序

(1) 三段吊装程序

当拱肋分三段吊装,采用螺栓对接接头时,宜先将边段拱肋初步悬挂定位,调整扣索,使上端头高程比设计高程值高出约 5~10 cm,然后准确悬吊拱顶段,使两端头高程比设计值约高出 1~2 cm,最后放松两拱段扣索使其均匀下降与拱顶段合龙,安装接头螺栓。

当采用阶梯形搭接接头时,宜先准确扣挂两拱脚段,调整扣索使其上端头高程比设计值高出 3~5 cm,再安装拱顶段使之与拱脚段合龙,如图 3-3-43 所示。

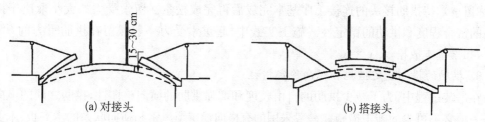

图 3-3-43 三段拱肋吊装定位示意图

(2) 五段吊装程序

当拱肋分五段吊装时边段拱肋悬挂就位的方法与三段吊装边段拱肋就位方法基本相同,定位后接头高程应较设计高程高 15~20 cm。次边段与边段拱肋安装定位时,为了防止拱肋接头处开裂,要求在两台水准仪配合观测下,保持次边段上端头抬高值约为次边段下端头抬高值的 2 倍关系,反复调整高程,使次边段定位完成后 $\Delta y_下$ 约为 5 cm,$\Delta y_上$ 10 cm($\Delta y_上$、$\Delta y_下$ 分别指次边段定位后上、下端头的预加高度)。拱顶段拱肋定位时准确悬吊拱顶段,使两端头高程比设计值约高出 1~3 cm,按照先边扣索,后次边扣索的松索顺序两侧均匀对称地放松扣索,反复循环直到与拱顶段接头合龙。调整拱肋中线位置,偏差在 1~2 cm范围内,如图 3-3-44 所示。图 3-3-44(c)中 $\Delta y_上$(次边段)≈10 cm;$\Delta y_下$(次边段)≈5 cm;$\Delta y_顶$(拱顶段)≈1~3 cm。

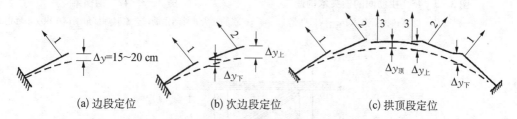

图 3-3-44 五段拱肋吊装定位示意图

1—边扣索;2—次边扣索;3—起重索

(3) 拱肋松索成拱程序及注意事项

① 松索调整拱轴线时应观测各接点高程、拱顶及 1/8 跨径处截面高程。调整轴线时精度要求为:每个接头点与设计高程之差不大于 ± 1.5 cm,两对称接头点相对高差不大于2 cm,中线偏差不超过 0.5~1.0 cm,以防止出现反对称变形、导致拱肋开裂甚至纵向失稳。松索成拱的操作方法是否正确,直接影响合龙后拱肋的拱轴线,必须认真、仔细操作。

② 松索时应按边扣索、次边扣索、起重索三者的先后顺序对称均匀地进行。每次松索量以控制各接头高程变化不超过 1 cm 为限。

③ 用铸铁楔、薄钢板嵌塞拱肋接头缝隙。

④ 拱肋松索成拱是一个反复循环的过程,将索放松压紧接头缝后,应再调整中线偏差到 0.5～1.0 cm 以内,固定缆风索将接头螺栓旋紧。

⑤ 电焊各接头部件,全部松索成拱。电焊时,宜采取分层、间隔、交错施焊的方法,每层不可一次焊得过厚,以防灼伤周围混凝土。电焊后必须将各接头螺栓旋紧焊死。

⑥ 对于大跨径分五段或三段吊装的拱肋,在合龙成拱后,可保留起重索和扣索部分受力(称留索),待拱肋接头的连接工序基本完成后再完成松索。留索受力的大小取决于拱肋接头的密合程度和拱肋的稳定性。施工实践中,起重索受力一般保留在拱肋重力的 5%～10%,扣索基本放松。

3. 拱肋的横向稳定措施和纵向稳定措施

在吊装过程中,为了减少拱肋的自由长度和增强拱肋的横向整体性,拱肋之间的横向联系是一项必不可少的施工措施。一般采用的有横向稳定缆风索和横向联系的木夹板、木剪刀撑、钢筋拉杆、钢横梁和钢筋混凝土横系梁等形式。如图 3-3-45、图 3-3-46、图 3-3-47 所示。

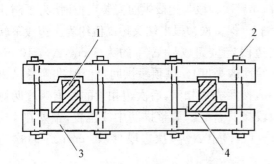

图 3-3-45 拱肋间的横夹木构造

1—拱肋;2—螺栓;3—横夹木;4—砍口凹槽

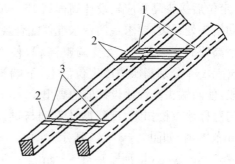

图 3-3-47 钢横梁

1—拱肋接头处外露钢筋;2—临时焊接角钢;3—拱肋吊环钢筋

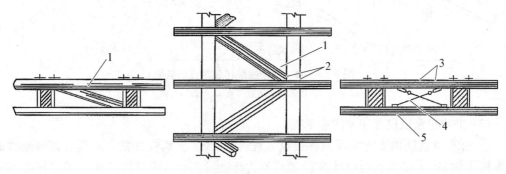

图 3-3-46 木剪刀撑

1—圆木;2—马钉;3—花篮螺栓;4—拉杆;5—铅丝

当拱肋接头处可能发生上冒变形时,可在其位置下方设置下拉索来控制其变形。下拉索一般对称布置,如图 3-3-48 所示。

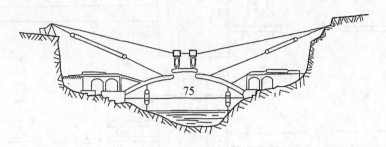

图 3-3-48　拱肋下拉索布置图(尺寸单位:m)

4. 拱肋缆索吊装合龙方式

边段拱肋悬挂固定后,就可以吊运中段拱肋进行合龙。拱肋合龙后,通过接头、拱座的联结处理,使拱肋由铰接状态逐步成为无铰拱。因此,拱肋合龙是拱桥无支架吊装中一项关键工作。

拱肋合龙的方式比较多,主要根据拱肋自身的纵向与横向稳定性、跨径大小、分段多少、地形和机具设备条件等不同情况,选用不同的合龙方式。

(1) 单基肋合龙

拱肋整根预制吊装或分两段预制吊装的中小跨径拱桥,当拱肋高度大于 $0.009L \sim 0.012L$(L 为跨径),拱肋底面宽度为肋高的 $0.6 \sim 1.0$ 倍,且横向稳定系数不小于 4 时,可以进行单基肋合龙。这时其横向稳定性主要依靠拱肋接头附近所设的缆风索来加强,因此缆风索必须十分可靠。这种方法多用于缆风索锚固在两河岸的单孔桥中。

实践证明,只要拱肋有足够量的缆风索,一般情况下都可以采用单基肋合龙。

单基肋合龙的最大优点是所需要的扣索设备少,相互干扰也少,因此也可用在扣索设备不足的多孔桥跨中。在跨径较大时,第一片拱肋的单肋合龙后,第二片拱肋也可以独立设置缆风索进行单肋合龙,待两片拱肋完成接头连接工序后,再将两片拱肋横向连成整体。跨径比较小的桥梁,则第二片拱肋完成接头连接工序后,再将两片拱肋横向连成整体。跨劲比较小的桥梁,则第二片拱肋可不设缆风索,利用木夹板与第一片拱肋的横向联系即可。图 3-3-49(a)为单基肋合龙的缆风索布置示意图。

(2) 悬挂多段边段或次边段拱肋后单基肋合龙

拱肋分三段或五段预制吊装的大、中跨径拱桥,当拱肋高度不小于跨径的 1/100 且其单肋合龙横向稳定安全系数不小于 4 时,可采用悬扣边段或次边段拱肋,用不夹板临时连接两拱肋后,单根拱肋合龙,设置稳定缆风索,成为基肋。待第二根拱肋合龙后,立即安装两肋拱顶段及次边段的横夹木,并拉好第二根拱肋的风缆。如横系梁采用预制安装,应将横系梁逐根安上,使两肋及早形成稳定、牢固的基肋。其余拱肋的安装,可依靠与"基肋"的横向联结,达到稳定。悬挂多段边段或次边段拱肋后,进行单根肋合龙松索的方法如图 3-3-49(b)、(c)所示。

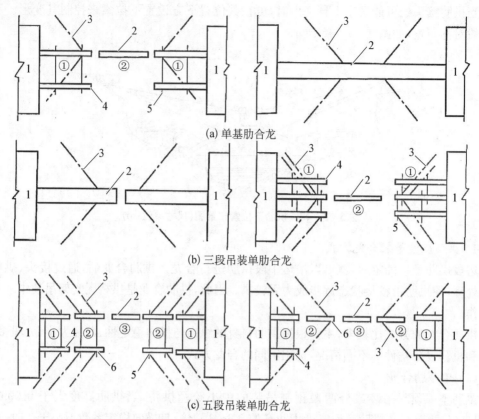

(a) 单基肋合龙

(b) 三段吊装单肋合龙

(c) 五段吊装单肋合龙

图 3-3-49　拱肋合龙示意图(图中①、②、③为施工程序号)
1—墩台;2—基肋;3—风缆;4—拱脚段;5—横夹木;6—次拱脚段

（3）双基肋同时合龙

当拱肋跨径大于等于 80 m,或虽小于 80 m 但单肋合龙横向稳定安全系数小于 4 时,拱肋缆风索很长或缆风角度不好(一般要求每对风缆与拱肋轴线水平投影的夹角不小于 50°)时,应采用"双基肋"合龙的方法。先将第一根拱肋合龙并调整轴线,楔紧拱脚及接头缝后,松索压紧接头缝,但不卸掉扣索和起重索,然后将第二根拱肋合龙,并使两根拱肋横向联结固定。拉好风缆后,在同时松卸两根拱肋的扣索和起重索。这种方法需要两组主索设备。

（4）留索单肋合龙

在采用两组主索设备吊装而扣索和卷扬机设备不足时,可以先用单肋合龙方式吊装一片拱肋合龙。待合龙的拱肋松索成拱后,将第一组主索设备中的牵引索、起重索用卡子固定,抽出卷扬机和扣索移动到第二组主索中使用。等第二片拱肋合龙并将两片拱肋用木夹板横向联结、固定后,再松起重索并将扣索移到第一组主索中使用。

5. 拱上构件吊装

主拱圈以上的结构部分,均称为拱上构件。拱上构件的砌筑同样应按规定的施工程序对称均衡地进行,以免产生过大的拱圈应力。为了能充分发挥缆索吊装设备的作用,可将拱上构件中的立柱、盖梁、行车道板、腹拱圈等做成预制构件,用缆索吊装施工,以加快施工进度。

任务单

布置任务	
学习目标	1. 熟悉桥面铺装的施工方法。 2. 了解人行道及栏杆的施工方法。 3. 掌握伸缩缝的安装要求。 4. 掌握支座的安装要求。
任务描述	桥面系包括桥面铺装、伸缩缝装置、桥面连续、泄水管、桥面防水、桥面防护设施(防撞护栏或人行道栏杆、灯柱等)、桥头搭板等。桥面系是桥梁服务车辆、行人,实现其功能的最直接部分。其施工质量不仅影响桥梁的外形美观而且关系到桥梁的使用寿命、行车安全及舒适性,因此,对桥面系的施工必须给予足够的重视。下面就桥面铺装、伸缩缝装置、桥面连续、桥面防护设施(防撞护栏或人行道栏杆、灯柱等)的施工加以介绍。具体任务要求: 　　任务1　梁间铰接缝施工 　　任务2　伸缩装置及其施工 　　任务3　桥面铺装层及桥面防护设施的施工
学习要求	1. 掌握工程测量放线基础知识。 2. 学会使用测量工具,并做好维护和保养工作。 3. 掌握材料试验检测基础知识。 4. 学会常用工程试验仪器的使用,且操作一定要规范。 5. 学会识读路桥工程图。 6. 按任务完成梁间铰接缝施工。 7. 按任务完成伸缩缝施工。 8. 按任务完成桥面铺装施工。 9. 按任务完成人行道、栏杆、护栏和灯柱施工。 10. 培养团队合作的精神,以小组的形式完成工作任务。 11. 严格遵守课堂纪律和工作纪律,不迟到、不早退、不旷课。 12. 树立职业意识,按照企业的岗位职责要求自己。 13. 本情境工作任务完成后,需提交学习体会报告,要求另附。

信 息 单

学习方式	在图书馆、专业杂志、互联网及信息单上查询问题;咨询任课教师
重点问题	1. 什么是桥面连续?什么是假缝?
	2. 桥面连续的施工工序如何?
	3. 单排支座先简支后连续的施工过程如何?
	4. 双排支座先简支后连续的施工过程如何?
	5. 什么是伸缩缝?什么是伸缩装置?
	6. 设置伸缩装置有何目的?
	7. 伸缩装置有哪些构造要求?
	8. 伸缩装置有哪些类型?各有何特点?
	9. 填塞对接型伸缩装置安装过程中应注意哪些问题?
	10. 桥面铺装层有何作用?
	11. 桥面铺装层有哪些形式?
	12. 混凝土铺装层施工时,对梁顶如何处理?
	13. 钢筋混凝土铺装层施工时,梁顶高程如何处理?
	14. 沥青混凝土铺装层的施工要求有哪些?
	15. 护栏有哪些类型?
	16. 灯柱可设置在哪些位置?各有什么特点?
	17. 防撞护栏的施工要点是什么?
	18. 栏杆施工时应注意哪些问题?
	19. 灯柱施工后的验收标准是什么?
问题引导	问题可以在本学习情境中得到解答,也可在拓展阅读书目中进行查阅。
拓展阅读	[1] 公路桥涵施工技术规范(JTG/T F50—2011)[S].北京:人民交通出版社,2004. [2] 王瑞雪.桥梁工程施工技术[M].北京:中国铁道出版社,2018. [3] 杨化奎,温巍.大跨径桥梁工程施工技术优化方法研究[M].长春:吉林科学技术出版社,2019. [4] 杨化奎.寒区路桥工程施工技术[M].北京:中国铁道出版社,2013. [5] 申爱国.桥梁工程施工技术[M].武汉:武汉大学出版社,2016.

任务1　梁间铰接缝施工

桥面系包括桥面铺装、伸缩缝装置、桥面连续、泄水管、桥面防水、桥面防护设施(防撞护栏或人行道栏杆、灯柱等)、桥头搭板等。桥面系是桥梁服务车辆、行人,实现其功能的最直接部分。其施工质量不仅影响桥梁的外形美观而且关系到桥梁的使用寿命、行车安全及舒适性,因此,对桥面系的施工必须给予足够的重视。下面就桥面铺装、伸缩缝装置、桥面连续、桥面防护设施(防撞护栏或人行道栏杆、灯柱等)的施工加以介绍。另外,由于梁间铰接缝多是和桥面系同时施工,所以梁间铰接缝施工也在这里介绍。

一、简支梁桥梁(板)间接缝施工

(一)简支板桥铰接缝

1. 铰接缝的形式

简支板桥纵向铰接缝如图4-1-1所示,企口铰接形状由空心板预制时形成。

2. 铰接缝的施工

(1) 将相邻两块板底部紧密接触,形成铰缝混凝土底模;

(2) 将铰缝钢筋N10和N11(在梁板预制时紧贴着模板向上竖起)扳平,并进行焊接或绑扎牢固;

(3) 用水将缝内冲洗干净,并使其充分湿润;

(4) 安装侧模板;

(5) 混凝土的浇筑。

注意:拌制混凝土时要严格控制集料粒径和拌和物的和易性;浇筑中用人工插捣器捣实。此项混凝土施工一般与桥面铺装层混凝土同时进行。

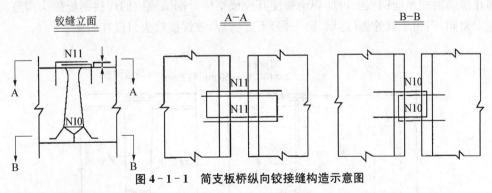

图4-1-1　简支板桥纵向铰接缝构造示意图

(二)简支梁桥梁间接缝

1. 梁间接缝的形式

常见的简支梁桥有T形梁和箱形梁。对于T形梁,其梁间接缝按梁体设计不同有干接缝和湿接缝两种;对于箱形梁,其梁间接缝通常采用混凝土现浇湿接缝。

2. 接缝施工

(1) 干接缝

这是用钢板或螺栓将相邻两片梁翼板和横隔板焊接起来形成横向联系的方法。该方法的优点是施工方便、连接速度快、焊接后能立即承受荷载。但耗费钢材较多、需要有现场焊接设备,且有时需在桥下进行仰焊,施工难度大,整体性效果也稍差一些。T形梁的连接构造示意图如图4-1-2所示。

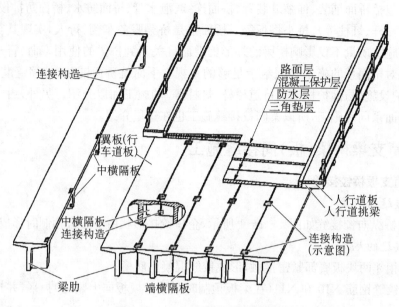

图4-1-2　T形梁的连接示意图

① 焊接钢板:在T梁翼缘板及横隔梁相应位置有预埋钢板,梁架设安置好后,把相应位置的钢板焊接相连,使其形成整体。

如图4-1-3所示,在横隔梁靠近下部边缘的两侧和顶部的翼板内均埋有焊接钢板A和B,焊接钢板是预先与横隔梁的受力钢筋焊接在一起并安装在骨架中。当T梁安装就位后即在横隔梁的预埋钢板上再加焊钢板使其连成整体。端横隔梁的焊接钢板接头构造与中横隔梁相同,但由于其外侧(近墩、台一侧)不好施焊,故焊接接头只设在内侧。

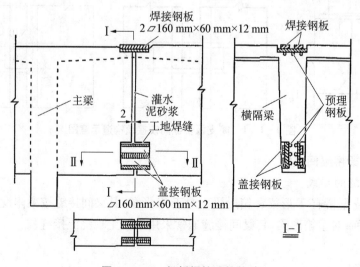

图4-1-3　钢板焊接连接构造

② 将相邻横隔梁之间的缝隙用水泥砂浆填满,所有外露钢板用水泥浆封盖。

为了简化接头的现场施工,也可采用螺栓接头。此种接头方法基本上与焊接钢板接头相同,不同之处是钢板间不用焊接,而是用螺栓将钢板连接。为此在钢板上要预留螺栓孔。这种接头具有不用特殊机具和拼装迅速的优点,但在运营过程中螺栓易于松动,需要定期进行检查维修。

(2) 湿接缝

湿接缝构造如图4-1-4所示。无论是T梁还是箱梁,其构造相同,都是把翼板和横隔板用现浇相连。图中阴影部分即为现浇混凝土。梁翼缘板的钢筋外伸,横隔梁在预制时要在接缝处伸出钢筋和预埋扣环钢筋A。接缝宽度约为0.2~0.5 m。

这种湿接缝的优点是节省钢材用量、整体性好;缺点是施工较复杂、接缝混凝土养生达到初凝后方能承受荷载。

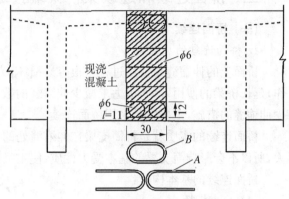

图4-1-4　湿接缝构造示意图(尺寸单位: cm)

T梁湿接缝的施工程序如下:

① 钢筋对接:将相邻梁间对应的翼板及横隔板上外伸的钢筋和扣环钢筋对接,外伸钢筋采用焊接,并在两扣环钢筋上安置腰圆形的接头扣环钢筋B,然后在形成的圆环内插入短分布筋,一般是 $\phi6$ 的钢筋。

② 安装横隔板处接缝的模板,并浇筑混凝土。

③ 翼板接缝施工:如图4-1-5所示,由底梁支撑着模板,其重量靠连接螺杆传递给支撑横木,而横木支承在两边的翼缘板上。

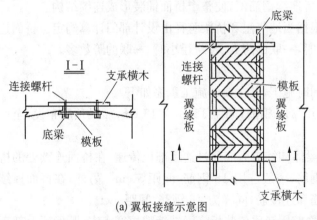

(a) 翼板接缝示意图　　　　　　　　　　(b) 翼板接缝施工图

图4-1-5　翼板接缝

施工程序是:先用螺杆把底梁与支承横木相连;再在底梁上钉设模板,钉好后上紧连接螺杆上的螺栓,使模板固定牢靠;然后现浇混凝土;拆模时松开连接螺杆上的螺栓,用绳子将底梁和模板徐徐放至桥下,以便回收利用。若为高空作业,桥下水流湍急,也可使用一次性模板,松开螺杆后掉至河中,不再使用。

比较而言,横隔板的湿接缝施工难度较大,应在翼板接缝之前施工。端横隔板的施工较简单,工人可以站在墩、台帽上立模浇筑接缝混凝土。中横隔板接缝施工则较为困难,若条件允许,可在桥下设临时支架或用高空作业车将工人送至预定高度立模浇筑;若桥下有水,则应设法从桥面向下悬吊施工,不仅模板要有悬吊设施,人员也要系安全带从桥面悬吊下去施工,要特别注意施工安全。

二、桥面连续和连续梁桥梁端接缝的施工

(一)桥面连续

1. 桥面连续的原理

桥面上的伸缩缝在使用过程中很容易损坏,为了提高行车的舒适性,减轻桥梁的养护工作,延长桥梁的使用寿命,应力求减少伸缩缝的数量。近年来对于多孔简支体系的桥梁,减少伸缩缝的措施,主要就是采用桥面连续。

桥面连续的实质就是将简支梁在伸缩缝处的桥面部分做成连续的,由于此处的刚度不大,所以不会影响简支梁的基本受力性质,使主梁仍能保持简支体系的受力特征。

桥面连续的基本构造:

(1)简支板桥

简支板桥的桥面连续,是在桥面铺装混凝土中设置连接钢筋网,钢筋网跨越相邻板两端接缝处,并在接缝处设置假缝和垫铺橡胶片,将混凝土桥面铺装在一定长度范围内与板隔开,使梁端之间的变形由这一整段铺装层来分布承担,从而减少混凝土铺装层中的拉应力。

(2)肋板式简支梁桥

是先把梁端接头处的桥面板用钢筋连接起来,连接钢筋在一定长度范围内用玻璃丝布和聚乙烯胶带包裹,使其与现浇混凝土隔开。梁端之间的变形就由这段范围内的分布钢筋承担。另外,在桥面铺装混凝土中设置连续钢筋网,使整个桥面铺装形成连续结构。

桥面连续的跨数及联跨长度应根据当地气温和桥梁跨径由设计部门计算确定。桥面连续一般为3~7跨一联。通常跨径大时,一联的跨数少;跨径小时,一联的跨数多。

2. 桥面连续的施工

桥面连续与桥面铺装层混凝土同时施工,其主要的施工工序如下。

(1)铺设钢筋网:桥面钢筋网采用 $\phi 12$ 钢筋,间距 15 cm×15 cm,靠梁顶层布设,至梁顶面净保护层 1.5 cm。

(2)安装纵向联结钢筋:为保证梁体伸缩应力能通过连续部位传递,在桥面连续处的桥面铺装顶层部位增加一层纵向联结钢筋,一般选用 $\phi 8$ 钢筋,间距 5 cm。另外,在桥面连续处的桥面铺装底层还要增设分布钢筋和连接筋,同样为 $\phi 8$ 钢筋,间距 5 cm。

(3)填塞梁端缝隙:浇筑混凝土之前用轻质包装板将梁端缝隙填塞密实,既保证上部现浇混凝土不致下落,又能使梁体自由伸缩。

(4)假缝的形成:为保证桥面在温度下降时不产生任意裂缝,在混凝土浇筑完成,混凝土强度形成后,在桥面连续处梁间接缝顶部的正中心位置锯以 1.5 cm 深的假缝,用水清洗,然后用沥青马蹄脂填实。

桥面连续见图 4-1-6。

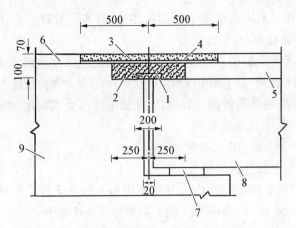

图 4-1-6　GP 型桥面连续构造(尺寸单位:mm)

1—钢板(A₃,200 mm×500 mm×12 mm);2—Ⅰ型改性沥青混凝土;3—Ⅱ型改性沥青混凝土;4—编织布;
5—桥面现浇混凝土层;6—沥青混凝土铺装;7—板式橡胶支座;8—预制板;9—背墙

(二) 先简支后连续的连续梁桥的梁端接缝施工

1. 概述

先简支后连续的连续梁桥,在墩顶处的连续有单支座和双支座两种方式,它们的施工工艺和体系转换方法有所不同。

2. 两种方式的施工简介

(1) 单排支座先简支后连续梁桥

这种连续梁桥建成后在墩顶连续处只有一排支座,内力分配效果好,负弯矩峰值较高,能大幅削减跨中正弯矩,而且内力分布均衡。但施工方法较为复杂,并且在连续处还要设置顶部预应力钢筋,施工过程如图 4-1-7 所示。

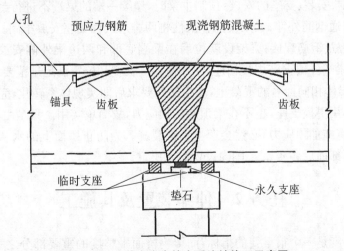

图 4-1-7　单支座先简支后连续施工示意图

① 预制和安装主梁:预制主梁时,在梁端顶板上预留预应力孔道,并预设齿板,预留工作人洞。连续一端均不做封锚端,将顶板、底版、腹板普通钢筋伸出梁端。架梁时先设置两排临时支座,使梁呈简支状态。临时支座用硫黄和电热丝制作,既要保证强度,又能在通电加热后能融化。

② 放置永久性支座:主梁架好后,在墩顶设计位置处安放永久性支座及垫石。

③ 设置钢筋：把设计要求的普通钢筋焊接相连，并布设箍筋。在顶部布设与原梁体预留道相对应的预应力筋孔道，并布置模板。

④ 浇筑混凝土、养生及拆模：现浇连接混凝土、养生至强度达到 90% 后拆除模板。

⑤ 安装预应力筋并张拉：自主梁顶板预留人孔进入，穿丝并张拉预应力钢筋，并予以锚固。

⑥ 拆除临时支座实现体系转换：给临时支座通电使其受热软化，然后拆除临时支座，从而使永久支座发挥作用，实现体系转化。

⑦ 现浇混凝土封闭人孔，即完成连续化施工。

（2）双排支座先简支后连续梁桥

这类连续梁受力接近于简支梁，内力分布不均匀。但由于施工简单，体系转化方便，被广泛采用，施工方法如图 4-1-8 所示。施工主要程序简述如下。

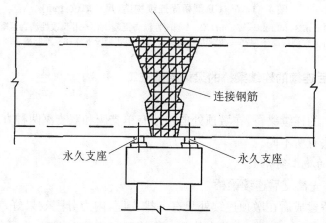

图 4-1-8 双支座先简支后连续施工示意图

① 主梁预制、安装、支座的安放：预制主梁时，连续一端的梁端不进行封端处理，并将顶板、腹板、底板普通钢筋外伸；梁架设前一次性将两排永久性支座安放牢固。

② 安装模板及钢筋焊接：梁架设就位后在梁端底部和两边梁外侧安放模板，中间以梁端为模板；将两梁端外留钢筋焊接相连，注意使搭接长度和位置满足规范要求。

③ 现浇与梁体相同标号的混凝土，养生达到要求后即实现体系转化，完成连续化施工。

这种方法不用更换支座，也不在梁顶施加预应力，故简单实用。只是由于连接处墩顶有负弯矩，而又没有施加预应力，必然会产生正常裂缝。为防止桥面上的水从缝中渗入，锈蚀钢筋需在梁端顶部前后各 4 m 范围内设置防水层。

任务2 伸缩装置及其施工

桥面的平整度是一个很重要的指标，而影响桥面平整度的重要部分之一则是桥梁的伸缩装置。如果由于施工程序不合理或施工不慎，在 3 m 长度范围内，其高程与桥面铺装的高程有正负误差，将造成行车的不舒适，严重的则会造成跳车。这种现象在高等级公路上更为严重。在车辆跳跃的反复冲击下，会很快导致桥梁伸缩装置的破坏。因此，遵照伸缩装置的施工程序并谨慎施工是桥梁伸缩装置成功的重要保证。

下面通过伸缩装置的构造和施工两方面进行讲述。

一、伸缩装置的类型

(一) 伸缩装置的概念

1. 定义

为适应材料收缩和膨胀变形对结构的影响,而在桥梁结构的两端设置的间隙称为伸缩缝;而为了使车辆平稳通过桥面并满足桥面变形的需要,在桥面伸缩接缝处设置的各种装置统称为伸缩装置。

2. 设置伸缩装置的目的

(1) 满足结构的变形要求;

(2) 保证桥面的平整;

(3) 防止梁端撞击台背、梁端撞击梁端。

(二) 伸缩装置的构造要求

为了保证伸缩装置能正常使用,应满足的构造要求是:

(1) 能自由伸缩和转动;

(2) 牢固可靠;

(3) 车辆行驶时平顺、无突跳和噪声;

(4) 能防止雨水渗入和能及时排除,并能防止污物侵入和阻塞;

(5) 易于安装、检查、养护和清除污物;

(6) 价格低廉。

(三) 伸缩装置的类型

在我国公路桥梁和城市桥梁工程上使用的伸缩装置种类繁多,按其传力方式及构造特点可以分为对接式、钢质支承式、橡胶组合剪切式、模数支承式、无缝式五类伸缩装置。其形式、型号、结构特点如表 4-2-1 所示。本节着重介绍伸缩装置的传力方式和构造特点。

表 4-2-1 桥梁伸缩装置分类

类 别	形 式	种 类 型	说 明
对接式	填塞对接型	沥青、木板填塞型	以沥青、木板、麻絮、橡胶等材料填塞缝隙的构造(在任何状态下,都处于压缩状态)
		U 型镀锌铁皮型	
		矩形橡胶条型	
		组台式橡胶条型	
		管形橡胶条型	
	嵌固对接型	W 型	采用不同形状的钢构件将不同形状的橡胶条嵌固,以橡腔条(带)的拉压变形吸收梁变位的构造
		SW 型	
		M 型	
		SDII 型	
		PG 型	
		FV 型	
		GNB 型	
		GQF-C 型	

(续表)

类　别	形　式	种　类型	说　明
钢质支承式	钢质型	钢梳齿板型	采用面层钢板或梳齿钢板的构造
		钢板叠合型	
橡胶组合剪切式	板式橡胶型	BF、JB、JH、SD、SC、SB、SG、SEG 型	将橡胶材料与钢件组合,以橡腔的剪切变形吸收梁的伸缩变形,桥面板缝隙支承车轮荷载的构造
		SEJ 型	
		UG 型	
		BSL 型	
		CD 型	
模数支承式	模数式	TS 型	采用异性钢材或钢组焊件与橡胶密封条(带)组合的支承式构造
		J-75 型	
		SSF 型	
		SG 型	
		XF 斜向型	
		GQF-MZL 型	
无缝式	暗缝型	GP 型(桥面连续)	路面施工前安装的伸缩构造
		TST 型弹塑体	以路面等变形吸收梁变形的构造
		EPBC 弹性体	

1. 对接式伸缩装置

根据构造形式和受力特点的不同,又可分为填塞对接型和嵌固对接型。

(1)填塞对接型伸缩装置

这类伸缩装置的伸缩体,所用材料主要有矩形橡胶条、组合式橡胶条、管形橡胶条、M型橡胶条等,也有采用泡沫塑料板或合成树脂材料等。

这种伸缩装置是以沥青、木板、麻絮、橡胶等材料填塞缝隙,伸缩体在任何情况下多处于受压状态。它一般用于伸缩量在 40 mm 以下的常规桥梁上,现今已不多采用了。

(2)嵌固对接型伸缩装置

这种伸缩装置是利用不同形状的钢构件将不同形状的橡胶条带嵌牢固定,并以橡胶条带的拉压变形来吸收梁体的变形,其伸缩体可以处于受压状态,也可以处于受拉状态。它被广泛应用于伸缩量在 80 mm 及以下的桥梁中。图 4-2-1 为 W 型伸缩装置构造图。

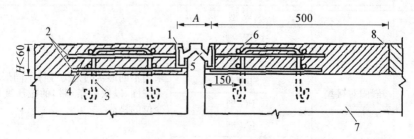

图 4-2-1　W 型伸缩装置横断面图(尺寸单位:mm)

1—用钢板弯制 L 钢;2,3—预埋钢筋;4—水平加强钢筋;5—W 型橡胶条;6—现浇 C30 混凝土;7—行车道上部构件;8—桥面铺装

2. 钢质支承式伸缩装置

此类伸缩装置是用钢材装配而成，能直接承受车轮荷载。这类伸缩装置的形状、尺寸和类很多，其中面层钢板成齿形，从左右伸出桥面板间隙处相互啮合的悬臂式构造，或者面层钢板成悬架的支承式构造，都称为梳形钢板伸缩装置，国内常见的是梳齿形板型和折板型。面层钢板成为矩形的叠合悬架式构造，称为叠合式钢板伸缩装置(图4-2-2)。

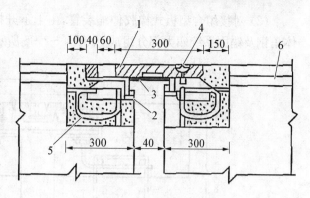

图4-2-2 叠合式钢板伸缩装置构造示意图
（尺寸单位：mm）

1—钢板；2—角钢；3—排水导槽；4—沉头螺钉；
5—锚固钢筋；6—桥面铺装

3. 橡胶组合剪切式（板式）伸缩装置

这种伸缩装置主要是利用橡胶材料剪切模量低的原理制造而成。剪切型橡胶伸缩体的上下都设有凹槽，橡胶体内埋设有承重钢板和锚固钢板，并设有螺栓孔，通过螺栓与梁端连成整体。它是利用凹槽之间的橡胶体的剪切变形来吸收梁体结构的变形；利用橡胶体内的预埋钢板承受车辆荷载。橡胶板的构造见图4-2-3。

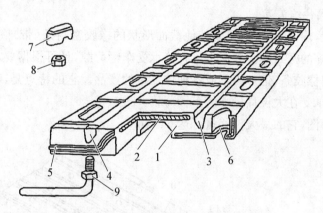

图4-2-3 板式橡胶伸缩装置构造示意图

1—橡胶；2—加强钢板；3—伸缩用槽；4—止水块；5—嵌合部；6—螺帽垫板；7—腰型盖帽；8—螺帽；9—螺栓

（1）剪切型板式橡胶伸缩装置，由橡胶伸缩体与锚固系统组成，如图4-2-4所示。

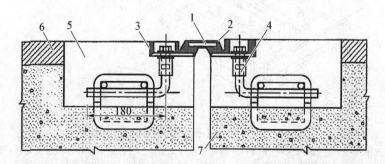

图4-2-4 剪切板式橡胶伸缩装置锚固系统

1—支撑钢板；2—橡胶；3—地板角钢；4—L型锚固螺栓；5—现浇C50树脂混凝土；6—铺装；7—梁体

（2）对接组合型板式橡胶伸缩装置,由上下开槽的防水表层橡胶体、梳形承托钢板、槽体角钢及锚固系统四大部分组成,如图4-2-5所示。

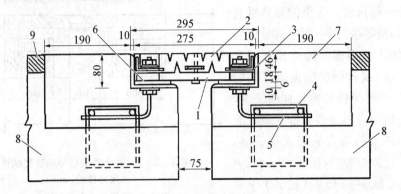

图4-2-5 对接组台型板式橡胶伸缩装置构造图(尺寸单位:mm)

1—支撑钢板;2—橡胶体;3—角钢;4—预埋钢筋;5—锚固螺栓;6—缓冲橡胶垫铺装;
7—现浇C50混凝土;8—行车道板;9—桥面铺装

这种伸缩装置是一种刚柔结合的装置,具有跨越间隙大、行车平稳的优点,因此在桥梁工程中被广泛地应用。

4. 模数支承式伸缩装置

这类伸缩装置,均由V形截面或其他截面形状的橡胶密封条(带)嵌接于异形边钢梁内,从而组成可伸缩的密封体。异形钢梁直接承受车辆荷载,且可根据要求的伸缩量,随意增加中钢梁和密封橡胶条(带),可形成各种伸缩量的产品。它的特点是,吸振缓冲性能好、容易做到密封、能承受在大位移量下的车辆荷载。图4-2-6、图4-2-7为SG型伸缩装置的构造图和横断面图,它的最大位移量可达640 mm。

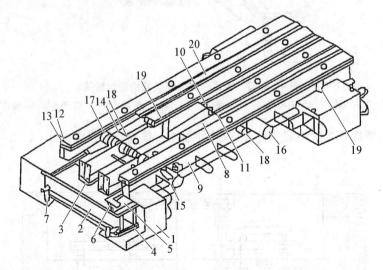

图4-2-6 SG型(模数式)伸缩装置构造图

1—横梁支承箱;2—活动横梁;3—滑板;4—四氟板橡胶支承垫;5—橡胶滚轴;6—滚轴支架;7—限位栓;
8—工字形中间梁;9—工字形边梁;10—弹簧;11—下盖板;12—边上盖板;13—边下盖板;14—弹簧;15—钢穿心杆;
16—套筒;17—弹簧插座;18—限位栓;19—腹板加劲;20—橡胶伸缩带

5. 无缝式(暗缝型)伸缩装置

它是接缝构造不伸出桥面,在桥梁端部的伸缩间隙中填入弹性材料并铺上防水材料,然后在桥面铺装层铺筑黏弹性复合材料,使伸缩接缝处的桥面铺装与其他铺装部分形成一连续体,用连接缝的沥青混凝土等材料的变形承受伸缩的一种结构。如我国常用的 TST 弹性体(图 4-2-8)、GP 型桥面连续构造(图 4-1-6)等。

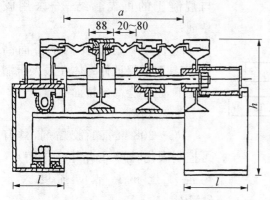

图 4-2-7 SG 型(模数式)伸缩装置横断面图

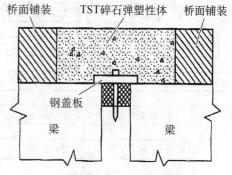

图 4-2-8 TST 碎石弹性伸缩缝构造

这类伸缩装置的特点是:

① 能适应桥梁上部构造的伸缩变形和少量的转动变形;

② 使桥面铺装形成连续体,行车舒适性好;

③ 防水性能好;

④ 养护方便;

⑤ 施工简单,且易于维修和更换。

GP 型桥面连续构造,这种伸缩装置虽然具有很多优点,但这种结构多是在桥面铺装完成后,再用切割机切割桥面,并在槽口内注入嵌缝材料而成。所以它仅适用于较小的接缝部位或伸缩量小于 5 mm 的桥梁,且桥面是沥青混凝土的情况。

TST 弹塑体伸缩装置是将专用特制的弹塑体材料 TST,加热熔化后灌入经清洗加热的碎石中,形成"TST 碎石桥梁弹性接缝",由碎石支持车辆荷载,用专用黏合剂保证其界面强度,其适用范围是 $-25 \sim +60$ ℃温度地区,伸缩量在 50 mm 以下的公路桥梁、城市立交桥、高架桥的伸缩接缝。

二、伸缩装置的施工

(一)填塞对接型伸缩装置

成型的伸缩装置,要求具有适度的压缩性、恢复性和抗老化性,在气温发生变化时不发生硬化和脆化。

1. 填塞对接型桥梁伸缩装置在安装过程中应注意的几个问题

① 所采用的伸缩体产品质量要符合有关规定;

② 安装伸缩装置一定要遵循图 4-2-9 的施工程序,以保证其安装质量;

③ 伸缩装置在进行锚固时,多采用现浇 C50 混凝土,在混凝土内适当的布置一些钢筋或钢筋网,此钢筋要与梁(板)体钢筋焊接在一起。C50 混凝土的厚度不能小于 12 cm,顺桥

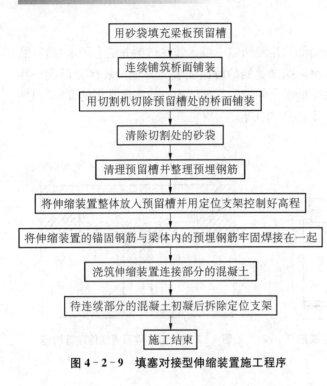

用砂袋填充梁板预留槽

连续铺筑桥面铺装

用切割机切除预留槽处的桥面铺装

清除切割处的砂袋

清理预留槽并整理预埋钢筋

将伸缩装置整体放入预留槽并用定位支架控制好高程

将伸缩装置的锚固钢筋与梁体内的预埋钢筋牢固焊接在一起

浇筑伸缩装置连接部分的混凝土

待连续部分的混凝土初凝后拆除定位支架

施工结束

图 4-2-9 填塞对接型伸缩装置施工程序

方向的宽度不小于 30 cm；

④ 安装时一定要保证伸缩体在设计的最低温度时，仍处于压缩状态；

⑤ 安装时一定要保证伸缩体与混凝土的可靠黏结——采用胶黏剂；

⑥ 伸缩体一定要低于桥面高程，安装时应保证伸缩体在最大压缩状态下，也不会高出桥面高程。

2. 胶黏剂

PG—308 聚氨酯胶黏剂，具有可控制固化时间、黏结牢固的特点，与混凝土相黏结的强度大于 2 MPa。

① 配胶：本胶黏剂为双组分，I 型 A、B 两组分比为 100：10（重量比），AB 组分混合，搅拌均匀即可使用。

② 操作：将接缝处混凝土表面泥土、杂质清除干净，并用钢丝刷刷一遍，用吹灰机将浮土吹尽，保证结合面干燥。

③ 涂胶和贴合：涂胶层厚度以不小于 1 mm 为宜。

④ 将伸缩体压缩放入接缝缝隙内。

⑤ 固化：在常温下，24 h 内固化（也可根据需要调整固化时间）。

（二）嵌固对接型伸缩装置

特点是将不同形状的橡胶条用不同形状的钢构件嵌固起来，然后通过锚固系统将它们与接缝处的梁体锚固成整体。它在安装时的主要步骤和应注意的事项是：

（1）首先要处理好伸缩装置接缝处的梁端。因为梁预制时的长度有一定误差，再加上吊装就位时的误差，使伸缩接缝处的梁端参差不齐。故首先要处理好梁端，以便有利于伸缩装置的安装。

（2）切除桥梁伸缩装置处的桥面铺装，并彻底清理梁端预留槽及预埋钢筋，槽深不得小于 12 cm。

（3）用 4～5 根角铁作定位角铁，将钢构件点焊或用螺栓固定在定位角铁上，一起放入清理好的预留槽内。立好端模（用聚乙烯泡沫塑料片材作端模，可以不拆除），并检查有无漏浆的可能。

（4）将连接钢筋与梁体预埋钢筋牢固焊接，并布置两层钢筋网。钢筋的直径为 $\phi 8$，网孔为 10 cm×10 cm，然后浇筑 C50 混凝土，或 C50 环氧树脂混凝土浇捣密实并严格养生。当混凝土初凝后，应立即拆除定位角铁，以防止气温变化导致梁体伸缩引起锚固系统的松动。

（5）安装密封胶条。

(三) 钢制支承式伸缩装置

常用的钢制伸缩装置是由梳形板、连接件及锚固系统组成。有的钢制梳齿形伸缩装置在梳齿之间填塞有合成橡胶,起防水作用。

1. 施工安装程序

钢制伸缩装置的施工安装程序框图,如图4-2-10所示。

2. 施工应注意的问题

① 定位角铁的拆除一定要及时,以保证伸缩装置因温度变化而自由伸缩,也可采用其他方法,把相对的梳齿铁固定在两个不同的定位角铁上,让它们连同相应的角铁自由伸缩。

② 安装施工应仔细进行,防止产生梳齿不平、扭曲及其他的变形。安装时一定将构件固定在定位角铁上,以保证安装精度,要严格控制好梳齿间的槽向间隙,由于伸缩方向性的误差及横向伸缩等原因,在最高温度时,梳齿横向间隙不得小于5 mm。

③ 当构件安装及位置固定好之后,就可着手进行锚固系统的树脂混凝土浇筑,为了锚固系统可靠牢固,必须配备较多的连接钢筋及钢筋网,这给树脂混凝土的浇筑带来不便。因此,浇筑混凝土一定要认真细心,尤其是角隅周围的混凝土,一定要捣固密实,千万不可有空洞。在钢梳齿根部可适当钻些 $\phi 20$ mm 的小孔,以利于浇筑混凝土时空气的排除。

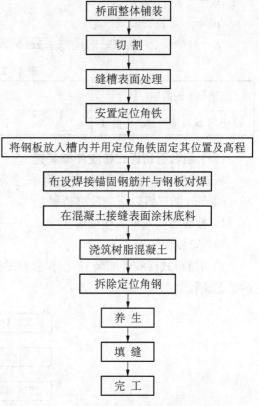

图4-2-10 钢制支撑式伸缩装置施工安装工序

④ 对于小规模的伸缩装置,由于清扫和维修非常困难,故一般都不作接缝内的排水设施,但此时必须考虑支座的防水及台座排水与及时清塞等,所以它也只能用于跨河流或不怕漏水场地的桥跨结构。这种伸缩装置,在营运中必须加强养护,及时清除掉梳齿之间灰尘及石子之类的杂物,以保证它的正常使用。

⑤ 对于焊接而成的梳齿形构件,焊缝一定要考虑汽车反复冲击下的疲劳强度。

安装时的间隙 ΔL 控制,单位是 mm:

$$\Delta L = 总伸缩量 - 施工时伸缩量 + 最小间隙$$

也可用如下简化式计算,单位是 mm。

① 钢梁时:

$$\Delta L = 0.66L - [(t+10) \times 0.012L] \times 1.1 + 15 \qquad (4-1a)$$

② 预应力混凝土梁时:

$$\Delta L = (0.44 + 0.6\beta)L - [(t+5) \times 001L] \times 1.1 + 15 \qquad (4-1b)$$

③ 钢筋混凝土梁时：

$$\Delta L = (0.44 + 0.2\beta)L - [(t-5) \times 0.01L] \times 1.1 + 15 \qquad (4-1c)$$

式中：L——伸缩区段长（m）；

ρt——安装的温度（℃）；

β——徐变、干燥收缩的递减系数，见表 4-2-2。

表 4-2-2　β 系数

混凝土的龄期（月）	0.25	0.5	1	3	6	12	24
徐变、干燥收缩的递减系数 β	0.8	0.7	0.6	0.4	0.3	0.2	0.1

（四）组合剪切板式橡胶伸缩装置

板式橡胶伸缩装置，具有构造简单、安装方便、经济适用等优点，主要适用于伸缩量为 30～60 mm 的二级以下的公路桥梁。

1. 剪切型板式橡胶伸缩装置

（1）安装程序

剪切型板式橡胶伸缩装置，由橡胶伸缩体与锚固系统组成，如图 4-2-11 所示，其安装的工艺流程如图 4-2-11。

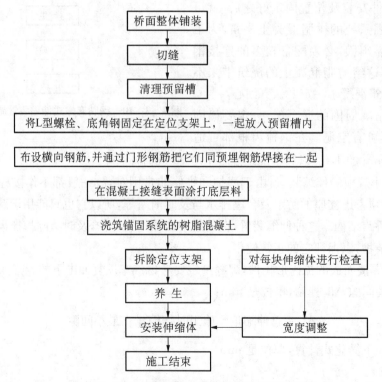

图 4-2-11　剪切型板式橡胶伸缩装置工艺流程

（2）施工注意事项

① 桥面施工完成后方可进行伸缩装置的安装工作，以保证桥面与伸缩装置之间的平整度。

② 伸缩装置安装一定要按照安装程序进行,尤其要注意及时拆除定位支架顺桥向的联系角钢。

③ 梁端加强角钢下的混凝土一定要饱满密实,不可有空洞、角钢要设排氧孔。

④ 一定要将伸缩装置的锚固螺栓筋及其他钢筋与预埋筋和桥面钢筋焊为一体,锚固螺栓筋的直径不得小于 18 mm。

2. 对接组合型板式橡胶伸缩装置

(1) 安装程序

对接组合型板式橡胶伸缩装置,由上下开槽的防水表层橡胶体、梳形承托钢板、槽体角钢及锚固系统四大部分组成,安装的工艺流程如图 4-2-12 所示。

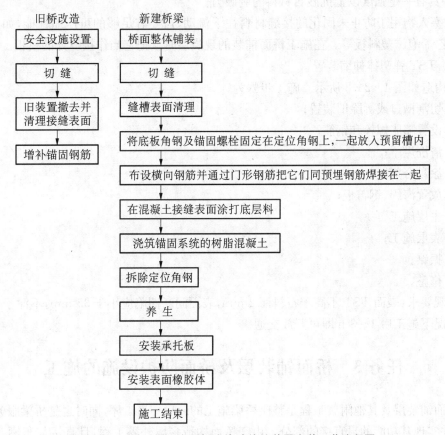

图 4-2-12　对接组合型板式橡胶伸缩装置安装工艺流程图

(2) 施工注意事项

① 桥面施工完成后方可进行伸缩装置的安装工作,以保证桥面与伸缩装置之间的平整度。

② 伸缩装置安装一定要按照安装程序进行。

③ 将地板角钢及锚固螺栓固定在定位角铁上时,一定要仔细控制好各部位的尺寸与高程。

④ 地板角钢下的混凝土一定要饱满密实,不可有空洞,锚固系统的现浇树脂混凝土厚度不得小于 15 cm。

⑤ 一定要将伸缩装置的锚固螺栓筋及其他钢筋与预埋筋和桥面钢筋焊为一体,锚固螺栓筋的直径不得小于 18 mm。

⑥ 浇注 C50 号混凝土(或 C50 号环氧树脂混凝土)要浇捣密实,严格养生,当混凝土初凝之后,立即拆除定位角铁,以防气温变化造成梁体伸缩而使锚固松动。

⑦ 在吊装大梁时,一定要严格掌握梁端的间隙。

(五) 无缝式(暗缝式)伸缩装置

(1) 桥面连续型(GP 型)

此类伸缩装置的特点是桥面铺装为整体型,构造如图 4-1-6 所示。施工要求如下:

① 防水接缝材料应具有较好的抗老化性能,能与壁面强力黏结,适应伸缩变形,恢复性能好,并具有一定强度以抵抗砂石材料的刺破力。

② 塞入物用于防止未固化的接缝材料往下流动,需要有足够的可压缩性能,如泡沫橡胶或聚乙烯泡沫塑料板等。在施工桥面铺装的现浇层时就把它当作接缝处的模板。

(2) TST 弹塑体伸缩装置

其构造如图 4-2-8 所示。施工步骤为:

① 切割槽口或拆除旧装置;

② 设置膨胀螺栓和钢筋;

③ 清洗烘干;

④ 涂黏合剂;

⑤ 放置海绵、钢盖板;

⑥ 主层施工;

⑦ 表层施工;

⑧ 振碾;

⑨ 修整。

外观要求:表面 TST 不高于石料面 2 mm,表面间断凹陷应小于 35 mm,不深于 3 mm。一般情况下施工后 1~3 h 即可开放交通。

任务 3　桥面铺装层及桥面防护设施的施工

桥面铺装层及其他附属工程是整座桥梁施工的最后一道工序,同时也是桥梁服务车辆、行人,并实现其功能的最直接的部分。由于桥面构造多属外露工程,且直接与车辆、行人接触,对车辆和行人的安全及桥梁的美观有着十分重要的影响。

桥面防护设施包括人行道、栏杆、防撞护栏、泄水管、灯柱支座、桥面防水、桥头搭板等。高等级公路以及位于二、三级公路上的桥梁通常采用防撞护栏,而城市立交桥,城镇公路桥及低等级公路桥往往要考虑人群通行,需要设置人行道和栏杆。灯柱一般只在城镇内桥梁上设置。

一、桥面铺装层施工

(一) 钢筋混凝土铺装层施工

钢筋混凝土铺装层施工的主要项目及注意事项:

1. 梁顶高程的测定和调整

预应力混凝土空心板或梁在预制后存梁期间,由于预应力的作用,往往会产生反拱。如果反拱过大就会影响到桥面铺装层的施工,因此设计中对存梁时间、存梁方法都做了一定要求。

如果架梁前已发现反拱过大,则应采取降低墩顶高程、减少垫石厚度等方法,以保证铺装层厚度。

架梁后对梁顶高程应进行测量,测定各跨中线、边线的跨中和墩顶处的高程,分析评价其是否满足规范要求。若偏差过大,则应采取调整桥面高程、改变引线纵坡等方法,以保证铺装层厚度,使桥梁上部结构形成整体。

2. 梁顶处理

为了使现浇混凝土铺装层与梁、板结合更好,预制梁板时对其顶面进行拉毛处理。有些设计中要求梁顶每隔 50 cm,设一条 1~1.5 cm 深的齿槽。

浇筑前要用清水冲洗梁顶,不能留有灰尘、油渍、污渍等,并使板顶充分湿润。

3. 绑扎布设桥面钢筋网

按设计文件要求,下料制作钢筋网,用混凝土垫块将钢筋网垫起,满足钢筋设计位置及混凝土净保护层的要求。若为低等级公路桥梁,用铺装层厚度调整桥面横坡,横向分布钢筋要做相应的弯折,与桥面横坡一致。

在两跨连接处,若为桥面连续,应同时布设桥面连续的构造钢筋;若为伸缩缝,要注意做好伸缩缝的预埋钢筋。

4. 混凝土浇筑

(1) 对行车道板板顶处理情况、钢筋网布设等进行检查,满足设计和规范要求后,即可进行混凝土的浇筑。

(2) 若设计为防水混凝土,其配合比及施工工艺应满足规范要求。

(3) 浇筑时应由桥一端向另一端推进,连续施工,防止产生施工缝。

(4) 用平板式振捣器振捣,要保证振捣密实。

(5) 施工结束后注意养护,高温季节应采用草帘覆盖,并定时洒水养生;在桥两端设置隔离设施,防止施工或地方车辆通行,影响混凝土强度。

(6) 待混凝土强度形成后,方能开放交通或铺筑上层沥青混凝土。

(二) 沥青混凝土铺装层施工

桥面沥青混凝土与同等级公路沥青混凝土路面的材料、工艺、施工方法相同,一般与路面同时施工。施工要求如下:

(1) 采用拌和厂集中拌和,现场机械摊铺。

(2) 沥青材料及混合料的各项指标应符合设计和施工规范要求。沥青混合料每日应做抽提试验(包括马歇尔稳定度试验),严格控制各种矿料和沥青用量,以及各种材料和沥青混合料的加热温度。

(3) 用胶轮压路机进行碾压成型,碾压温度要符合要求。

(4) 摊铺后进行质量检测,强度和压实度要达到合格,厚度允许偏差 +10 mm,−5 mm,平整度对于高等级公路桥梁 IRI(m/km)不超过 2.5,均方差不超过 1.5 mm;其他公路桥梁 IRI 值不超过 4.2 m/km,均方差不超过 2.5 mm,最大偏差值不超过 5 mm,横坡不超过±0.3%。

（5）铺装后桥面泄水孔的进水口应略低于桥面面层，以保证排水顺畅。

二、人行道、栏杆、护栏和灯柱的施工

（一）简介

1. 人行道

人行道位于行车道两侧，它是专供行人行走的桥面部分。

我国每条人行道的宽度值是 0.75～1.00 m，高度至少要高出行车道 0.20～0.25 m，以保证行人和行车的安全。人行道的一般构造如图 4-3-1 所示。

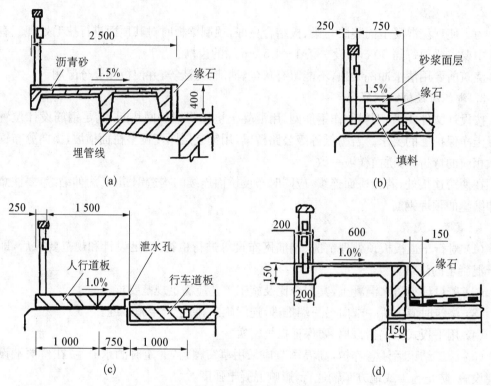

图 4-3-1 人行道一般构造图(尺寸单位:mm)

2. 栏杆与护栏

（1）栏杆

栏杆是设置在桥面两侧，用来保证车辆和行人安全过桥的防护设施。

1. 栏杆的分类

按制作材料的不同，栏杆可分为钢筋混凝土栏杆、钢栏杆、混合式栏杆、木栏杆及塑料栏杆等，公路桥梁上常采用前两种。

按形式可分为节间式(图 4-3-2)和连续式(图 4-3-3)。节间式由栏杆柱、扶手及栏板组成，便于预制安装；连续式由扶手、栏板和底座组成，它的扶手是连续的，这种栏杆结构简单，但一般自重较大。

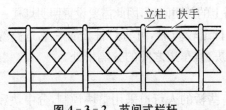

图 4 - 3 - 2 节间式栏杆

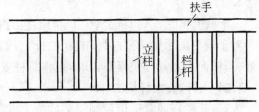

图 4 - 3 - 3 连续式栏杆

按栏杆的高度,可分为高栏杆、中栏杆和低栏杆。公路与城市道路桥梁上的栏杆高度不得小于 1.1 m。

2. 栏杆的强度

桥梁栏杆的计算,在整座桥梁的设计计算中不是设计的主要内容,但作为一种安全防护措施,其坚固性和耐久性是不可轻视的。

3. 栏杆的美学要求

栏杆是桥梁的表面构造物,它设置在桥梁两侧的边缘,对桥梁起着装饰的作用。栏杆的造型选择应与周围的环境(包括风景及风土人情)相适应,栏杆的装饰和颜色要与大自然的景色协调,并且要与桥梁的基色相匹配。

(2) 护栏

护栏是为使车辆与车辆或车辆与行人分道行驶以及防止车辆驶离规定行车道位置而设置的安全防护设施。通常,前者称为防护栏,后者称为防撞护栏。防护栏是用混凝土预制或金属材料制作并用钢链或钢管相连;防撞护栏是用钢筋混凝土预制或现浇,具有一定的抗撞能力,以保证行车的安全。高速公路上的桥梁均需要设置防撞护栏。

护栏按设置部位可分为桥侧护栏、桥梁中央分隔带护栏和人行道与车道分界护栏。按构造特征可分为钢筋混凝土墙式护栏(图 4 - 3 - 4)、梁柱式护栏(图 4 - 3 - 5)和组合式护栏。护栏的埋置方式有立柱直接埋入式、法兰盘连接式和通过传力钢筋把桥梁护栏和桥面板浇筑成一体等三种形式。

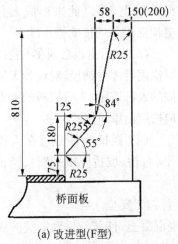

(a) 改进型(F型)

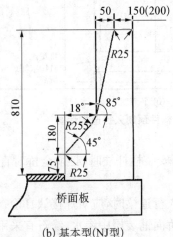

(b) 基本型(NJ型)

图 4 - 3 - 4 钢筋混凝土墙式护栏(尺寸单位:mm)

图 4 - 3 - 5 钢筋混凝土
柱式护栏

3. 灯柱

位于城镇和市郊人口稠密地区的桥梁,应当考虑桥上的照明问题,因此需要设置照明灯柱。

对于较窄的桥梁,灯柱可安装在栏杆上;如果人行道较宽时,可将灯柱设置在靠近路缘石处;当桥面很宽并分快慢车道时,可将灯柱安装在快、慢车道之间的分隔带处。

(二) 人行道、栏杆施工

人行道、栏杆通常采用预制安装的施工方法。有些桥的人行道采用整块预制,分中块和端块两种,若为斜交桥其端块还要做特殊设计。预制时要严格按照设计尺寸人制模成形。也有桥梁的人行道采用分构件预制法,一般分为 A 挑梁、B 挑梁、路缘石、支撑梁、人行道板五部分,如图 4-3-6 所示。A、B 挑梁和人行道板为预制构件,路缘石和支撑梁采用现浇施工。注意 A 挑梁上要留有槽口,保证立柱的安装固定。

栏杆多为预拼装。施工时应注意以下几点:

(1) 悬臂式安全带和悬臂式人行道构件必须与主梁横向联结或拱上建筑完成后才可安装。

(2) 安全带梁及人行道梁必须安放在未凝固的 M20 稠水泥砂浆上,并以此来形成人行道顶面设计的横向排水坡。

(3) 人行道板必须在人行道梁锚固后才可铺设,对设计无锚固的人行道梁,人行道板的铺设应按照由里向外的次序。

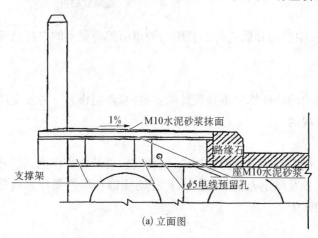

(a) 立面图

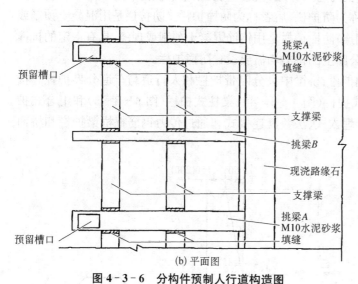

(b) 平面图

图 4-3-6 分构件预制人行道构造图

(4) 栏杆块件必须在人行道板铺设完毕后才可安装,安装栏杆柱时,必须全桥对直、校平(弯桥、坡桥要求平顺)、竖直后用水泥砂浆填缝固定。

(5) 在安装有锚固的人行道梁时,应对焊接认真检查,注意施工安全。

(6) 为减少路缘石与桥面铺装层中渗水,缘石宜采用现浇混凝土,使其与桥面铺装的底层混凝土结为整体。

(三) 防撞护栏施工(图 4-3-7)

防撞护栏的施工要点如下:

（1）边板（梁）预制时应在翼板上按设计位置预埋防撞护栏锚固钢筋。

（2）支设护栏模板时应先进行测量放样，确保位置准确。特别是位于曲线上的桥梁，应首先计算出护栏各控制点坐标，用全站仪逐点放样控制，使其满足曲线线形要求。

（3）绑扎钢筋时注意预埋防护钢管支撑钢板的固定螺栓，保证其牢固可靠。

图 4-3-7　护栏施工图

（4）在有伸缩缝处，防撞护栏应断开，依据选用的伸缩缝形式，安装相应的伸缩装置。

（5）混凝土浇筑及养生与其他构件相同。

（四）灯柱安装

1. 设在人行道路缘石边和快慢分隔带的灯柱

这类灯柱的施工布设较为简单，通常是在人行道下或分隔带内布埋管线，按设计位置预设灯柱基座，在基座上安装灯柱、灯饰，连接好线路即可。

这种布设方法大方、美观、灯光效果好，适合于人行道较宽（大于 1 m）或有快、慢车道的情况。因桥面较宽，为了不影响行人和车辆的通行，要求灯柱布置得高一些。

2. 设在栏杆立柱上的灯柱

这种灯柱的布设稍麻烦一些，电线在人行道下预埋后，还要在立柱内布设线管通至顶部。因立柱既要承受栏杆上传来的荷载，又要承受灯柱的重量，所以，带灯柱的立柱要特殊设计和制作。另外，在立柱顶部还要预设灯柱基座，保证其连接牢固。

这种情况一般只适用于安置单边灯柱，灯柱顶部可向桥面内侧弯曲延伸一部分，以保证照明效果。

此类灯柱的优点是不占人行道空间，桥面开阔，但施工、维修较为困难。

施工规范明确要求桥上灯柱应按设计位置安装，必须牢固，线条顺直，整齐美观，灯柱电路必须安全可靠。

大型桥梁需要配置照明控制配电箱，一般固定在桥头附近的安全场所。

检查验收标准：灯柱顺桥向位置偏差不能超过 100 mm，横桥方向偏差不能超过 20 mm。竖直度：顺桥向、横桥向均不能超过 10 mm。

学习情境五

涵洞施工

任 务 单

	布置任务
学习目标	1. 能够识读各类涵洞的施工图。 2. 能够说出涵洞施工前应进行的准备工作。 3. 能够结合具体情况进行涵洞的施工放样。 4. 能够准确地对外购涵洞进行质量检验。 5. 能够规范地进行涵洞基坑的开挖。 6. 能够规范地进行各类钢筋混凝土管涵的施工。 7. 能够准确地进行钢筋混凝土管涵的安装就位。 8. 能够根据实际情况进行波纹钢管涵的布置。 9. 能够进行波纹钢涵管洞口建筑的施工并进行防锈处理。 10. 能够熟练地进行装配式拱涵、盖板涵和箱涵预制构件的预制、运输和安装。 11. 能够指出各类涵洞防水层的设置部位,熟悉防水层的施工。 12. 能够熟练进行涵洞各个部位沉降缝的施工。

任务描述	公路跨越沟谷、溪沟、河流、道路、人工渠道以及排除路基内侧边沟水流时,常常需要修建各种横向排水构造物,最常见的排水构造物就是涵洞。对具有全封闭、全立交、固定进出口和分道分向行驶特点的高速公路所增加的通道和涵洞则更多,使得涵洞的工程数量和造价在整个路线工程中占有很大的比例。涵洞施工质量好坏,直接影响到公路工程的整体质量及使用性能,以及周围农田的灌溉、排水等。因此,涵洞施工同样不可忽视,应在施工前做好充分准备,周密安排,施工过程中严格控制施工质量,确保其质量达到设计及规范要求。具体任务:
	    任务1 涵洞的组成和分类
	    任务2 圆管涵施工
	    任务3 拱涵、盖板涵、箱涵施工
	    任务4 涵洞附属工程施工

学习要求	1. 掌握工程测量放线基础知识。 2. 学会使用测量工具,并做好维护和保养工作。 3. 掌握材料试验检测基础知识。 4. 学会常用工程试验仪器的使用,且操作一定要规范。 5. 学会识读路桥工程图。 6. 按任务完成各类涵洞的施工。 7. 按任务完成涵洞附属工程的施工。 8. 培养团队合作的精神,以小组的形式完成工作任务。 9. 严格遵守课堂纪律和工作纪律,不迟到、不早退、不旷课。 10. 树立职业意识,按照企业的岗位职责要求自己。 11. 本情境工作任务完成后,需提交学习体会报告,要求另附。

信 息 单

学习方式	在图书馆、专业杂志、互联网及信息单上查询问题;咨询任课教师
学习问题	1. 什么是涵洞? 涵洞与桥梁的区别在哪里? 2. 涵洞的构造形式划分为哪几类? 各有何特点? 3. 涵洞按涵洞顶填土高度划分为哪几类? 各有何特点? 4. 涵洞按水力性质划分为哪几类? 公路工程中常采用哪类? 5. 涵洞的洞身起什么作用? 通常由哪几部分组成? 6. 涵洞的洞口起什么作用? 常见的洞口形式有哪些? 7. 斜八字墙洞口分为哪两类? 各有何特点? 8. 锥形护坡洞口与跌水井洞口各适用于何种情况? 9. 涵洞的施工准备工作有哪些? 10. 试述进行涵身基坑放样的方法? 11. 基坑开挖时应注意些什么? 12. 钢筋混凝土管节在运输与装卸过程中应注意些什么? 13. 试述单孔有坞工基础管涵的施工工序。 14. 必须采用有坞工基础管涵的情况有哪些? 15. 钢筋混凝土管涵施工时应注意哪些事项? 16. 波纹钢管涵与钢筋混凝土管涵相比有哪些优点? 17. 岩石地基上的波纹钢管涵如何处理? 为什么不能直接置于岩石上? 18. 拱涵和盖板涵的基础有哪些类型? 各适用于何种情况? 19. 土牛拱胎有什么优点? 什么情况下可以采用? 20. 拱圈和盖板浇筑或砌筑施工时应注意哪些问题? 21. 具备什么条件才能进行拱架和支架的拆除及拱顶填土? 22. 装配式拱涵、盖板涵和箱涵的上部构件安装时应注意什么? 23. 涵洞的防水层主要起什么作用? 常用哪些材料? 24. 涵洞的防水层的设置部位主要有哪些? 25. 涵洞沉降缝设置的目的是什么? 26. 涵洞沉降缝设置的位置主要有哪些? 27. 涵洞沉降缝的施工质量要求是什么?
问题引导	问题可以在本学习情境中得到解答,也可在拓展阅读书目中进行查阅。
拓展阅读	[1] 公路桥涵施工技术规范(JTG/T F50—2011)[S].北京:人民交通出版社,2004. [2] 王瑞雪.桥梁工程施工技术[M].北京:中国铁道出版社,2018. [3] 杨化奎,温巍.大跨径桥梁工程施工技术优化方法研究[M].长春:吉林科学技术出版社,2019. [4] 杨化奎.寒区路桥工程施工技术[M].北京:中国铁道出版社,2013. [5] 申爱国.桥梁工程施工技术[M].武汉:武汉大学出版社,2016.

任务1 涵洞的组成和分类

公路跨越沟谷、溪沟、河流、道路、人工渠道以及排除路基内侧边沟水流时,常常需要修建各种横向排水构造物,最常见的排水构造物就是涵洞。对具有全封闭、全立交、固定进出口和分道分向行驶特点的高速公路所增加的通道和涵洞则更多,使得涵洞的工程数量和造价在整个路线工程中占有很大的比例。涵洞施工质量好坏,直接影响到公路工程的整体质量及使用性能,以及周围农田的灌溉、排水等。因此,对涵洞施工同样不可忽视,应在施工前做好充分准备,周密安排,施工过程中严格控制施工质量,确保其质量达到设计及规范要求。

一、涵洞的划分及分类

(一)涵洞的划分

桥梁和涵洞是按照跨径大小来划分的。根据交通部部标准《公路工程技术标准》(JTG B01—2003)的规定,凡单孔跨径小于5 m的统称涵洞。而圆管涵和箱涵不论管径或跨径大小、孔数多少,均称涵洞。

涵洞的单孔跨径系指标准跨径,以净跨径为准。即设支座的涵洞为相邻两墩、台身顶内缘之间的水平距离,不设支座的涵洞为上、下部结构相交处内缘间的水平距离。

为了便于编制标准设计,增强构件的互换性,对于小于和等于5 m的桥涵,宜采用标准化跨径。对于涵洞其标准化跨径由《公路工程技术标准》(JTG B01—2003)规定如下:0.75 m、1.0 m、1.25 m、1.5 m、2.0 m、2.5 m、3.0 m、4.0 m、5.0 m。具体见表5-1-1。

表5-1-1 各类涵洞适宜的跨径

构造形式	适用的跨径(或直径)(cm)	构造形式	适用的跨径(或直径)(cm)
圆管涵	50、75、100、125、150、200	盖板涵	50、75、100、125、150、200、250、300、400
拱涵	100、150、200、250、300、400	箱涵	200、250、300、400、500

注:1. 跨径50 cm的涵洞仅用于农田灌溉渠。
  2. 石盖板涵的跨径仅为50 cm、75 cm、100 cm、125 cm.

(二)涵洞的分类

1. 按建筑材料分类

(1)石涵

石涵是以石料为主要材料建造的涵洞,常做成石盖板涵或石拱涵。石涵造价和养护费用低,可节省钢材和水泥,经久耐用,在石料丰富地区应当优先考虑采用石涵。

(2)混凝土涵

混凝土涵是以混凝土为主要材料建造的涵洞。可节省钢筋,便于预制,但损坏后修理和养护较困难。按力学性能不同,混凝土涵又有混凝土圆管涵、混凝土盖板涵、混凝土拱涵之分。

(3)钢筋混凝土涵

钢筋混凝土涵是以钢筋混凝土为主要材料建造的涵洞,多用于管涵、盖板涵和箱涵。钢筋混凝土涵洞身坚固,经久耐用,养护费用小。特别是管涵和盖板涵由于运输和安装均较便利,是目前公路工程采用较为广泛的类型。

（4）其他材料组成的涵洞

对于小孔径涵洞有时也可以采用其他材料建造,如砖、陶瓷、铸铁、钢波纹管、石灰三合土等。这类涵洞有砖涵、陶瓷管涵、波纹管涵、石灰三合土涵。

2. 按构造形式分类

（1）圆管涵

受力情况和适应基础的性能较好,仅设置端墙,不需要墩、台,所以圬工数量小,造价较低,但使用时须有足够的填土高度,在低路堤时,使用受到限制。

（2）盖板涵

构造简单,维修容易,有利于在低填土路基上设置,且能做成明涵。跨径较小时用石盖板,跨径较大时用钢筋混凝土盖板。

（3）拱涵

跨径较大,承载潜力较大,砌筑技术易掌握,使用寿命长。但自重引起的恒载也较大,对地基要求较高,施工工序较繁多。常在跨越深沟或高路堤时设置。山区石料资源丰富,可用石拱涵。

（4）箱涵

箱涵为整体闭合式钢筋混凝土框架结构,具有良好的整体性及抗震性,对地基适应性较强。但由于箱涵施工较困难,用钢量多,造价高,故一般仅在软土地基上采用。常用于高速公路人行通道。

3. 按涵洞顶填土高度分类

（1）暗涵

当涵洞洞顶填土高度大于或等于0.5 m时叫暗涵;一般用在高填方路段,如图5-1-1(a)所示。

（2）明涵

当涵洞洞顶填土高度小于0.5 m时叫明涵;常用在低填方或挖方路段。通常采用盖板涵洞,如图5-1-1(b)所示。

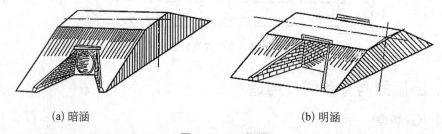

(a) 暗涵　　　　　　　　　　　　(b) 明涵

图5-1-1　涵洞

4. 按水力性质分类

（1）无压力式涵洞

涵洞水流通过涵洞全长时,水面不接触涵洞顶面,涵前不容许涌水或涌水不高,涵洞处于无压力状态。公路工程宜采用无压力式涵,如图5-1-2(a)所示。

（2）半压力式涵洞

涵洞进水口被水淹没，洞内水流不接触洞顶，出口不被水淹没，涵洞处于半压力状态。半压力式涵因水流起落变化引起水流不稳定，在公路上不常用，如图 5-1-2(b) 所示。

（3）压力式涵洞

涵洞进、出水口都被水淹没，涵前水深在 1.2 倍涵洞的净高以上，水流在压力下通过涵洞，涵洞处于压力状态。压力式涵必须保证涵身不漏水，以防水渗入路基，影响路基强度和稳定性；同时由于流速较大，必须加深涵洞基础和加强涵底铺砌工程，来保证进出口、基底和其附近路基、农田不致被冲毁，所以一般在确保提高排洪能力的情况下，才可采用压力式涵洞，如图 5-1-2(c) 所示。

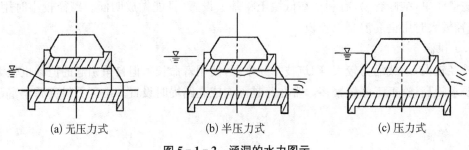

| (a) 无压力式 | (b) 半压力式 | (c) 压力式 |

图 5-1-2　涵洞的水力图示

（4）倒虹吸涵洞

路线两侧水深都大于涵洞进出口高度，且进出水口必须设置竖井，如图 5-1-3 所示。由于倒虹吸涵洞易被泥沙及漂浮物淤塞，涵管接头又易漏水，养护困难，故一般仅适用于横穿路线的沟渠水面高程基本同于或略高于路基高程的情况。

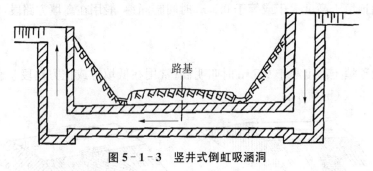

图 5-1-3　竖井式倒虹吸涵洞

二、涵洞的洞身和洞口构造

（一）洞身构造

洞身是形成过水孔道的主体，它应具有保证设计流量通过的必要孔径，同时又要求本身坚固而稳定。洞身的作用是一方面保证水流通过，另一方面直接承受荷载压力和填土压力，并将其传递给地基。洞身通常由承重结构（如拱圈、盖板等）、涵台、基础以及防水层、伸缩缝等部分组成。涵洞洞底还应有适当的纵坡度，以利排水。

1. 圆管涵

圆管涵主要由管身、基础、接缝及防水层等组成，各部分构造如图 5-1-4 所示。

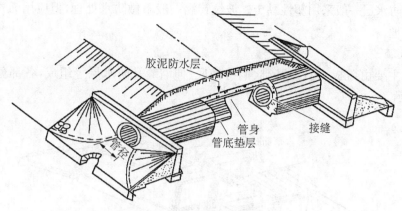

图 5-1-4　圆管涵各组成部分

（1）管身

管身是管涵的主要组成部分，通常由钢筋混凝土或波纹钢制成。钢筋混凝土管身管径一般小于 1.50 m。管身多采用预制安装，预制长度通常有 0.5 m、1.0 m 和 2.0 m 等几种。波纹钢管身管径由于其管内粗糙系数较大，一般较钢筋混凝土管的管径增大一级，壁厚一般小于 10 mm，在我国已得到越来越广泛的应用。

（2）基础

钢筋混凝土圆管涵视地基强度不同可分别采用混凝土或浆砌片石基础（软弱地基）、垫层基础（黏土或砂土地基）、混凝土平整层（岩石地基）等。波纹管涵管座基础材料必须匀质、无大石块等硬物，且不能直接置于岩石或混凝土基础上。

（3）接缝及防水层

圆管涵多采用预制拼装施工，为防止圆管涵接头漏水，应作接缝防水处理。钢筋混凝土圆管涵接缝处理一般采用平口接头填缝（图 5-1-5）或企口接头填缝（图 5-1-6）形式。波纹管涵的接缝多采用螺栓连接的形式。

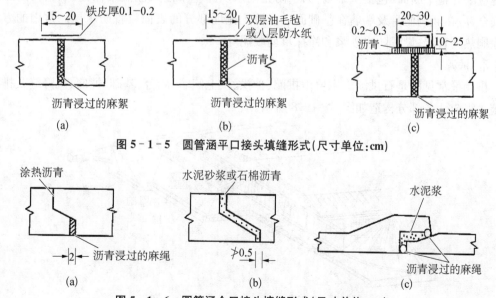

图 5-1-5　圆管涵平口接头填缝形式（尺寸单位：cm）

图 5-1-6　圆管涵企口接头填缝形式（尺寸单位：cm）

圆管涵防水层一般采用塑性黏土。波纹管涵一般不做防水处理,但应用沥青混合材料进行防锈处理。

2. 盖板涵

盖板涵主要由盖板、涵台、基础、洞身铺底、伸缩缝及防水层等组成,各部分构造如图5-1-7所示。

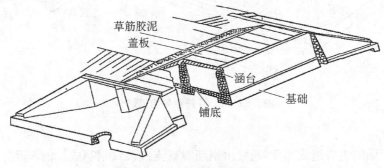

图5-1-7 盖板涵各组成部分

(1)盖板

盖板是涵洞的主要承重结构,宜采用钢筋混凝土盖板,厚度一般为8~30 cm,跨径为1.5~6 m,只有跨径在1 m以下的盖板涵且石料丰富时,才可采用石盖板。

(2)涵台、基础及洞底铺底

一般用浆砌(或干砌)块、片石或混凝土修筑。基础厚度一般为60 cm,铺底厚度一般为30 cm。

(3)沉降缝及防水层

涵洞沿洞身长度方向应分段设置沉降缝,以防不均匀沉降而引起涵身断裂。一般沿洞身每隔4~6 m设一道,缝宽2~3 cm,缝内填塞沥青麻絮等具有弹性和不透水的材料。沉降缝应断开整个断面(包括基础)。为了防止雨水从路基中浸入涵洞结构,影响结构的寿命和安全,应在涵洞洞身及端墙在基础面以上被土掩埋部分的表面设置防水层。常用的方法有涂刷热沥青层、设置防水砂浆和涂抹草筋胶泥等。

3. 拱涵

拱涵最常见的是石拱涵。主要由拱圈、护拱、拱上侧墙、涵台、基础、铺底、沉降缝及排水设施等组成。各部分构造如图5-1-8所示。

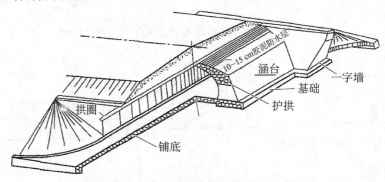

图5-1-8 石拱涵各组成部分

（1）拱圈

拱圈是拱涵的承重结构部分，一般由石料构成。其形状通常有圆弧和悬链线两种，常采用等厚的圆弧拱。石拱圈常用干砌或浆砌块片石砌筑。

（2）护拱

护拱的主要作用是保护拱圈，防止活载冲击。通常用 M5 或 M7.5 水泥砂浆砌片石构成。护拱的高度一般为拱涵矢高的一半。

（3）涵台、拱上侧墙

拱涵的涵台和拱上侧墙一般做成背坡为 4∶1 的重力式挡墙形式，多用浆砌块、片石构成。

（4）基础、铺底

涵台基础的主要作用是扩散地基应力，有整体式和分离式两种。前者多用于地基比较软弱的地段，后者多用于地基强度比较高的场合。

铺底的主要作用是防止水流冲刷，其范围为从进水口端部至出水口端部，一般用浆砌片石或混凝土铺筑。进、出水口铺底两端还应设置截水墙以保护铺底。

（5）防排水设施及沉降缝

拱涵的防排水设施一般设于拱背及台背，其主要作用是排除路基渗水，使拱圈免受水的侵蚀，以确保路基和拱圈的稳定，如图 5-1-9 所示。

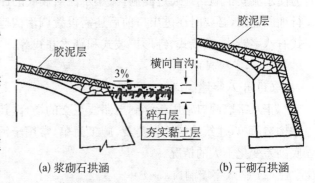

(a) 浆砌石拱涵　　　(b) 干砌石拱涵

图 5-1-9　石拱涵排水设施

4. 箱涵

箱涵为整体闭合式钢筋混凝土框架结构，主要由钢筋混凝土涵身、翼墙、基础、变形缝等部分组成，各部分构造如图 5-1-10 所示。箱涵有良好的整体性和抗震性，但由于其施工较困难，造价高，故常常仅在软土地基上采用。也常用于建筑高度受到限制的交叉口处。

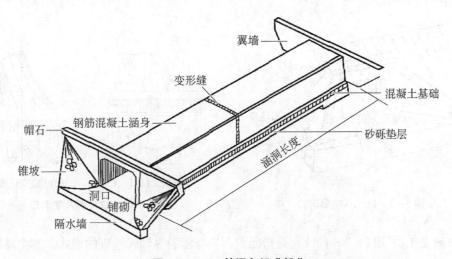

图 5-1-10　箱涵各组成部分

（1）涵身

箱涵涵身由钢筋混凝土组成，其断面一般为长方形或正方形。壁厚一般为 22～35 cm，箱涵内壁四个折角处往往做成尺寸为 5 cm×5 cm 的 45°斜面，以增大转角处的刚度。

（2）翼墙

翼墙在涵身靠洞口侧的两端，与涵身连成整体，主要用于涵身与进出口锥坡的连接，支挡路基填土。其一般为钢筋混凝土薄壁结构，当采用八字墙洞口时，可不做翼墙。

（3）基础

箱涵基础一般为双层结构，上层为厚 10 cm 的混凝土结构，下层为厚 40～70 cm 的砂砾石垫层。

（4）变形缝

箱涵的变形缝一般均设在涵身中部，基础也在此处断开。

（二）洞口构造

涵洞的洞口是洞身、路基、河道三者的连接构造物，一般由进水口、出水口、沟床加固组成。其主要作用是使涵洞与河道顺接、流水顺畅，确保路基边坡稳定、使之免受水流冲刷。为使水流安全顺畅地通过涵洞，减小水流对涵底的冲刷，需对涵洞洞身底面及进出口底面进行加固铺砌，必要时在进出口前后还需设置调治构造物，进行沟床加固。涵洞洞口的常见形式有八字墙式、端墙式、锥形护坡式和跌水井式等。

1. 八字墙洞口

（1）正八字墙洞口

正八字墙洞口常用于涵洞与路线正交的场合，其形式如图 5－1－11 所示。其主要特点是构造简单，建筑结构比较美观，施工简单，常用于河沟平坦顺直，无明显河槽，且沟底和涵底高差变化不大的情况。

（2）斜八字墙洞口

斜八字墙洞口适用于涵洞与路线斜交的情况，一般有两种做法。

①斜交斜做［图 5－1－12(a)］是指洞口方向（帽石方向）与路线方向平行的形式。其主要特点是翼墙端部与路线平行，洞身平投影为平行四边形。此法用工较多，但外形美观且适应水流，故较常采用。

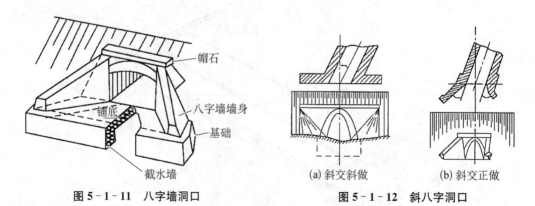

图 5－1－11　八字墙洞口　　　　图 5－1－12　斜八字洞口

（a）斜交斜做　　　（b）斜交正做

② 斜交正做［图 5－1－12(b)］是指涵洞洞口与涵洞纵轴线垂直的形式。其主要特点是翼墙内角连线与路线平行，洞身平投影为矩形。此做法构造简单与正交时完全相同。

2. 端墙式洞口

端墙式洞口是指在涵台两端修建一垂直于台身，并与台身同高的矮墙（又叫一字墙）的洞口形式。在端墙外侧，可用砌石的椭圆锥坡、天然土坡、砌石护坡或挡土墙与天然沟槽和路基相连接，即构成各种形式的端墙式洞口，如图 5-1-13 所示。图中(a)、(b)仅在沟床稳定、土质坚实的情况下才采用。图(c)适用于洞口有人工渠道或不受冲刷影响的岩石河沟上采用。有时为改善水力条件，可在图(c)的沟底设置小锥坡，构成图(d)。图(e)的形式仅在洞口路基边坡设有直立式挡墙时才采用。

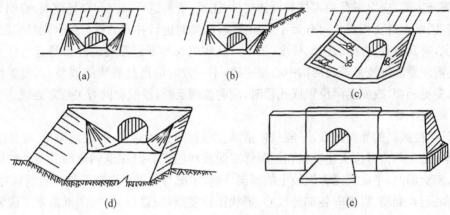

(a)　　　　　　(b)

(c)

(d)　　　　　　(e)

图 5-1-13　端墙式洞口

3. 锥形护坡洞口

端墙配锥形护坡洞口，是最常见的一种洞口形式，如图 5-1-14 所示。它的使用条件与八字墙类似。但由于其比八字墙洞口水流条件要好，因而多用于宽浅河沟或孔径压缩较大的情况。当墙高较高时（一般大于 5 m），由于其经济性比八字墙较好，因而更适用于涵台较高的涵洞。

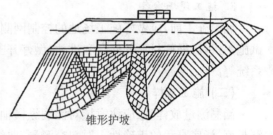

锥形护坡

图 5-1-14　锥形护坡洞口

4. 跌水井洞口

当天然河沟纵坡度大于 50%或路基纵断面设计不能满足涵洞建筑高度要求，涵洞进口开挖大以及天然沟槽与涵洞高差较大时，为使沟槽或路基边沟与涵洞进口连接，常采用跌水井洞口形式。其形式一般有边沟跌水井洞口和一字墙跌水井洞口两种，如图 5-1-15、图 5-1-16 所示。前者主要适用于内侧有挖方边沟的涵洞的进水口，后者适用于一般陡坡沟槽跌水。

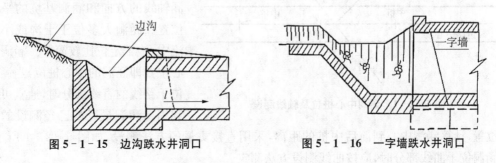

边沟

一字墙

图 5-1-15　边沟跌水井洞口　　　　**图 5-1-16　一字墙跌水井洞口**

任务 2　圆管涵施工

一、涵洞的施工准备工作和施工放样

（一）施工准备工作

1. 现场核对

涵洞开工前,应组织有关人员对设计文件、图纸、资料进行研究和现场核对,查明是否齐全、清楚,图纸本身及相互之间有无矛盾和错误,必要时进行补充调查。结合现场实际地形、地质情况,对其位置、方向、孔径、长度、出入口高程以及与灌溉系统的连接等进行核对。核对时,还需注意涵轴线是否与河沟中心线一致,不一致时应进行必要的调整,当需要增减涵洞数量、变更涵型、改变涵洞位置或孔径时,应向监理反映,按照合同有关规定办理。

2. 施工详图

设计单位提供的涵洞图纸,一般只包括涵位布置图和涵洞表,在地形简单、地势平缓地区的涵洞,施工单位可按上述资料和涵洞标准图放样施工。但在遇到地形复杂处的陡峻沟谷涵洞、斜交涵洞、平曲线或大纵坡上的涵洞、地质情况与原设计资料不符处的涵洞时,由于其构造和涵台、涵墙、翼墙等各部分尺寸、形状比较复杂,原设计文件、图纸常常不能满足施工需要,施工单位应先绘出施工详图或变更设计图,然后再依样放样施工。

3. 施工现场准备

涵洞施工前,应做好施工场地的控制网测量;做好三通一平;修建施工临时设施;安装调试施工机具;做好材料的储存和堆放;做好开工前的各项试验工作;建立安全、质量保证组织系统等。

（二）施工放样

涵洞测量放样时,应注意核对涵洞纵横轴线的地形剖面图是否与设计图相符,应注意涵洞长度、涵底高程的正确性。对斜交涵洞、曲线上和陡坡上涵洞,应考虑交角、加宽、超高和纵坡对涵洞具体位置、尺寸的影响,并注意锥坡、翼墙、一字墙和涵洞墙身顶部和上下游调治构造物的位置、方向、长度、高度、坡度,使之符合技术要求。

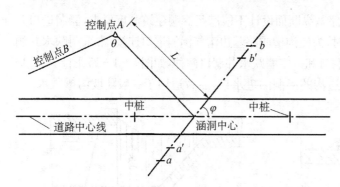

图 5-2-1　涵洞中心桩位及轴线测设

对于涵洞,设计资料一般会给出中心桩号、斜交角、涵长等内容。涵洞施工放样的主要内容是根据施工设计图确定涵洞的中心位置、涵轴线的方向和涵洞基坑的平面位置。涵洞大多位于干沟或小溪流中,施工定位比较简单。涵洞中心位置即涵洞的中心桩位,当涵洞位于路线的直线部分时,通常可以利用离涵洞最近的已经测设的中桩位置,计算涵洞中心到前后中桩的距离,采用直接丈量的方法测设,如图 5-2-1 所示。当涵洞位于曲线部分时,应按曲线测设方法测定。

对于附近有可以利用的导线点时,也可利用路线附近的导线,根据计算的涵洞中心坐标,计算距离和夹角。采用极坐标的方法测设涵洞中心。如图 5-2-1 所示,将经纬仪安置在导线点 A 上,后视导线点 B,然后将照准部旋转角 θ,即为涵洞中心所在方向,在此方向上从 A 点开始量取水平距离 L 所得就是要测设的涵洞中心。

涵轴线的放样,对于正交涵洞,在涵洞中心位置确定以后,将经纬仪架设在涵洞中心桩处,后视路线方向,盘左、盘右旋转 90°(或 270°),取其平均位置,即为涵洞轴线方向。为了方便在施工过程中恢复轴线,一般在轴线方向设立护桩。对于斜交涵洞,可将经纬仪架设在涵洞中心桩处,后视路线方向,盘左、盘右旋转 θ(或 180°$-\theta$),取其平均位置,即为涵洞轴线方向。

如果附近有导线点可以利用,也可根据设计资料,确定轴线上某两点 a 和 b(即确定涵洞中心沿轴线到 a、b 的距离,a、b 应在涵洞边线外侧)的坐标,然后可以用极坐标的方法测设 a 和 b 的实际位置。用小木桩标定涵端,用大木桩延长至施工影响之外控制涵洞轴线,并使桩相对固定。

涵身基坑的放样是依据涵洞中线与涵洞设计图里的基础尺寸,利用经纬仪和钢尺在实地上确定基础的轮廓线。涵洞基础端点的坐标也可通过涵洞中桩的坐标进行计算,用全站仪进行坐标放样,测定各端点的位置。

二、钢筋混凝土管涵施工技术涵洞

(一)基坑开挖

基坑开挖应满足基础施工时工程结构尺寸、工程质量、操作需要的要求。并能保证施工时的安全,达到节省投资、工期短、回填工程少的目的。具体要求如下:

(1)将基坑控制桩延长于基坑外 2 m 加以固定。

(2)基坑开挖应保持良好的排水,在基坑外深挖集水井以利基础底面排水彻底。

(3)基坑顶面应设置防止地面水流入基坑的设施。基坑顶有动荷载时,坑顶边与动荷载间应留有不小于 1 m 宽的护道,如动荷载过大宜增宽护道。

(4)基坑坑壁坡度不易稳定并有地下水影响,或放坡开挖场地受到限制,或放坡开挖工程量大时,应根据设计要求进行支护。

(5)基坑坑壁坡度应按地质条件、基坑深度、施工方法等情况确定,以免坍塌。

(6)如用机械开挖基坑,应开挖至设计高程＋20 cm 处后,人工挖除剩余 20 cm 土,以免机械扰动基底土。

(7)基坑开挖后应进行地基承载力的检验,合格后妥善修整,在最短的时间里铺垫层及浇筑基座。若承载力达不到要求,应进行基底处理。

(二)涵管的预制、运输与装卸

公路钢筋混凝土管涵的施工多是预制成管节,每节长度多为 1 m,然后运往现场安装。预制混凝土圆管可采用振动制管法、离心法、悬辊法和立式挤压法。鉴于公路工程中涵管一般多为外购,故对涵管预制不再进行详细说明,但涵管进场后必须对其质量进行检验。

管节成品的质量检验分为管节尺寸检验和管节强度检验。混凝土管涵质量要求及尺寸允许偏差见表 5-2-1。

表 5-2-1　钢筋混凝土管节成品质量要求和尺寸容许偏差

项目		质量要求或允许偏差(mm)	检查方法和数量
管节形状		端面平整并与其轴线垂直,斜交管节外端面应按斜交角度处理符合设计要求	目测,用锤心吊线
管节内外侧表面		平直圆滑,如有蜂窝,每处面积不得大于 30 mm×30 mm,其深度不得超过 10 mm;总面积不得超过全面积的 1%,并不得露筋,蜂窝处应修补完善后方可使用	目测,用钢尺丈量
管节尺寸允许偏差(mm)	管节长度	0~10	沿周边检查 4 处
	内(外)直径	不小于设计值	沿周边检查 4 处
	管壁厚度	-3,正值不限	沿周边检查 4 处

涵管强度试验应按规范要求的方法进行,其抽样数量及合格要求为:

(1) 涵管试验数量应为涵管总数的 1%~2%,但每种孔径的涵管至少要试验 1 个。

(2) 如首次抽样试验未能达到试验标准时,允许对其余同孔径管节再抽选 2 个重新试验。只有当 2 个重复试验的管节达到强度要求时,涵管才可验收。

(3) 在进行大量涵管检验性试验时,是以试验荷载大于或等于裂缝荷载(0.2 mm)时还没有出现裂缝者为达到标准。

在北方冬季寒冷冰冻地区,钢筋混凝土涵管还应进行吸水率试验,要求钢筋混凝土涵管的吸水率不得超过干管质量的 6%。管节运输与装卸过程中,应注意下列问题:

(1) 待运的管节其各项质量应符合前述的质量标准,应特别注意检查待运管节设计涵顶填土高度是否符合设计要求,防止错装、错运。

(2) 运输管节的工具,可根据道路情况和设备条件采用汽车、拖拉机拖车,不通公路地段可采用马车。

(3) 管节的装卸可根据工地条件,使用各种起重设备,如龙门吊机、汽车吊和小型起重工具滑车、链滑车等。

(4) 在装卸和运输过程中,应小心谨慎。运输途中每个管节底面宜铺以稻草,用木块圆木楔紧,并用绳索捆绑固定,防止管节滚动、相互碰撞破坏。固定方法见图 5-2-2。

(5) 从车上卸下管节时,应采用起重设备。严禁由汽车上将管节滚下,造成管节破裂。

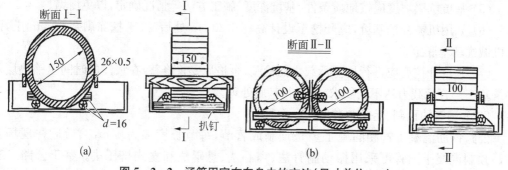

图 5-2-2　涵管固定在车身内的方法(尺寸单位:cm)

(三) 管涵施工程序

管涵可分为单孔、双孔的有坞工基础和无坞工基础管涵。现将其施工程序简介如下:

1. 单孔有坞工基础管涵(图 5-2-3)

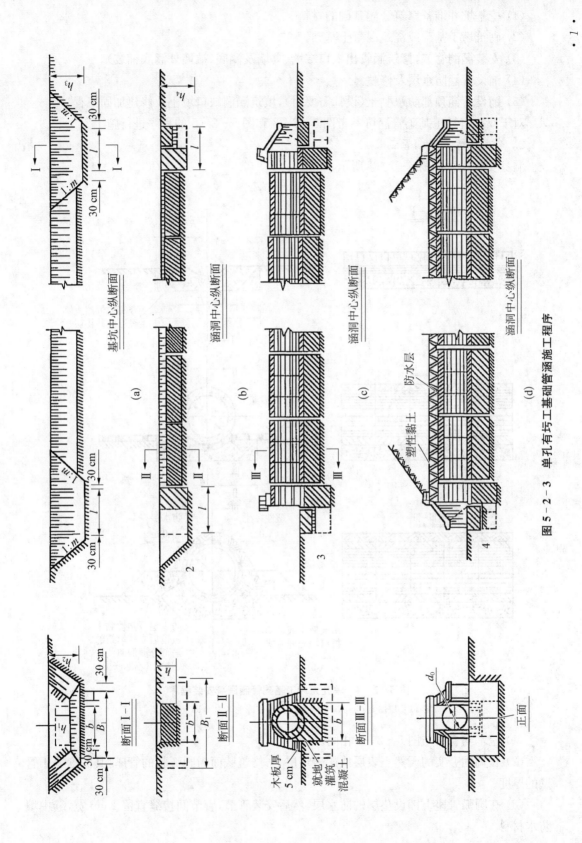

图 5－2－3　单孔有坞工基础管涵施工程序

（1）挖基坑并准备修筑管涵基础的材料。

（2）砌筑圬工基础或浇筑混凝土基础。

（3）安装涵洞管节,修筑涵管出入口端墙、翼墙及涵底(端墙外涵底铺装)。

（4）铺设管涵防水层及修整。

（5）铺设管涵顶部防水黏土(设计需要时),填筑涵洞缺口填土及修建加固工程。

对于双孔有圬工基础管涵可参考图5-2-3和图5-2-5的程序进行施工。

2. 单孔无圬工基础管涵

洞身安装程序见图5-2-4所示。

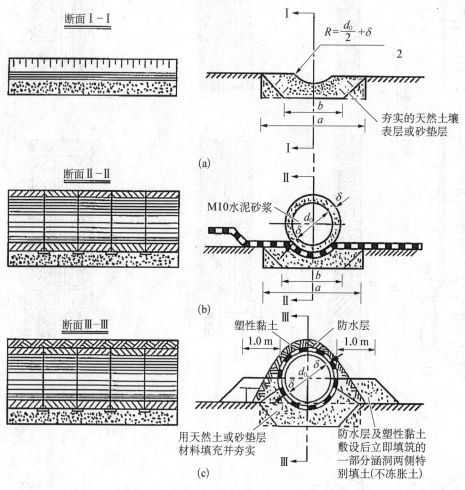

图5-2-4 单孔无圬工基础管涵洞身安装程序

注:砂垫层底宽,非冰冻地区为b;严重冰冻地区为a;即上下同宽。

（1）挖基与备料与图5-2-3相同。

（2）在捣固夯实的天然土表层或矿砂垫层上,修筑截面为圆弧状的管座,其深度等于管壁的厚度。

（3）在圆弧管座上铺设垫层的防水层,然后安装管节,管节间接缝宜留1 cm宽,缝中填防水材料。

（4）在管节的下侧再用天然土或砂砾垫层材料作培填料,并捣实至设计高程,并切实保证培填料与管节密贴。再将防水层向上包裹管节,防水层外再铺设黏质土,水平径线以下的部分,应立即填筑,以免管节下面的砂垫层松散,并保证其与管节密贴。在严寒地区这部分特别填土必须填筑不冻胀土料。

（5）修筑管涵出入口端墙、翼墙及两端涵底和进行整修工作。

3．双孔无坞工基础管涵

洞身施工程序如图5-2-5所示。

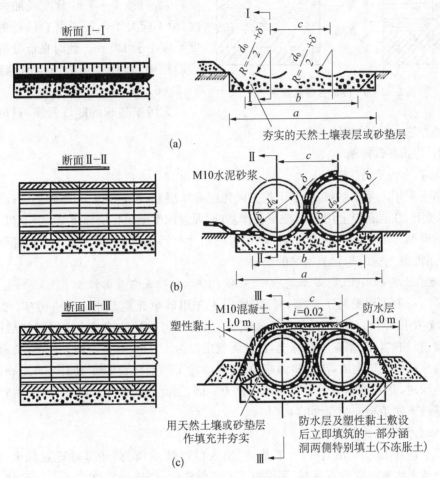

图5-2-5　双孔无坞工基础施工程序

（1）挖基、备料与前同。

（2）在捣固夯实的天然土表层或砂垫层上修筑圆弧状管座,其深度等于管壁的厚度。

（3）按图5-2-5的程序,先安装右边管并铺设防水层,在左边一孔管节未安装前,在砂垫层上先铺设垫底的防水层,然后按同样的方法安装管节。管节间接缝尽量抵紧,管节内外接缝均以强度10 MPa水泥砂浆填塞。

（4）在管节下侧用天然土或砂垫层材料作填料,夯实至设计高程处(图5-2-5),并切实保证与管节密贴。左侧防水层铺设完后,用贫混凝土填充管节间的上部空腔,再铺设软塑状黏土。

防水层及黏土铺设后,涵管两侧水平直径线以下的一部分填土应立即填筑,以免管节下面砂垫层松散。在严寒地区此部分填土必须填筑不冻胀土料。

（5）修筑管涵出入口两端端墙、翼墙及涵底和整修工作。

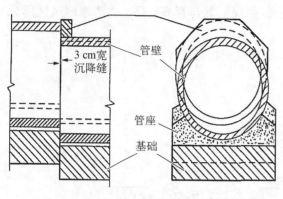

图 5-2-6　陡坡台阶式管涵

4. 涵底陡坡台阶式基础管涵

沟底纵坡很陡时，为防止涵洞基础和管节向下滑移，可采用管节为台阶式的管涵，每段长度一般为 3～5 m，台阶高差一般不超过相邻涵节最小壁厚的 3/4。如坡度较大，可按 2～3 m 分段或加大台阶高度，但不应大于 0.7 m，且台阶处的净空高度不应小于 1.0 m。此时在低处的涵顶上应设挡墙，以掩盖可能产生的缝隙，见图 5-2-6。

无坞工基础的陡坡管涵，只可采用管节斜置的办法，斜置的坡度不得大于 5%。

（四）管涵基础修筑

1. 地基土为岩石

管节下采用无坞工基础，管节下挖去风化层或软层后，填筑 0.4 m 厚砂垫层；出入口两端墙、翼墙下，在岩石层上用 C15 混凝土作基础，埋置深度至风化层以下 0.15～0.25 m 并最小等于管壁厚度加 5 cm。风化层过深时，可改用片石坞工，最深不大于 1 m。管节下为硬岩时，可用混凝土抹成与管节密贴的垫层。

2. 地基土为砾石土、卵石土或砂砾、粗砂、中砂、细砂或匀质黏性土

管节下一般采用无坞工基础，对砾、卵石土先用砂填充地基土空隙并夯实，然后填筑 0.4 m 厚砂垫层；对粗、中、细砂地基土表层应夯实；对匀质黏性地基土应做砂垫层；出入口两端端墙、翼墙的坞工基础埋置深度，设计无规定时为 1.0 m；对于匀质黏性土，负温时的地下水位在冻结深度以上时，出入口两端端墙、翼墙坞工基础埋置深度为 1.0～1.5 m；当冻结土深度不深时，基础埋深宜等于冻结深度的 0.7 倍，当此值大于 1.5 m 时，可采用砂夹卵石在坞工基础下换填至冻结深度的 0.7 倍。

3. 地基土为黏性土

管节下应采用 0.5 m 厚的坞工基础，出入口两端端墙、翼墙基础埋置深度为 1.0～0.5 m；当地下水冻结深度不深时，埋深应等于冻结深度；当冻结深度大于 1.5 m 时，可在坞工基础下用砂夹卵石换填至冻结深度。

4. 必须采用有坞工基础的管涵

（1）管顶填土高度超过 5 m；

（2）最大洪水流量时，涵前涌水高度超过 2.5 m；

（3）河沟经常流水；

（4）沼泽地区深度在 2.0 m 以内；

（5）沼泽地区淤积物、泥炭等厚度超过 2.0 m 时，应按特别设计的基础施工。

5. 严寒地区的管涵基础施工

常年最冷月份平均气温低于 -15 ℃的地区称严寒地区。

（1）匀质黏性土和一般黏性土的基础均须采用圬工基础；

（2）出入口两端端墙、翼墙基础应埋置在冻结线以下 0.25 m；

（3）一般黏性土地区的地下水位在冻结深度以上时，管节下基础埋置深度应为 H/8（H 为涵底至路面填土高度），但不小于 0.5 m，也不得超过 1.5 m。

6. 基础砂垫层材料

可采用当地的砂、砾石或碎石，但必须注意清除基底植物层。为避免管节承受冒尖石料的集中应力，当使用碎石、卵石作垫层时，要有一定级配或掺入一定数量的砂，并夯捣密实。

7. 软土地区管涵地基处理

管涵地基土如遇到软土，应按软土层厚度分别进行处理。当软土层厚度小于 2.0 m 时，可采取换填土法处理，即将软土层全部挖除，换填当地碎石、卵石、砂夹石、土夹石、砾砂、粗砂、中砂等材料并碾压密实，压实度要求为 94%～97%。如采用灰土（石灰土、粉煤灰土）换填，压实度要求达到 93%～95%，换填土的干密度宜用重型击实试验法确定。碎石或卵石的干密度可取 2.2～2.4 t/m³。换填层上面再砌筑 0.5 m 厚的圬工基础。

当软土层超过 2 m 时，应按软土层厚度、路堤高度、软土性质做特殊设计处理。

（五）管节安装

管节安装应从下游开始，使接头面向上游；每节涵管应紧贴于垫层或基座上，使涵管受力均匀；所有管节应按正确的轴线和图纸所示坡度敷设。如管壁厚度不同，应使内壁齐平。在敷设过程中，要保持管内清洁无脏物、无多余的砂浆及其他杂物。

管节的安装方法通常有滚动安装法、滚木安装法、压绳下管法、龙门架安装法、吊车安装法等，可根据施工现场实际情况选用。下面简单介绍滚动安装法、滚木安装法、压绳下管法的施工方法。

1. 滚动安装法

如图 5-2-7 所示，管节在垫板上滚动至安装位置前，转动 90°使其与涵管方向一致，略偏一侧。在管节后端用木撬棍拨动至设计位置，然后将管节向侧面推开，取出垫板再滚回原位。

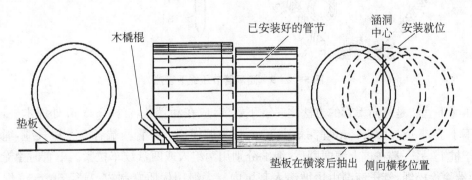

图 5-2-7　涵洞管节滚动安装法

2. 滚木安装法

如图 5-2-8 所示，先将管节沿基础滚至安装位置前 1 m 处，旋转 90°，使其与涵管方向一致，如图 5-2-8(a)、(b)所示。把薄铁板放在管节前的基础上，摆上圆木，在管节两端放入半圆形承托木架，以杉木杆插入管内，用力将前端撬起，垫入圆木，如图 5-2-8(c)、(d)所示。再滚动管节至安装位置,将管节侧向推开,取出滚木及铁板,再滚回来并以撬棍(用硬木护木承垫)仔细调整,如图 5-2-8(e)所示。

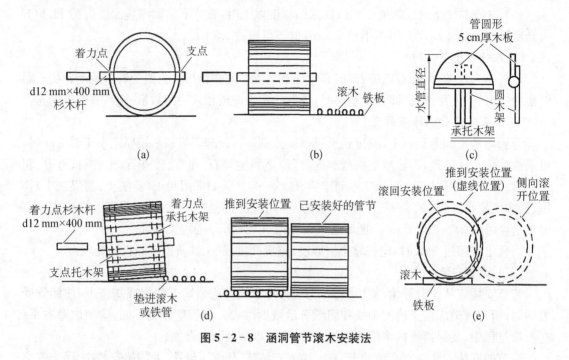

(a)　　　　　　　　(b)　　　　　　　　(c)

(d)

图 5-2-8　涵洞管节滚木安装法

3. 压绳下管法

当涵洞基坑较深,需沿基坑边坡侧向将涵管滚入基坑时,可采用压绳下管法,如图 5-2-9所示。

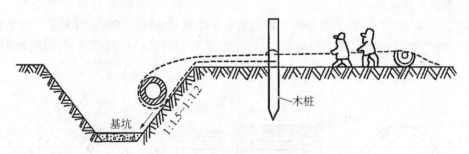

图 5-2-9　涵洞管节压绳下管法

压绳下管法是侧向下管的方法之一。下管前,应在涵管基坑外 3～5 m 处埋木桩,木桩桩径不小于 25 cm,长 2.5 m,埋深最小 1 m,桩为缠绳用。在管两端各套一根长绳,绳一端紧固于桩上,另一端在桩上缠两圈后,绳端分别用两组人或两盘绞车拉紧。下管时由专人指挥,两端徐徐松绳,管子渐渐由边坡滚入基坑内。大绳用优质麻制成,直径 50 mm,绳长应满足下管要求。下管前应检查管子质量及绳扣是否牢固,下管时基坑内严禁站人。

管节滚入基坑后,再用滚动安装法或滚木安装法将管节准确安装于设计位置。

(六)管涵施工注意事项

(1)有垀工基础的管座混凝土浇筑时应与管座紧密相贴,浆砌块石基础应加做一层混凝土管座,使圆管受力均匀;无垀工基础的圆管基底应夯填密实,并做好弧形管座。

（2）无企口的管节接头采用顶头接缝，应尽量顶紧，缝宽不得大于 1 cm，严禁因涵身长度不够，而将所有接缝宽度加大的方法来凑合涵身长度。管身周围无防水层设计的接缝，需用沥青麻絮或其他具有弹性的不透水材料从内、外侧仔细填塞。设计规定管身外围做防水层的，按前述施工程序施工。

（3）长度较大的管涵设计有沉降缝的，管身沉降缝应与圬工基础的沉降缝位置一致。缝宽为 2～3 cm，应用沥青麻絮或其他具有弹性的不透水材料从内、外侧仔细填塞。

（4）长度较大、填土较高的管涵应设预拱度。预拱度大小应按设计规定设置。

（5）各管节设预拱度后，管内底面应成平顺圆滑曲线，不得有逆坡。相邻管节如因管壁厚度不一致（在允许偏差内）产生台阶时，应凿平后用水泥环氧砂浆抹补。

三、波纹钢管涵施工

（一）波纹钢管涵的特点

波纹钢管涵是将薄钢板面压成波纹后，卷制成管节，用此种管节修建成的涵洞。为了防止波纹钢管涵锈蚀，波纹钢管节内、外面和紧固连接螺栓或铆钉，都要进行镀锌或镀铝处理。

波纹钢管涵与钢筋混凝土管涵相比，不仅具有管节薄、质量轻、便于叠置捆扎、存放运输、施工工艺简单、组装快速、工期短等优点，而且可根据需要随意组装成任何长度，必要时管身还可拆除，迁往别处修建。在缺乏砂石材料或地基承载力较低的地区，波纹钢管涵的优越性更为显著。另外由于波纹钢管涵是一种柔性结构，因此具有一定的抗震能力，而且能适应较大的沉降与变形。波纹钢管涵的缺点是管内的流水粗糙系数较混凝土管大，同样的泄洪流量采用波纹钢管所需孔径较大；另一缺点是耗用钢材较钢筋混凝土管多。但鉴于这种管涵优点很多，我国钢材年产量已跨居世界前列，在我国波纹钢管涵已得到越来越广泛的使用。

（二）波纹钢管涵的组装与切割

1. 装卸、运输

波纹管节在吊装、运输、卸落和堆放时，均应小心，切忌滚动，避免碰撞硬物，更不能敲打，以避免波纹管壁变形或损伤镀锌保护层。

2. 组装、切割

组装波纹管的工具只需钢钎和扳手。组装时要求汇集处任何一点的板块数不多于 3 块，使板块接头尽量错开。

短涵管可先在附近工地组装好，然后再运到涵位处起吊就位；长涵管可先分段组装，吊运到涵位处，再对接。

拼装波纹管时，下游块件的端头必须放在上游块件之下，以防管内流水渗入接缝而将地基土淘空，导致全管涵破坏。

大孔径涵管组装时，可在管内放一个可移动的木质工作台，以便于组装作业。

用螺栓组装时，可采用松螺栓组装法。即各个螺孔插入螺栓，套上螺母后，稍初拧，不拧紧螺母，待全部块件组装完毕后，再逐个拧紧螺母。每个螺母的扭力矩不得小于 135.6 N·m。最大不得超过 203.4 N·m。用机动扳手时，拧扳时间应持续 2～5 s。

气割波纹管时，要求被烧割的边缘无氧化物和毛刺。镀锌保护层遭破坏之处，须涂刷防锈剂，以防锈蚀。

(三) 波纹钢管涵的施工

1. 临时支撑

实践表明,直径 1.25 m 以上的波纹管在填土过程中易产生变形,且管顶的下沉量通常都大于管侧填土时的变形,使圆管变成扁管。为避免这种不利状况,可在管顶填土之前,在管内设置一排竖向临时支撑,如图 5-2-10 所示。

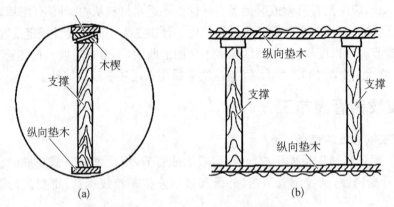

图 5-2-10 填土前的管内临时支撑

临时支撑的高度可按波纹管竖向直径伸长 2%~5% 设置,以作为在填土压力作用下预留的压缩量。支撑间距通常为 1.0 m 左右。直径大于 2.0 m 的波纹管,以设置横向十字形支撑为宜。

管内临时支撑,待填土不再下沉后拆除。但在实践中,人们往往是经过几星期之后,填土无大量下沉时便将支撑拆除。

2. 填土材料要求与填土工艺

(1) 填土材料要求

各种波纹圆管、拱管和拱形波纹结构在组装铺设完成后,回填时,不需要特殊的填土材料,用一般土质即可。

砾类土、砂类土是回填的理想材料。若难于找到这类土也可用碎石或砾、卵石与细粒土的混合料。当细粒土的成分为黏性土或粉土时,所掺入的石料体积应占总体积 2/3 以上。

在距波纹管壳 30 cm 范围内的填土里,不得有大边尺寸超过 8 cm 的石块或混凝土块、冻土块、高塑性黏土块或其他有害物质,否则会导致波纹管的局部变形与全管的锈蚀。

(2) 填土工艺

管顶填土,应在管两侧保持对称且均衡的原则下进行。填土方式,必须分层摊铺,逐层压实,每层压实厚度不超过 15~25 cm,填土的压实度要求达到重型击实标准 95% 以上,且与该处路基的压实度一致。

暂时未建出、入口圬工端墙的拱式结构,填土起点宜选在涵洞长度方向的中间,然后再向两端推进;若已建两端圬工端墙,填土可从一端开始向另一端推进。

在填土过程中,特别是较大拱形结构,要随时观测波纹壳体的变形是否超过容许值,以便及时改变填土方式。

波纹管涵邻近的填方范围如图 5-2-11 所示。

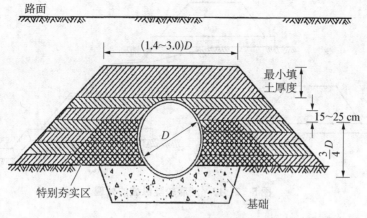

图 5-2-11　波纹管涵邻近填方范围

竖向包括管顶最小填土厚度(表 5-2-2)的填土,两侧包括图 5-2-11 所示 3/4 倍管径高度范围的管侧填土,应特别注意夯(压)实。管侧填土因地区狭小,不能使用压路机,可使用小型振动夯夯实。管顶填土可按照路基压实采用同样的压实机具。

表 5-2-2　波纹管管顶最小填土厚度(cm)

直径或跨径(m)	车辆后轴重力(kN)			
	100~200	201~500	501~1 000	1 001~2 000
0.75	40	60	80	120
0.8~1.25	60	80	120	160
1.3~2.0	80	120	160	200

3. 其他注意事项

波纹管涵管顶填土没有达到表 5-2-2 所列最小厚度时,应禁止一切机动车辆通行。当管顶已填足最小厚度,但仍不能让振动压路机或重型夯锤在其上作业,以免损坏波纹管及邻近填土。

(四) 波纹钢管涵的布置

1. 波纹钢管涵与路线斜交时的处理

当波纹管涵的管轴与公路中线斜交时,为了避免斜交涵管的端节发生扭曲,斜交角度≤20°时,可将端节涵管用气割切成与公路中线平行的斜面,斜切坡度不宜超过 2:1,并用螺栓锚固于端墙或路堤斜坡上。当斜交角度>20°时,宜采取将端节涵管正做伸出路堤边坡外的办法来处理,如图 5-2-12 所示。

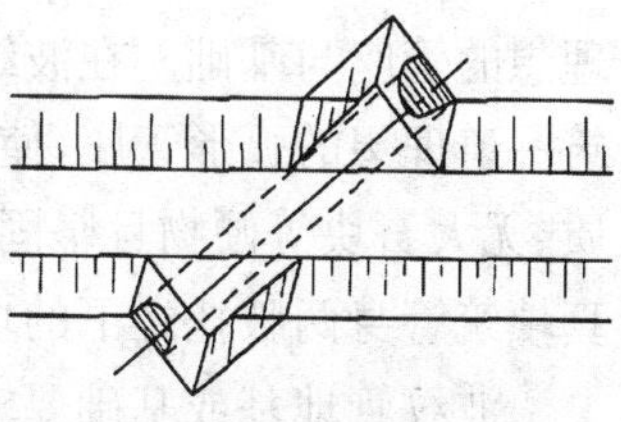

2. 管底纵坡过大的处理

为减小水流对管底的冲刷,管纵坡一般不宜大于 5%,当管涵位置的天然地面坡度较陡时,可按图 5-2-13 所示办法处理。当涵底纵坡大于 5% 时,其基础底部顶每隔 3~5 m,设置防滑隔墙(图 5-2-13 未示出)。

图 5-2-12　斜交波纹钢管涵的端节处理

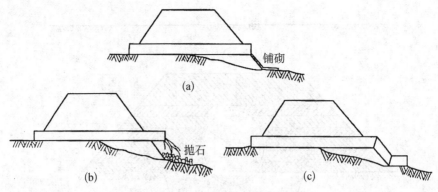

图 5－2－13　涵底较陡纵坡的处理

3. 波纹管涵的管座与基础

（1）一般要求

修建波纹管涵，一般都要在天然地面或经严格夯实的填土上先挖掘埋设管道的沟槽。其开挖槽宽，不但应方便管侧填土的夯填，而且还应满足设计上需要的基础宽度，如图5－2－14(a)所示。

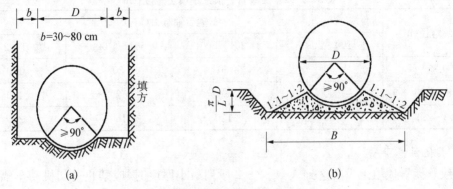

图 5－2－14　波纹钢管涵的管座与基础

据经验，在填方不高路段上修建涵洞，以采用先填路基，然后再开挖沟槽埋设涵管的方法较好。

为使作用于管道上的外力较均匀地分布于地基与管侧填土之中，波纹管底还应有一个理想的管座与基础。在波纹管底，不管其基础材料如何，都应在放置管道的基础上修整或填筑一道理想的弧形管座，使管座与管身紧密贴合，如图5－2－14(b)所示。管座材料必须匀质、无大石块等硬物且坚固耐用。若基础材料甚好，也可直接先将管道置于沟底，随后再认真填筑管身两腋托之下的填土，使之形成一道良好的管座。

波纹管地基或基础要求均匀又坚固，同时，还应具有耐久性。一般波纹管涵基础应具有的最小厚度与宽度如表5－2－3所示。

表5－2－3　波纹管地基或基础所需厚度与宽度

地质条件	基础最小厚度(cm)	基础宽度(cm)
优质土地基	可直接将地基作为基础	

（续表）

地质条件		基础最小厚度(cm)	基础宽度(cm)
一般性土质地基	管径 $D<900$ mm	20	2D
	管径 $D=900\sim2\,000$ mm	30	
	管径 $D>2\,000$ mm	0.20D	
岩石地基	$20\sim40$ cm,但当填土高度大于 5 m 时,填土每增高 1 m,其厚度增加 4 cm		2D
软土地基	$(0.3\sim0.5)D$ 或 50 cm 以上		$(2\sim3)D$

（2）各种土质地基的处理方法

① 优质土地基

未经筛分的砂、碎石、砂砾土以及砂质土都是比较理想的地基材料,但需清除 10 cm 以上的石块等硬物。

② 一般性土质地基

承载能力不太高的普通地基,需设一定厚度的基础。但是,若将涵管底基槽原状土经严格压实（其压实度达到 90％以上,最大干密度按重型击实试验计算）以后,也可直接将波纹管置于地基上。

③ 岩石地基

波纹管不能直接置于岩石或混凝土基床上,因过于刚性的支承,不但会降低管壁本身所具有的良好柔性,而且还会减小涵管的承载能力。所以对岩石地基应挖掉一部分软岩,换填上一层优质土,并认真夯实。开挖软岩沟槽,不能使用烈性炸药和放深孔炮,以避免过多的外层被炸松散。岩石风化层地基不能作为基础,需换填上 3D 宽度的填土。

④ 软土地基

当涵管处于软土地基上时,需对软土路基进行处理,然后,在其上填一层大于 20 cm 厚的优质砂砾垫层,并夯实紧密。

4. 预留拱度

埋设于一般土质地基上的波纹管,经过一段时间后,常会产生一定的下沉,而且往往是管道中部大于两端。因此,铺设于路堤下的波纹管的管身要设置预拱度。其大小根据地基土可能出现的下沉量、涵底纵坡和填土高度等因素综合考虑。通常可为管长的 0.6％～1.0％。最大不宜大于 2.0％,以确保管道中部不出现凹陷或逆坡。预拱度设好后如图 5-2-15 所示。

5. 波纹管涵洞口建筑

波纹管涵洞口特别是出水口,应切实做好波纹管与涵管圬工构造物的衔接。当管端与刚性墙体相连时,波纹管管壁须用直径不小于 20 mm,间距不大于 50 cm 的螺栓与墙体锚固。

涵洞出水口常采用延伸波纹管的方法。然后靠近波纹管周围的路堤边坡铺以片石或混凝土预制块,如图 5-2-16 所示。此法省工、节料,亦保证了工程质量。

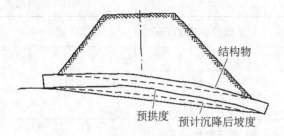

图 5‑2‑15　波纹管涵安装后的预拱度

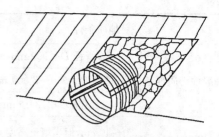

图 5‑2‑16　波纹管涵洞口边坡铺砌

露于路基边坡外的波纹管,可将其沿边坡坡度切除。当管轴与道路中心线平面呈正交时,管端最大可削成 2∶1 的斜坡;若管轴与路线平面斜交角 α＞20°时,需将外露管头切除以顺应斜交角,但管端应予加强。当管径大于 6 m 时,被切割端必须用钢筋混凝土或钢箍加强;当斜交角 α≤15°时,管端不削斜。

根据地形、地质以及水流状况,洞口建筑也可采用一字墙、八字墙、门字形墙、集水井等形式。

为加强洞口建筑的安全度,可在洞口局部路堤边坡面上、局部边沟、截水沟里铺砌片石进行防护,并可在边坡上普遍植草,其效果颇佳。

进水口外紧接陡坡沟谷时,可在沟谷中设置进水口跌坎,如图 5‑2‑17 所示。其水平台阶用半圆波纹管铺砌。根据地形情况也可将跌坎设计为急流槽,但铺底波纹管需用短钢筋与管侧圬工砌体相连。

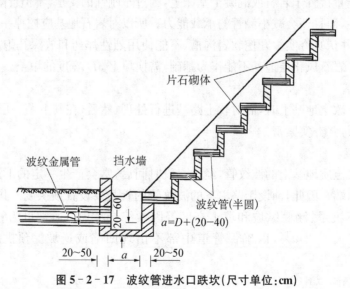

图 5‑2‑17　波纹管进水口跌坎(尺寸单位:cm)

6. 波纹钢涵管的防锈处理

一般波纹钢涵管及其螺栓、螺母、钩栓等附件出厂时,已经过镀锌或镀铝处理,其镀锌量达 4.25 g/m²。在没有盐碱水或有害工业废水浸泡以及涵管内经常流水的情况下,其镀膜即可防止锈蚀。否则,可在管节内外常水位以下管壁涂上或喷含有石棉纤维的厚沥青一道,或涂刷两遍沥青和石油的拌和物,以加强防腐蚀作用。此外,还可采用加厚管壁的办法。

任务3　拱涵、盖板涵、箱涵施工

一、就地浇筑的拱涵和盖板涵

1. 拱涵和盖板涵的基础

（1）整体式基础

两座涵台的下面和孔径中间使用整块的混凝土浇筑的基础称为整体式基础。其地基土的承载力应满足设计文件规定。若设计无规定，则填方高 H 在 1～12 m 时，必须大于 0.2 MPa；H 大于 12 m 时必须大于 0.3 MPa。湿陷性黄土地基，不论其表面承载力多大，均不得使用整体式基础。

（2）非整体式基础

两座涵台的下面为独立的现浇混凝土或浆砌片石基础，两者之间不相连的称为非整体式基础。其地基土要求的容许承载力较上述的基础为高，当设计文件无规定时，一般应大于 0.5 MPa。

（3）板凳式基础

两座涵台下面的混凝土基础之间用较薄的混凝土或钢筋混凝土板在顶部连接，一起浇筑成似板凳一样的基础。其地基土容许承载力的要求处于前两者之间，设计文件无规定时，应为大于 0.4 MPa 的砂类土或"中密"以上的碎石土。

上述地基土的承载力大小可用轻型动力触探仪进行测试。

根据当地材料情况，基础可采用 C15 片石混凝土或 M5 水泥砂浆砌片石，石料强度不得低于 25 MPa。

2. 支架和拱架

（1）钢拱架和木拱架

钢拱架是用角钢、钢板和钢轨等材料在工厂（场）制成装配式构件，在工地拼装使用。图 5-3-1 是用钢轨制成的跨径 1.5～3.0 m 拱涵的钢拱架。

木拱架主要是由木材组合而成，拆装比较方便，但这种拱架浪赞木材，应尽量不使用。图 5-2-2 为跨径 2.0～3.0 m 的木拱架。

（2）土牛拱胎（土模）

在水流不大的情况下，涵洞施工可以用土牛拱胎代替拱架，这种方法既能节省木料，经济、安全。

根据河流水流情况，土牛拱胎有全填土拱胎（图 5-3-3）、木排架土拱胎（图 5-3-4）、有透水盲沟的土拱胎［图 5-3-5(a)］、三角形木拱架土拱胎［图 5-3-5(b)］等形式。

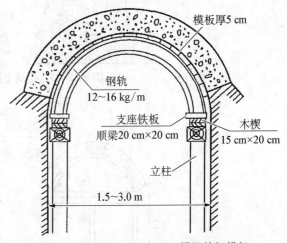

图 5-3-1　跨径 1.5～3.0 m，拱涵的钢拱架

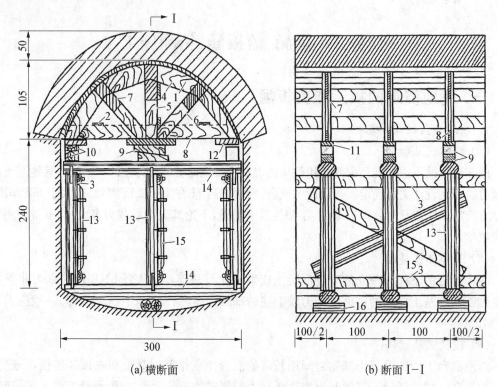

(a) 横断面　　　　　　　　　　　(b) 断面 I-I

图 5-3-2　跨径 2.0～3.0 m 的木拱架(尺寸单位:cm)

1—模型板;2、3—平联系木;4—弓形板;5、6—撑木;7—夹板;8—拉杆木;9、10—楔木;11、12—楔顶板;13—柱木;
14—榄板;15—斜联系木;16—垫木

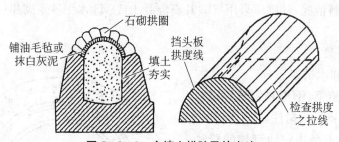

图 5-3-3　全填土拱胎及检查法

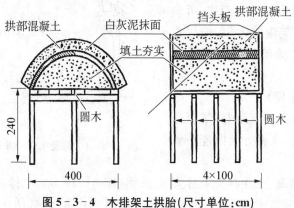

图 5-3-4　木排架土拱胎(尺寸单位:cm)

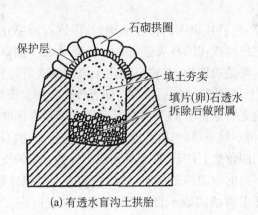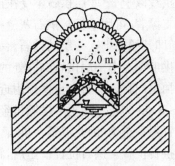

(a) 有透水盲沟土拱胎　　　　　　　　(b) 三角木架土拱胎

图 5-3-5　可渗水的土拱胎

全填土拱胎施工步骤如下：拱胎填土应在边墙圬工强度达到设计强度等级的 70% 后，分层浇水夯填，每层厚度 0.2～0.5 m，跨度小的可以厚一些，但应视土质情况决定。

填土在端墙外伸出 0.5～1.0 m，并保持 1∶1.5 的边坡。填土将达拱顶时，分段用样板校正，每隔 30 cm 挂线检查，如图 5-3-3 所示。

土胎表面应设保护层，可以铺设一层油毡或抹一层 15 mm 厚的水泥砂浆(1∶4～1∶6)作为保护层。较好的保护层常用砖或片石砌筑，厚约 20 cm，然后抹厚 2 cm 的黏土，再铺油毡。最好的方法是用石灰泥筋抹 20 cm 厚(石灰∶黏土∶麻筋＝1∶0.35∶0.03，质量比)，抹后 3 d 即可浇筑混凝土。

对砌石拱圈，土牛拱胎上若不设保护层时，可用下述方法砌筑拱圈：在涵台砌筑好后，利用暂不使用的石料，把涵孔两端堵住，干砌一道宽 40～50 cm、厚 20～40 cm 的拱形墙(上抹青草泥)作为拱模，以便砌拱时挂线之用，然后在桥孔中间用土分层填筑密实，如图 5-3-6 所示。

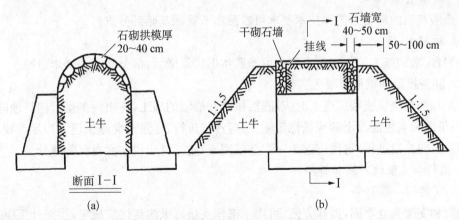

图 5-3-6　石块干砌配合土牛拱模

如洞身很长，超过 20 m 或拱形复杂时可用木料做 3 个合乎要求的标准模，两端及中间各置一个，两端的拱模可以支靠在石模上，中间的可按标准高度支于两旁涵台上并埋置于土中。

填筑土牛时不必将土牛的规定高度一次填足，可预留 2～3 cm 空隙，待砌拱石时，边砌边填筑。

起拱线以上3～4层拱石不受拱胎支撑,可直接砌起。再往上砌时,因拱石的部分重力由拱胎支撑着,可用木板顺拱石灰缝按规定拱度放在拱石灰缝处的土牛上,木板下面以土石垫好,随即开始安砌这一层的拱石。砌好后将垫板取出,并将空隙用土填满捣实,再把垫板按规定拱度垫在上一层拱石砌缝处的土牛上,继续砌上一层拱石。如有较充分的木板时,木板可不抽出周转。拱石砌至拱顶附近时,应先将这部分的土模夯打坚实。填到与标准拱模相差3～5 cm为止。因土牛拱胎虽经夯实仍不够坚硬,当拱石放上去时极易压缩,拱石的高度及位置不易正确,因此需要在拱石下面的四角垫上片石,使土牛与拱石保持一定的空隙以便校正拱石位置。拱石位置校正后,将其下面的空隙填砂捣实,然后在砌缝中灌以砂浆,这样可以保持不漏浆,同时挖去土牛后,灰缝中预填的砂子自然脱落,省去勾缝时剔灰缝的麻烦。

在施工过程中预计有洪水到来的河沟中不能采用土牛拱胎法砌筑拱圈。

若用土牛拱胎浇筑盖板涵,其土牛填至涵台顶面高程即可,施工方法与拱涵相同。

3. 拱涵与盖板涵基础、涵台、拱圈、盖板的施工

拱涵与盖板涵基础、涵台、拱圈、盖板构件施工时应按下列要求进行。

(1) 涵洞基础

无论是圬工基础或砂垫层基础,施工前必须先对下卧层地基土进行检查验收,地基土承载力或密实度符合设计要求时,才可进行基础施工。对于软土地基应按照设计规定进行加固处理,符合要求后,才可进行基础施工。

对孔径较宽的拱涵、盖板涵兼作行人和车辆通道时,其底面应按照设计用圬工加固,以承受行人和车辆荷载及磨耗。

(2) 圬工基础

圬工基础的施工工艺和技术要求可参照圬工结构部分有关要求进行。

(3) 砂垫层基础

砂垫层基础的施工工艺和技术要求可参照本节管涵基础部分进行。

(4) 涵洞台、墩

涵洞台、墩的施工工艺和技术要求可参照本书桥梁墩、台部分的有关要求进行。

(5) 涵洞拱圈和钢筋混凝土盖板

拱圈和盖板浇筑或砌筑施工时应注意:拱圈和端墙的施工,应由两侧拱脚向拱顶同时对称进行;拱圈和盖板混凝土的现场浇筑施工,应连续进行,尽量避免施工缝。当涵身较长时,可沿涵长方向分段进行,每段应连续一次浇筑完成;施工缝应设在涵身沉降缝处。

4. 拱架和支架的安装和拆卸

(1) 安装的一般要求

拱架和支架支立牢固,拆卸方便(可用木楔作支垫),纵向连接应稳定,拱架外弧应平顺。拱架不得超越拱模位置,拱模不得侵入圬工断面。

拱架和支架安装完毕后,应对其位置、顶部高程、节点联系及纵横向稳定性进行检查,不符合要求者,立即进行纠正。

(2) 拆卸的一般要求

拱架和支架的拆除及拱顶填土,在具备下列条件之一时方可进行:

① 拱圈圬工强度达到设计值的70%时,即可拆除拱架,但必须达到设计值后方可填土。

② 当拱架未拆除,拱圈强度达到设计值的70％时,可进行拱顶填土,但应在拱圈达到强度设计值时,方可拆除拱架。

③ 拱涵拆除拱架可用木楔,木楔用比较坚硬的木料斜角对剖制成,并将剖面刨光。两块木楔接触面的斜度为1∶6～1∶10。在垫楔时应使上面一块的楔尖各伸出下面一块楔尾以外,这样在拆架时敲击木楔比较方便。木楔垫好后将两端钉牢。

④ 拆卸拱架时应沿桥涵整个宽度上将拱架同时均匀降落,并从跨径中点开始,逐步向两边拆除。

二、就地浇筑的箱涵

箱涵又称矩形涵,它与盖板涵的区别是:盖板涵的台身与盖板是分开浇筑的,台身还可以采用砌石圬工,成为简支结构;而箱涵是上下顶板、底板与左、右墙身是连续浇筑的,成为刚性结构,如图5-3-7所示。

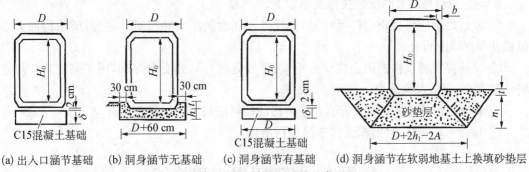

(a) 出入口涵节基础　(b) 洞身涵节无基础　(c) 洞身涵节有基础　(d) 洞身涵节在软弱地基土上换填砂垫层

图5-3-7　箱形涵洞基础类型

1. 箱涵基础

涵身基础分为有圬工基础和无圬工基础两种。两种基础的构造及尺寸见图。

2. 箱涵身和底板混凝土的浇筑

箱涵身的支架、模板可参照现浇混凝土拱涵和盖板涵的支架、模板制造安装。浇筑混凝土时的注意事项与浇筑拱涵与盖板涵相同。

三、装配式拱涵、盖板涵和箱涵

1. 预制构件结构的要求

(1) 拱圈、盖板、箱涵节等构件预制长度,应根据起重设备和运输能力决定,但应保证结构的稳定性和刚性,一般不小于1 m,但亦不宜太长。

(2) 拱圈构件上应设吊装孔,以便起吊。吊孔应考虑平吊及立吊两种,安装后可用砂浆将吊孔填塞。箱涵节、盖板和半环节等构件,可设吊孔,也可于顶面设立吊环。吊环位置、孔径大小和制环用钢筋应符合设计要求,并要求吊钩伸入吊环内和吊装时吊环筋不断裂。安装完毕,吊环筋应锯掉或气割掉。

(3) 若采用钢丝绳捆绑起吊可不设吊孔或吊环。

2. 预制构件的模板

预制构件的模板有木模、土模、钢丝网水泥模板、拼装式模板等。无论采用何种模板都应保证满足规范要求。尤其是有预埋件时,应采取措施,确保预埋件的正确位置。

3. 构件运输

构件必须在达到设计强度后,经过检查质量和大小符合要求,才能进行搬运。搬运时应注意吊点或支承点的设置,务必使构件在搬运过程中保持平衡、受力合理,确保搬运过程中的安全。

4. 施工和安装

(1)基础

与就地浇筑的涵洞基础施工方法相同。

(2)拱涵和盖板涵的涵台身

涵台身大都采用砌筑结构,可按照就地浇筑的涵台身施工方法施工,如采用装配式结构时,可按照装配式墩、台相关的要求施工。

(3)上部构件的安装

拱圈、盖板、箱涵节的安装技术要求如下:

① 安装之前应再检查构件尺寸、涵台尺寸和涵台间距离并核对其高程,调整构件大小位置使与沉降缝重合。

② 拱座接触面及拱圈两边均应凿毛(沉降缝处除外),并浇水湿润,用灰浆砌筑。灰浆坍落度宜小一些,以免流失。

③ 构件砌缝宽度一般为 1 cm,拼装每段的砌缝应与设计沉降缝重合。

④ 构件可用扒杆、链滑车或汽车吊进行吊装。

任务4　涵洞附属工程施工

一、防水层

涵洞的钢筋混凝土结构设置防水层的作用是防止水分侵入混凝土内,使钢筋锈蚀,缩短结构寿命。北方严寒地区的无筋混凝土结构需要设置防水层,防止侵入混凝土内的水分冻胀造成结构破坏。对设计上规定铺设的防水层,必须严格保证其工程质量,因一旦发生质量问题,补救是很困难的。

防水层的材料多种多样,公路涵洞使用的主要防水材料是沥青,有些部位可使用黏土,以节省工料费用。

1. 防水层的设置部位

(1)各式钢筋混凝土涵洞(不包括圆管涵)的洞身及端墙在基础以上被土掩埋的部分,均须涂以热沥青 2 道,每道厚 1~1.5 mm,不另抹砂浆。

(2)混凝土及石砌涵洞的洞身、端墙和翼墙的被土掩埋部分,只需将圬工表面凿平,无凹入存水部分,可不设防水层。但北方严寒地区的混凝土结构仍需设防水层。

(3)钢筋混凝土圆管涵的防水层可按图 5-4-1 所示敷设。图中管节接头采用平头对接,接缝中用麻絮浸以热沥青塞满,管节上半部从外往内填塞;下半部从管内向外填塞。管外靠接缝处裹以热沥青浸透的防水纸 8 层,宽度 15~20 cm。包裹方法:在现场用热沥青逐层黏合在管外壁上接缝处,外面再如图在全长管外裹以塑性黏土。

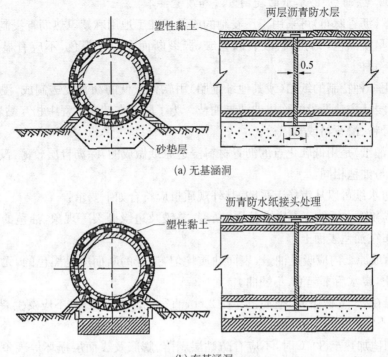

（a）无基涵洞

（b）有基涵洞

图 5‑4‑1　钢筋混凝土圆管涵的防水层

在交通量小的县、乡公路上，可用质量好的软塑状黏质土掺以碎麻，沿全管敷设 20 cm 厚，代替沥青防水层（接缝处理仍照前述施工）。

（4）钢筋混凝土盖板明涵的盖板部分表面可先涂抹热沥青 2 次，再于其上设 2 cm 厚的防水水泥砂浆或 4～6 cm 厚的防水混凝土，其上可按照设计铺设路面。涵、台身防水层按照上述方法办理。

（5）砖、石、混凝土拱涵的拱背和护拱顶面需设置防水层，防水层一般采用胶泥，厚度为 10 cm，如图 5‑4‑2 所示。

2. 沥青的熬制与敷设

沥青可用锅、铁桶等容器以火熬制，或使用电热设备。铁桶装的沥青，应打开桶口小盖，将桶横倒搁置在火炉上，以文火使沥青熔化后，从开口流入熬制用的铁锅或大口铁桶中。熬制用的铁锅或铁桶必须有盖，以便在沥青飞溅或着火时，用以覆盖。熬制处应设在工地下风方向，与一般工作人员、料堆、房屋等保持一定距离，锅内沥青不得超过锅容积的2/3。熬制中应不断搅拌至沥青全部为液态为止，熔化后

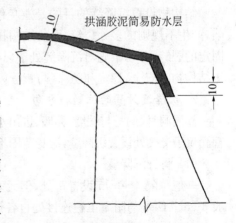

图 5‑4‑2　拱涵腔泥防水层（尺寸单位：cm）

的沥青应继续加温至 175 ℃（不得超过 190 ℃）。熬好的沥青盛在小铁桶中送至工点使用，使用时的热沥青温度宜低于 150 ℃。涂敷热沥青的圬工表面应先用刷子扫净，消除粉屑污泥。涂敷工作宜在干燥温暖（温度不低于＋5 ℃）的天气进行。

3. 沥青麻絮、油毡、防水纸的浸制方法和质量要求

沥青麻絮(沥青麻布)可采用工厂浸制的成品或在工地用麻絮以热沥青浸制。浸制后的麻絮,表面应呈淡黑色,无孔眼、破裂和叠皱,撕裂断面上应呈黑色,不应有显示未浸透的布层。

油毡是用一种特制的纸胎(或其他纤维胎)用软化点低的沥青浸透制成,浸渍石油沥青的称石油毡,浸渍焦油沥青的称焦油沥青油毡。为了防止在储存过程中相互黏着,油毡表面应撒一层云母粉、滑石粉或石棉粉。

防水纸(油纸)是用低软化点的沥青材料浸透原纸做成的,除沥青层较薄,没有撒防黏层外,其他性质与油毡相同。

油毡和防水纸可以从市场上采购,其外观质量应符合如下要求:

(1) 油毡和防水纸外表不应有孔眼、断裂、叠皱及边缘撕裂等现象,油毡的表面防黏层应均匀地撒布在油毡表面上。

(2) 毡胎或原纸内应吸足油量,表面油质均匀,撕开的断面应是黑色的,无未浸透的空白纸层或杂质,浸水后不起泡、不翘曲。

(3) 气温在 25 ℃以下时,把油毡卷在 2 cm 直径的圆棍上弯曲,不应发生裂缝和防黏层剥落等现象。

(4) 将油毡加热至 80 ℃时,不应有防黏层剥落、膨胀及表面层损坏等现象。夏季在高温下不应黏在一起。

铺设油毡和防水纸所用粘贴沥青应和油毡、防水纸有同样的性能。煤沥青油毡和防水纸必须用煤沥青粘贴。同样,石油沥青油毡及防水纸,也一定要用石油沥青来粘贴,否则,过一段时间油毡和防水纸就会分离。

二、沉降缝

1. 沉降缝设置目的

结构物设置沉降缝的目的是避免结构物因荷载或地基承载力不均匀而发生不均匀沉陷,产生不规则的多处裂缝,而使结构物破坏。设置沉降缝后,可限定结构物发生整齐、位置固定的裂缝,并可事先对沉降缝处予以处理;如有不均匀沉降,则将其限制在沉降缝处,有利于结构物的安全、稳定和防渗(防止管内水流渗入涵洞基底或路基内,造成土质浸泡松软)。

2. 沉降缝设置的位置和方向

涵洞洞身、洞身与端墙、翼墙、进出水口急流槽交接处必须设置沉降缝,但无圬工基础的圆管涵仅于交接处设置沉降缝,洞身范围不设。具体设置位置视结构物和地基土的情况而定。

(1) 洞身沉降缝

一般每隔 4~6 m 设置 1 处,但无基础涵洞仅在洞身涵节与出入口涵节间设置,缝宽一般 3 cm。两端与附属工程连接处也各设置 1 处。

(2) 其他沉降缝

凡地基土质发生变化、基础埋置深度不一、基础对地基的荷载发生较大变化处、基础填挖交界处、采用填石垫高基础交界处,均应设置沉降缝。

(3) 岩石地基上的涵洞

凡置于岩石地基上的涵洞,不设沉降缝。

（4）斜交涵洞

斜交涵洞洞口正做的，其沉降缝应与涵洞中心线垂直；斜交涵洞洞口斜做的，沉降缝与路基中心线平行；但拱涵与管涵的沉降缝，一律与涵洞轴线垂直。

3. 沉降缝的施工方法

沉降缝的施工，要求做到使缝两边的构造物能自由沉降，又能严密防止水分渗漏，故沉降缝必须贯穿整个断面（包括基础）。沉降缝具体施工方法如下：

（1）基础部分

可将原基础施工时嵌入的沥青木板或沥青砂板留下，作为防水之用。如基础施工时不用木板，也可用黏土填入捣实，并在流水面边缘以 1：3 水泥砂浆填塞，深度约为 15 cm。

（2）涵身部分

缝外侧以热沥青浸制的麻筋填塞，深度约为 5 cm，内侧以 1：3 水泥砂浆填塞，深度约为 15 cm，视沉降缝处圬工的厚薄而定。缝内可以用沥青麻筋与水泥砂浆填满；如太厚，亦可将中间部分先填以黏土。

（3）沉降缝的施工质量要求

沉降缝端面应竖直、平整，基础和涵身上下不得交错，应贯通，填缝料应具有弹性和不透水性，并应填塞紧密。

沉降缝宽度应符合设计规定，设计无规定时，可采用 20～30 mm。预制涵管的沉降缝应设在管节接缝处。

（4）保护层

各式有圬工基础涵洞的基础襟边以上，均顺沉降缝周围设置黏土保护层，厚约 20 cm，顶宽约 20 cm。对于无圬工基础涵洞，保护层宜使用沥青混凝土或沥青胶砂，厚度 10～20 cm。沉降缝构造如图 5-4-3 所示。

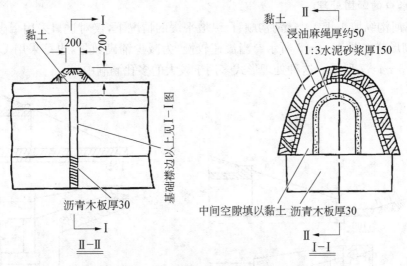

图 5-4-3 涵洞沉降缝（尺寸单位：cm）

三、涵洞进出水口

涵洞进出水口工程是指涵洞端墙、翼墙（包括八字墙、锥坡、平行廊墙）以外的部分，包括进水口和出水口两部分,如图5-4-4所示。涵洞出入口的沟床应整理顺直,与上、下排水系统(天沟、路基边沟、排水沟、取土坑等)的连接应圆顺、稳固,保证流水顺畅,避免排水损害路堤、村舍、农田、道路等。为了防止冲刷涵洞洞身内和洞口的原河底应有一定的铺砌,并在洞口铺砌的两端做截水墙,以保护铺砌,如图5-4-5所示。

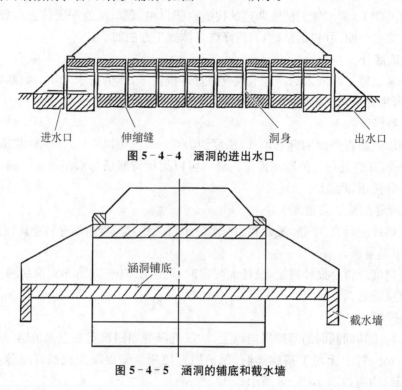

图5-4-4 涵洞的进出水口

图5-4-5 涵洞的铺底和截水墙

1.进水口的加固处理

(1)在河沟纵坡小于10%、河沟顺直、纵坡平缓的情况下,仅对进口采用干砌片石铺砌加固。铺砌形式如图5-4-6所示。当流速较慢,为减少铺砌数量,也可采用U形的铺砌形式,如图5-4-7所示。这种处理形式多用于较大的多孔涵洞中。

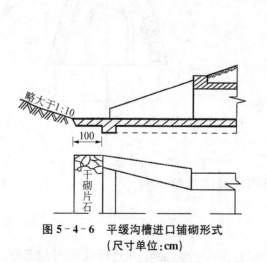

图5-4-6 平缓沟槽进口铺砌形式
(尺寸单位:cm)

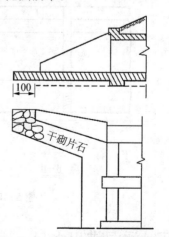

图5-4-7 平缓沟槽进口铺砌的U形
形式(尺寸单位:cm)

（2）当河沟纵坡为10%～40%时，涵洞可按陡坡设置，涵底坡度与涵前沟底纵坡可直接平顺衔接。除岩石沟槽外，河底和沟槽侧坡以及路基边坡均需用人工铺砌加固。

（3）当涵前河沟纵坡大于50%时，且水流流速很大，进口则需设跌水井或消力池、消力槛等与天然河沟连接，以消减水能，减缓流速。

2. 出水口的加固处理

涵洞出水口的加固，应根据地形、地质条件和水流特性，通过水力计算慎重选择，通常采用铺砌加固的形式。

（1）一般的铺砌加固形式

在洞身纵坡小于15%的缓坡涵洞中，由于流速较小，通常只对下游河床做一般的加固铺砌，如图5-4-8所示。为防止冲刷，一般还应在洞口末端设置截水墙。截水墙外做干砌片石加固，以保护截水墙。

（2）延长铺砌加深截水墙

当天然沟床纵坡较陡，水流流速较大时，则应采用铺砌的石块或混凝土块来抵抗高速的水流，用深埋的截水墙保护平砌的加固层，使其端部不因淘空而水毁，其加固形式如图5-4-9所示。

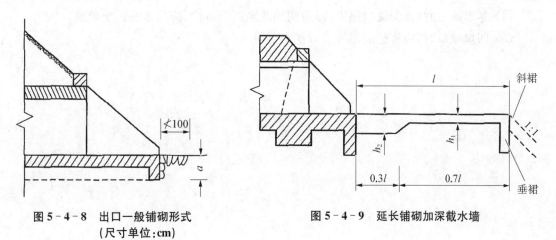

图5-4-8　出口一般铺砌形式　　　　　图5-4-9　延长铺砌加深截水墙
（尺寸单位：cm）

四、涵洞缺口填土

（1）建成的涵管、圬工达到设计要求的强度后，应及时回填。回填土要切实注意质量，严格按照有关施工规定和设计要求办理。若系拱涵，回填土时，应按照施工部分有关规定施工。

（2）填土路堤在涵洞每侧不小于两倍孔径的宽度及高出洞顶1 m范围内，应采用非膨胀的土从两侧对称分层仔细夯实，每层厚度10～20 cm。特殊情况亦可用与路堤填料相同的土填筑。管节两侧夯填土的密实度标准，高速公路和一级公路为95%；其他公路为93%。管节顶部其宽度等于管节外径的中间部分填土，其密实度要求与该处路基相同。如为填石路堤，则应在管顶以上1.0 m的范围内分3层填筑：下层为20 cm厚的黏土；中层为50 cm厚的砂卵石；上层为30 cm厚的小片石或碎石。在两端的上述范围及两侧每侧宽度不小于孔径的两倍范围内，码填片石，如图5-4-10所示。

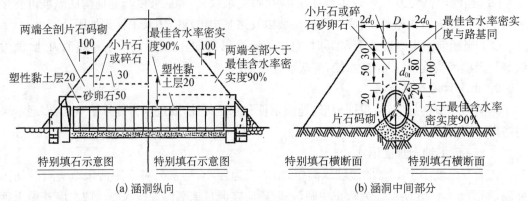

图 5-4-10 涵洞缺口填土(石)(尺寸单位:cm)

对于其他各类涵洞的特别填土要求,应分别按照有关的设计要求办理。

(3)用机械填筑涵洞缺口时,须待涵洞圬工达到容许强度后,涵身两侧应用人工或小型机具对称夯填,高出涵顶至少 1 m,然后再用机械填筑。不得从单侧偏推、偏填,使涵洞承受偏压。

(4)冬季施工时,涵洞缺口路堤、涵身两侧及涵顶 1 m 内,应用未冻结土填筑。

(5)回填缺口时,应将已成路堤土方挖出台阶。

轻轨桥梁及寒区桥梁施工

任 务 单

	布置任务
学习目标	1. 能够读识读轻轨桥梁施工图。 2. 能够说出轻轨桥梁施工前应进行的准备工作。 3. 能够规范地进行轻轨桥梁基础、桥墩的施工。 4. 能够准确地进行轻轨桥梁上部结构的施工。 5. 了解桥涵冬季施工的要求。 6. 掌握钢筋焊接、张拉等加工的特殊要求。 7. 掌握混凝土配制与拌合的特殊要求。 8. 掌握水泥混凝土浇筑的特殊要求。 9. 掌握混凝土养护的特殊要求。

任务描述	轻轨和地铁都成为城市快速轨道交通的一部分,因其运量大、速度快、正点、能耗低、污染少、乘坐方便等优点而迅速发展。与汽车交通相比,轨道交通在土地利用、维持城市持续发展等方面较为有利,同时还能减缓由汽车交通带来的环境污染、能源消耗、交通事故频发等一系列社会问题。
	    严寒地区桥梁构造物施工时,需要进行特殊工艺处理,学生在教师的讲解和引导下,明确工作任务的目的和实施中的关键要素,通过了解桥涵冬季施工要求,掌握材料加工的特殊要求,能够借助工具软件、设计文件及相关资料找到完成任务所需的工具、材料、方法,能够完成"钢筋及预应力混凝土冬季施工"和"砌体工程冬季施工"两项工作的内容报告。要求在学习过程中培养和锻炼职业素质,胜任在特殊环境下从事路桥工程施工的基本技能。
	    具体任务:
	    任务1 轻轨桥梁及其施工
	    任务2 寒区桥梁施工

学习要求	1. 掌握工程测量放线基础知识。 2. 学会使用测量工具,并做好维护和保养工作。 3. 掌握材料试验检测基础知识。 4. 学会常用工程试验仪器的使用,且操作一定要规范。 5. 学会识读轻轨桥梁工程图。 6. 按任务完成轻轨桥梁的施工。 7. 按任务完成寒区桥梁的施工。 8. 培养团队合作的精神,以小组的形式完成工作任务。 9. 严格遵守课堂纪律和工作纪律,不迟到、不早退、不旷课。 10. 树立培养职业意识,按照企业的岗位职责要求自己。 11. 本情境工作任务完成后,需提交学习体会报告,要求另附。

信 息 单

学习方式	在图书馆、专业杂志、互联网及信息单上查询问题;咨询任课教师
学习问题	1. 什么是轻轨? 轻轨与地铁的区别在哪里?
	2. 轻轨桥梁平、纵、横断面的设计原则有哪些?
	3. 轻轨桥梁横断面形式有哪些?
	4. 轻轨桥梁的作用种类及作用效应组合?
	5. 轻轨桥梁基础施工的工艺流程及施工要点?
	6. 轻轨桥梁桥墩施工的工艺流程及施工要点?
	7. 轻轨桥梁上部结构施工的工艺流程及施工要点?
	8. 钢筋混凝土冬季施工准备工作有哪些?
	9. 钢筋混凝土冬季施工时控制哪些指标?
	10. 钢筋混凝土施工的养护重点是什么?
	11. 钢筋混凝土冬季施工质量控制重点是什么?
	12. 钢筋混凝土管节在运输与装卸过程中应注意些什么?
	13. 钢筋混凝土冬季施工质量问题有哪些?
	14. 钢筋混凝土构件冬季施工温度如何控制?
	15. 钢筋混凝土冬季施工质量检验指标有哪些?
	16. 砌体施工准备工作有哪些?
	17. 砌体砌筑时控制哪些指标?
	18. 砌体对材料有何要求?
	19. 砌体施工质量控制重点是什么?
	20. 砌体常见质量问题有哪些?
	21. 砌体施工对抗冻砂浆如何要求?
	22. 砌体保温法施工有何要求?
问题引导	问题可以在本学习情境中得到解答,也可在拓展阅读书目中进行查阅。
拓展阅读	[1] 公路桥涵施工技术规范(JTG/T F50—2011)[S].北京:人民交通出版社,2004. [2] 王瑞雪.桥梁工程施工技术[M].北京:中国铁道出版社,2018. [3] 杨化奎,温巍.大跨径桥梁工程施工技术优化方法研究[M].长春:吉林科学技术出版社,2019. [4] 杨化奎.寒区路桥工程施工技术[M].北京:中国铁道出版社,2013. [5] 申爱国.桥梁工程施工技术[M].武汉:武汉大学出版社,2016.

任务 1 轻轨桥梁及其施工

轻轨和地铁都属于城市快速轨道交通的一部分,因其运量大、速度快、正点、能耗低、污染少、乘坐方便等优点而迅速发展。

随着城市现代化进程的加快,大中型城市人口密集,普遍出现了交通阻塞、环境污染等严重问题。解决现代化大城市交通问题的根本出路在于建立一个以轨道交通系统为骨干,以道路交通为主体,多种交通方式相结合的综合交通系统。与汽车交通相比,轨道交通在土地利用、维持城市持续发展等方面较为有利,同时还能减缓由汽车交通带来的环境污染、能源消耗、交通事故频发等一系列社会问题。

1.1 轨道交通的发展与特点

一、轨道交通的发展

1. 轨道交通发展的几个阶段

回顾历史,轨道交通的发展经历了一个曲折的过程,大致分为以下几个阶段。

(1) 初步发展阶段(1863—1924 年)

1863 年,在英国伦敦建成的世界上第一条地铁通车。列车采用蒸汽机车牵引,轨道线路全长约 6.4 km。这一阶段,欧美的城市轨道交通发展较快,除了有轨电车外,还有 13 个城市建成了地铁。

(2) 停滞萎缩阶段(1924—1949 年)

汽车工业的高速发展,致使了城市轨道交通的停滞和萎缩。汽车具有灵活性、便捷性及可达性,一度成为城市交通的主流工具。轨道交通因投资大、建设周期长而发展缓慢,这一阶段只有五个城市发展了地铁。有轨电车也停滞不前,甚至有些线路被拆除。

(3) 再发展阶段(1949—1969 年)

随着汽车数量激增,城市道路逐渐被堵塞,行车速度下降,同时汽车交通带来的空气污染、噪声、能耗、停车位等问题日益严重,因此轨道交通再次得到重视和发展,而且从欧美扩展到日本、中国、朝鲜、巴西、伊朗、埃及等国家。这期间有 17 个城市新建了地铁。

(4) 高速发展阶段(1970 年至今)

这一时期,世界各国城市化的趋势,导致人口向城市高度集聚,世界上很多国家都确立了优先发展轨道交通的方针,各大城市都将轨道交通纳入城市长远发展规划,发展中国家也不例外,轻轨和地铁及其他轨道交通成为城区居民出行的主流交通工具。

2. 我国城市轨道交通的发展

1908 年,上海静安寺至外滩有轨电车线路建成通车,全长 6.04 km,这是中国最早的有轨城市公共交通。

香港于 1975 年 11 月开始修建地铁,至 1989 年 8 月,历经 14 年建成了香港地铁线网络,总里程 43.21 km。1994 年香港地铁公司动工修建香港岛至新机场的地铁新线,使香港地铁线网络增加至 4 条线路;截至 2014 年,整个综合铁路系统全长 214.6 km,由观塘线、荃湾线、港岛线、东涌线、将军澳线、东铁线、西铁线、马鞍山线、迪士尼线、机场快线及轻铁各线共 150 个车站组成；每日载客量 200 余万人次，全港约有 30％的人口使用地铁提供的交通服务。

我国的城市轨道交通建设热潮始于 20 世纪 90 年代末期，各大城市均提出把轨道交通作为城市交通的骨干，不断修订城市轨道交通线网络规划。截至 2015 年 7 月，经国务院批准的城市轨道交通总规划里程超过 7 300 km。已经有 22 个城市开通了轨道交通运营里程 2 764 km，其中北京、上海都已经超过 500 km。

"十二五"规划纲要明确了"十二五"交通建设重点，在城市轨道交通上，将建设北京、上海、广州、深圳等城市轨道交通网络化系统；建成天津、重庆、沈阳、长春、武汉、西安、杭州、福州、南昌、昆明等城市轨道交通主骨架；规划建设合肥、贵阳、石家庄、太原、济南、乌鲁木齐等城市轨道交通骨干线路。

2011 年至 2020 年，城市轨道交通新增营业里程将达到 6 560 km。预计到 2020 年，我国城市轨道交通累计营业里程将达到 7 395 km。2010 年到 2015 年，平均每年要开通 250 km 地铁线路，从各城市的规划来看，在可预见的未来十年甚至二十年内，城市轨道交通将始终处于高速发展时期。

二、轨道交通的特点

自 20 世纪 80 年代以来，随着我国国民经济的高速发展，城市交通拥堵.交通事故频繁，污染严重等问题也日渐严重。近年来，人口百万以上的城市，道路每年以 3％～4％的速度增加，但机动车每年却以 15％～20％的更高速度增长，因此交通拥挤堵塞日趋严重。轨道交通在 20 世纪之所以备受青睐，是因为与道路交通相比，轨道交通具有运量大、速度快、时间准、污染少、安全舒适，并且与城市道路交通采用立体交叉、干扰少等优势。

（1）运量大。一辆公共汽车的载客量只有 40～80 人，轻轨一节车厢的载客量为 60～150 人，地铁一节车厢载客量为 150～200 人；轻轨一般 2～6 辆编为一组，地铁为 4～10 辆一组。每小时单向输送能力，公共汽车为 2 000～5 000 人，轻轨为 5 000～40 000 人，地铁达 30 000～70 000 人，轨道交通输送能力是公共汽车的 2.5～14 倍。

（2）速度快。通常情况下，公共汽车的时速为 10～20 km/h，轻轨时速为 20～40 km/h，地铁时速为 40～50 km/h，最高达 70～80 km/h，轻轨和地铁的速度是公共汽车速度的 2～4 倍。

（3）污染少。轨道交通以电力为动力，是一种清洁、绿色的运输方式。

（4）能耗少。轨道交通每公里能耗为道路交通的 15％～40％。

（5）占地省。按每小时输送 5 万人计算所需道路宽度是：小汽车 180 m，公共汽车 9 m，轨道交通综合仅为道路交通方式的 1/3 左右，而地铁和高架式轻轨交通几乎不占土地。

（6）安全与环保。轨道交通工具的事故率大大低于道路交通工具，噪声和空气污染等环境保护方面也优于道路交通。所以，城市轨道交通是在满足城市居民交通需求的条件下，全社会总付出最少的方式。

轻轨和地铁都属于城市快速轨道交通的一部分。轨道交通还包括单轨交通、新交通、磁悬浮交通等交通系统。轻轨和地铁交通客运量大、速度快、安全、正点、污染少、能耗低、乘坐方便舒适，世界上又称之为"绿色交通"。

1. 轻轨与地铁的比较

"轻轨"与"地铁"的称谓缘于其交通量的划分,一般认为,轻轨为中容量交通体系,为10 000～40 000 人/h。地铁为大容量交通体系,为30 000～60 000 人/h。因此,交通量的不同会对轻轨与地铁的工程设计标准,如钢轨的类型、线路坡度、曲线半径、车辆编组、牵引动力带来差异。

轻轨交通以高架线路和地面线路为主,当地形条件限制时,也可以采用地下线,但一般浅埋为宜,通常不设地下车站。轻轨线路主要沿街展线,时而转弯,时而高架或入地,线路平曲线的曲率半径小,坡度大。一般情况下,正线营运速度以 35 km/h 为宜,最小曲率半径采用 100 m,特殊地段可以采用半径为 50 m,最大坡度值为 60%。

早期的地铁线路大部分都设在地下。自 20 世纪 70 年代以后,地铁吸收了轻轨的一些技术优点,并且为了减少造价,只在市区建筑物密集的地段设在地下,而在城乡接合部和郊区等建筑场地和环境允许的情况下,线路和车站均建设在地面和高架上。地铁线路沿主要交通干道展线,在商业、文化、政治中心和交通枢纽附近设置地下车站。地铁交通速度快、运量大。为了减少轮轨的磨耗,一般情况下,轨道正线的平曲线最小曲率半径为 300～600 m,特殊地段为 250～300 m。正线坡度最大为 30%～35%,隧道线路要满足纵向排水要求,最小坡度一般不宜小于 30%。

线路设置方式直接影响投资数额,同样规模线路,地面、高架、地下三种不同的线路设置方式的直接投资比例一般为 1:3:9。如果考虑对城市交通、环境、景观等的综合影响,则地铁不一定全部在地下,轻轨也不一定全部在地上。轻轨和地铁互相渗透发展,其差别越来越小,以至于有些系统很难说它是轻轨还是地铁。例如上海市轨道交通明珠线是高架、大容量系统,既不能完全称为地铁,也不能确切叫它轻轨。又如加拿大温哥华的空中列车线(SKYTRAIN),有人将它称为地铁,也有人将它归为轻轨。

2. 轻轨交通的特点

轻轨交通系统比较灵活,可与任何类型的城市及郊区交通网络相连接,轻轨交通系统的运行有它自己的专用轨道。在独立的轨道上它以 20～40 km/h 的速度运行,因而能够保证时刻表的按时运行。轻轨系统可以根据实际情况,在 2～6 节车厢之间改变编组方式。典型的轻轨电车宽为 2 650 mm,长为 7 500 mm,各节车厢间通常为铰接式连接。轻轨由于新技术的广泛使用,其客运量越来越大。

1.2 轻轨的规划与设计

一、规划

城市轨道交通线网是城市总体规划的一个组成部分。轨道交通线网布局的合理性,对城市轨道交通的效率、建设费用、对沿线建筑文物的保护、噪声防治及城市景观都会产生巨大影响,对城市发展起着重要的推动作用。城市轨道交通线网的布局,除考虑地区的繁华程度和人口稠密程度外,还须考虑到轨道交通线网具有调整优化城市布局和用地功能的潜在优势。做好轨道交通线网规划,可减少拆迁和避免发生错误的布局。

1. 规划设计原则

线网的规划要与城市客流预测相适应。交通容量即运送能力,指单方向每小时断面客流通过量。按照不同的交通容量范围,轨道交通可分为特大、大、中、小容量四种系统。

其中,特大容量系统一般指市郊铁路;大容量轨道交通通常指常规地铁;中容量轨道交通包括轻轨、单轨、小型地铁和新交通系统;小容量轨道交通系统则多指有轨电车。

线网规划必须符合城市的总体规划。快速轨道交通网络规划是大城市总体规划的重要组成部分。交通引导城市发展是一条普遍规律。交通设施的完善,改善了投资环境,可以带动沿线住宅和商业区的开发和升值,使得城市走上良性发展的轨道。

规划线路要尽量沿城市主干道布置。线路要贯穿连接城市交通枢纽对外中心(如火车站、飞机场、码头和长途汽车站),以便于乘客直达目的地,减少换乘次数。

线网中线路基本走向应结合地形、地质状况,尽量选择在施工条件好的城市主干道上。要对施工方法进行比选,选择合理的线路位置、埋置方式和深度,减少施工过程中对现有建筑物的拆迁,减少对城市交通的干扰。在郊区及次中心区有条件地段,可以选择地面线路或高架线路。

线路采用浅埋或地面线路,或高架线路。线路通常是沿着较宽的城市干道,或是通过建筑物较稀少的地区,尽可能减少线路穿越建筑群区域时,因避让桩基或拆迁房屋而增加的困难及费用,为线路施工创造了较好条件,同时还为车站位置的选择增加了自由度。

如轨道交通线路预定与远期规划线路联络时,应考虑先期建设的线路与远期规划线路交叉点处的衔接,做好必要的衔接点设计。虽然暂时费用支出有所增加,但为未来路网的施工及乘客的换乘方便创造了条件。

选择轨道交通线路走向时,还要考虑车辆段停车场的位置以及连接两相邻轨道线路间的联络线。

选择轨道交通线路走向,要考虑地质条件、历史文物的保护、地面建筑和地下建筑等情况,尽量避开不良地质地段和重要的地下管线等构筑物。

2. 网络规划

目前,世界上已有 100 多个城市建有轨道交通系统,其中伦敦、巴黎、柏林、纽约、东京、莫斯科等早已形成网络。虽然轨道交通系统形态多种多样,但都是与各自城市的结构相适应,又相互影响的结果。城市现有街道的基本形式及地理条件,对轨道交通网的形成起了决定性的作用。在我国,进行了地铁和轻轨交通规划的大中城市有 30 余个,北京、香港、上海、天津、广州等城市均已形成运营的网络,分析和借鉴国内外已有轨道交通网络的结构形式及其对城市结构的影响和作用,提出可供我国大城市发展轨道交通的有益经验,建立与我国大城市发展方向相适应的交通网络结构,对于轨道网络规划,有着重要的意义。

轨道交通网络要因地制宜,结构形式应合理,并与城市特征相协调。

二、设计

(一) 线路设计

轻轨线路设计通常经过可行性研究阶段、初步设计阶段、技术设计阶段、施工图设计阶段。通过不同的设计阶段,逐步由浅入深,不断地比较线路平面和线路纵断面图,最后得到轻轨线路在城市三维空间中的位置。

1. 线路平面图

线路设计包括线路走向、车站分布、辅助线分布、线路交叉形式、路线敷设方式的选择。

线路平面设计的主要要素有曲线半径、两曲线间的直线长度、最小圆曲线长度以及缓和曲线的线形和长度。

缓和曲线一般为放射螺旋线或三次抛物线线形。

轻轨交通线路一般由直线、圆曲线以及连接直线与圆曲线的缓和曲线构成。理想的轨道交通线路在水平面上的投影，应是由直线和很少数量的曲线组成，其曲线半径应采用尽可能大的半径，并且在曲线和直线之间设置有变曲率的过渡缓和曲线。小半径的线路存在许多缺点，如需要有较大建筑接近界限去容纳与车辆端部和中部的偏移距离，离心力的加大又加速了轮缘和轨道的磨耗，并增加噪声和振动的公害，还必须限制行车的速度，增加运营费用和维修的费用。

2. 车站分布

车站数目的多少，直接影响居民乘轨道交通的出行时间；车站多，居民步行到车站距离短，节省步行时间，可以增加短程乘客的客流量；车站少，则提高了交通速度。站间距越小，车站数量就越多，在轨道交通的造价越高的同时，轨道交通的运营费用也会上升。站间距增大，车站数量减少，车站造价可以节省，但乘客步行距离及时间加长，轨道交通在综合交通中的客流量吸引能力就会降低，同时单个车站的负荷有所增加。

一般情况下，车站宜设在：

(1) 轨道交通与城市主要交通干道的交汇处；

(2) 城市的政治、经济、文化中心，有较大客流集散处，如道路十字交叉口、商业区、公园、影剧院、体育场出口附近设站；

(3) 人口密度大，在同样吸引半径范围内，发生的交通客流量大，宜设站且宜密；

(4) 我国地铁轻轨规定："车站间的距离应根据实际需要确定，市区宜为 1 km 左右，郊区不宜大于 2 km"。

3. 线路纵断面设计

(1) 线路纵断面图设计的主要技术要素

① 最大纵坡

城市轨道交通的线路纵断面图设计的主要技术要素有坡度、坡长及竖曲线。竖曲线的参数又包括竖曲线半径、竖曲线长度。

高架轻轨按我国轻轨样车在技术条件规定正线的限制坡度为 60‰。

② 车站纵坡

地下轨道车站站台线不应在一个坡道上，最好为平坡。考虑到纵向排水沟的坡度，最大坡度一般为 3‰，困难条件下为 5‰，车站线路应尽量接近地面，这样不仅可以减少工程量，节约工程造价，也可以方便乘客进出站。车站在有条件时，应尽量布置在纵断面图的凸形部位上，即车辆进站时上坡，出站时下坡，有利于列车的起动和制动。

地面和高架桥的车站站台线路应设置在平坡道上，在困难地段可设在不大于 8‰ 的坡道上。

设在隧道内的车站线路纵坡应尽可能平缓，根据相关技术标准不宜大于 5‰。

③ 最小纵坡

隧道内的最小纵坡主要为满足纵向排水需要,一般情况下线路的坡度与排水沟坡度取一致,一般不少于 3‰。因为坡度过大时,停车不稳,易发生溜车事故。

道岔应铺设在较平缓的坡道上,一般规定设在不大于 5°的坡度上。困难地段坡度不大于 10‰。

隧道内折返线和存车线,既要保持隧道内最小的排水坡度,又需满足停放车辆和检修作业的要求,一般选取 20‰。

(2)竖曲线

纵断面上两个坡度的转折处,为了便于行车用一段曲线来缓和,叫作竖曲线。

竖曲线有圆弧线形,也有抛物线形。抛物线形曲率渐变,更适合列车运行,但铺设和养护复杂;竖曲线通常为圆曲线形。

(3)坡长

为了行车的平稳,宜设计较长的坡段,以减少列车通过变坡点时产生的附加离心力和加速度。但是为了适应线路高程的变化,坡长也不宜太长,否则将引起较大的工程量,增加工程投资。因此应综合考虑两者的影响来确定最短坡长。

一般情况下线路纵向坡长小于列车长度时,可以使一列车长度范围内只有一个变坡点,避免变坡点的附加力叠加影响和附加力频繁变化,保证行车平稳。

坡长还应满足竖曲线不相互重叠,且又要相隔一定的距离,两竖曲线夹直线长度不宜小于 50 m,以利于列车运行和线路的维修。

竖曲线不应侵入车站站台范围,以保证站台的平稳和乘客的安全,并有利于车站设计施工。竖曲线可紧邻站台端设置。

对于轻轨高架线,最小坡长应不短于远期列车长度,同时保证两竖曲线间的夹直线不短于 25 m。当坡度为 60°时,坡长限长为 500 m;当坡度为 50°时,坡长限长为 1 000 m;如坡度小于 50°时,坡段的长度不限。

(4)轨距、轨距加宽和超高

① 轨距

地铁及轻轨一般采用 1 435 mm 的国际标准轨距。

② 轨距加宽

为使轨道交通车辆顺畅通过曲率半径较小的平曲线,对轨道曲线部分的轨距应适当加宽。即加宽后,曲线外轨水平面投影位置保持不变,而内轨内移,加宽值在缓和曲线长度范围内完成。

③ 平曲线轨道外轨超高

轨道交通车辆在曲线上通行时,将产生离心力。为了平衡产生的离心力,必须在平曲线外轨上设置超高。即把外轨适当抬高,借助车辆重力的分力平衡离心力,达到内外钢轨均衡受力,使乘客不因离心加速度的存在而带来不适。超高量和车辆重力、速度、曲率半径有关,应根据实际计算或规范规定取用。

(二)轨道结构工程设计

轨道是由钢轨、扣件、轨枕、道床、道岔及其他附属设置等组成的构造物。组成轨道部件材料的力学性质差异极大,通过科学方式把它们可靠地组合在一起,用以驱动、导向列车的运行、承受高速行驶轨道交通车辆的荷载并传递给支撑轨道结构的基础。

城市轨道交通线路通常由地下、地面或高架穿过居民区,因此,还应考虑以下的一些问题。

为保护城市环境,控制噪声,除了车辆结构采取减振措施,必要时修筑声屏障外,对轨道结构也要采取减振措施。

轨道交通行车密度大,运营时间长,留给轨道维修作业的时间少,因而一般采用较强的轨道部件。新建轨道交通系统时,对浅埋隧道和高架结构,一般采用无砟道床等维修少的轨道结构。

轨道交通车辆一般采用电力牵引,以走行轨道作为供电回路,为减少因漏泄电流,而造成周围金属设施的腐蚀,要求钢轨与轨下基础有较高的绝缘性能。

城市轨道交通曲线段占线路的比例较大,在小半径曲线地段,应采用耐磨钢轨,并在运营时钢轨涂油,减少磨耗等措施。

1. 钢轨

钢轨是轨道结构的主要组成部分,直接承受列车荷载并传递到扣件、轨枕、道床和结构底板(路基、桥梁),依靠钢轨的头部内侧和列车轮缘的相互作用,引导列车前进。在列车静载和动载的作用效应下,钢轨产生弹性挠曲和横向弹性变形,所以钢轨应有足够的承受作用能力、抗弯强度、断裂韧性、稳定性、耐磨性、耐腐蚀性。

钢轨断面形状主要为工字形,由轨头、轨腰、轨底三部分组成。

(1) 选型

钢轨的类型通常以每米重力数表示,目前我国铁路的钢轨类型主要有 43 kg/m、50 kg/m、60 kg/m、75 kg/m。重力数越大,表示断面尺寸越大,钢轨强度等力学性能指标越高。

在我国城市轨道交通的线路中,早期的北京地铁使用了 50 kg/m 钢轨,20 世纪 90 年代的上海广州地铁都采用了较重的 60 kg/m 钢轨,以期延长维修周期。轨道交通的停车线、站场线等非运营线路则采用较轻的 50 kg/m 钢轨,甚至 43 kg/m 钢轨,以减少投资。

钢轨的长度通常为 12.5 m 和 25 m。

我国轻轨交通车辆的轴重比较轻,如轻轨样车轴重为 100 kN,但为保证客运车辆的运行质量和钢轨有较长的使用寿命及适应铺设无缝线路的需要,通常采用 50 kg/m 的钢轨。

(2) 钢轨的材质

钢轨的材质,是指钢的化学成分及组织,是钢轨质量的第一个特征。钢轨钢中,碳是钢轨抗拉强度和硬度主要来源,一般含量为 0.65%。锰可以提高钢的强度、韧性和抗磨性能,但焊接性能大大降低。道岔、辙岔通常是锰含量高的钢种。

(3) 钢轨的连接

在轨道上的两根钢轨之间,用夹板等配件连接,把定长钢轨接成连续的轨道线,即为钢轨接头。在城市轨道交通的结构中,虽然大量采用了无缝线路结构,使钢轨接头数量大为减少,但是在无缝线路的缓冲区、轨道电路的绝缘区、有道岔的线路区段中,钢轨接头还是不能少的。

钢轨的接头分类有以下几种。

接头连接形式相对于轻轨的位置,分为悬空式和承垫式两种,线路上的大部分接头是悬空式,承垫式只是在绝缘接头处使用。

按两股钢轨接头相互位置,分为相对式和相差式两种。

按连接接头的用途及工作性能来分,有普通接头、异形接头、传电接头、绝缘接头、尖轨接头、冻结接头等。

普通接头是线路上使用最多的接头,异形接头用于连接两种不同断面的钢轨。传电接头用于自动闭塞区段及电力牵引地段,供传导轨道电路电流或作为牵引电流的回路之用。轮间传导连接装置用左右两根镀锌铁丝组成。

焊接连接与无缝线路。焊接接头,是用焊接方法把钢轨连接起来,广泛用于无缝线路上。通常采用电接触焊、气压焊、铝热焊方法,其中以电接触焊的长钢轨质量好,效率高。

2. 轨枕

轨枕类型随轨距、道床种类、使用的地点不同而异,地下铁道正线一般采用短轨枕或无轨枕的整体钢筋混凝土道床,车场线采用普通钢筋预应力混凝土轨枕,在道岔范围内少数区段采用木枕。

高架轻轨线宜采用新型轨下基础。这种新型的轨道结构不同于传统的道砟床上铺设木枕或混凝土的轨下基础,而是以混凝土道床为主的构造形式。

3. 扣件

扣件是钢轨与轨枕或轨下基础连接的重要联件,是固定钢轨,阻止钢轨纵向和横向位移,防止钢轨倾斜,并能提供适当的弹性,将钢轨承受的作用力传递给轨枕或道床承轨台的重要部件。扣件由钢轨扣压件和轨下垫层两部分组成。

(1)扣件的设计

扣件应具有足够的强度、扣压力和耐久性。在高架桥无砟、无枕的轨道上,扣件还必须具有一定的弹性,保持轨距有较大的水平调整量,以适应预应力梁的徐变和桥墩的不均匀沉降,满足减振、降噪、绝缘的要求。且扣件的构件应简单,标准化程度高,通用性好,造价低。扣件的铁件部位应做防腐处理。

4. 道床

轻轨道床可归纳分为两大类:碎石道床和整体道床。

(1)碎石道床

碎石道床的优点是结构简单,施工容易,减振、减噪声性能好,造价低。碎石道床存在自重力大,不易保持轨道几何形状,维修工作量大,容易脏污等缺陷。在新建的高架、地下轨道交通线中已不采用,目前只在轨道交通的地面线、站场线中使用。

用作道床的材料,应满足质地坚韧、吸水度低、排水性能好、不易风化、耐冻性强、不易压碎、捣碎和磨碎的要求,一般采用碎石道砟。

(2)整体式道床

整体式道床的优点是整体性好,坚固、稳定、耐久,轨道建筑高度小,减少隧道净空,节省投资;轨道维修量小,适应轨道交通运营时间长、维修时间短的优点。

① 无枕式整体道床

也称为整体灌注式道床,轨道建筑高度小,道床混凝土可采用 C30,一般自下而上施工;先使用专用施工机具把联结扣件的玻璃钢套管按设计位置预埋在道床内,上面做成承轨台,然后再安装扣件和钢轨。

② 轨枕式整体道床

这类道床可分为短枕式和长枕式。

把预制好的混凝土枕与混凝土道床浇筑成整体。其优点是可采用轨排施工,施工进度快,施工精度也容易保证。

③ 支承块式

把预制的钢筋混凝土支承块与混凝土道床浇筑成一体。这种形式的整体性及减振性能较差,施工较整体浇筑式简单,而比轻轨枕式复杂,成本较低,施工精度较整体浇筑式容易保证。

④ 轻轨整体道床

轻轨高架桥上以无砟整体道床为主。这类结构就是通过扣件把钢轨与混凝土桥面连接起来,应用较广泛的是在混凝土梁上二次浇筑混凝土纵向承轨台,是我国设计的轻轨高架桥无碎轨道结构。纵向承轨台高 150 mm;分段断开,便于排水,两纵向支承间设置防脱轨矮墙,代替通常使用的护轨。

上海明珠轻轨高架线路采用支承块、承轨台式新型整体道床结构。支承块为钢筋混凝土预制短块块,在相邻两股钢轨下每间隔一定距离各垫一块,每个支承块顶面预留两只锚固螺栓孔,并与钢轨连接。混凝土强度等级为 C50。支承块底部预留六根钢筋,与梁面预埋钢筋连接,以提高与承轨台间锚固的整体性。

5. 限界

列车沿轨道安全运行时所需要的净空尺寸称为限界。车辆限界应根据车辆主要尺寸等有关参数确定,一方面,隧道结构内部要有足够的空间,以供车辆通行和布置线路结构、通信、信号、供电、给排水等设备;另一方面,为确保列车安全运行,凡接近城市轨道交通线路的各种建筑物(如隧道衬砌、站台等)及设备,均不能侵入限界。因此,轨道交通规定了车辆限界、设备限界、接触轨限界、建筑接近限界。

(1) 车辆限界

根据车辆外轮廓尺寸有关参数,并考虑静态和动态情况下横向和竖向偏移量及偏移角度,按可能产生的最不利情况确定。

(2) 设备限界

设备限界是车辆限界的基础上考虑轨道的轨距,水平、纵向、高低等在某些地段出现最大容许误差,引起车辆的附移量,以及在设计、施工、列车运行中不可预计的因素在内的安全预留量。设备限界是一条轮廓线,所有固定设备以及土木工程的任何部分都不得侵入此轮廓线内,它是确保列车等移动设备在运营过程中的安全所需的界线。

(3) 接触轨与架空接触网限界

接触轨与架空接触网应根据受流器的偏移、倾斜和磨耗、接触轨安装误差、轨道偏差、电间隙等因素确定。

(4) 建筑限界

建筑限界是在行车隧道和高架桥等结构物的最小横断面所形成的有效内轮廓线基础上,计入其施工误差、测量误差、结构变形等因素,并满足固定设备和管线安装的需要而必需的限界。

6. 轻轨交通建筑限界

区间直线地段及隧道建筑限界应满足各种设备安装的要求。曲线地段的建筑限界,则

应按直线地段的建筑限界分别进行加宽和加高。其加宽、加高量应参见《地铁设计规范》
(GB 50157—2013)。

轻轨桥梁建筑限界宽度一般为 8 600 mm,线路中心到防护栏内距离为 2 400 mm,侧向
人行道宽度为 750 mm。

高架车站直线段桥面建筑限界。侧式车站桥面建筑限界的总宽度与选用的车辆宽度和
侧站台的宽度有关,如选用车辆宽度 2 800 mm,侧站台的宽度为 4 000 mm,其建筑限界的
总宽度宜为 14 600 mm。高架桥直线段桥面建筑限界。

曲线地段高架桥面区间和车站限界。在曲线地段的区间和车站高架桥面建筑限界,应
在直线地段的各有关尺寸的基础上,根据所选用车辆的有关尺寸及平面曲线半径是否设置
超高进行加宽。

高架桥下净空应满足城市汽车通行的净空尺寸、洪水设计频率及通航标准。

1.3　轻轨的结构设计

一、轻轨车站的结构形式

(一) 轻轨车站建筑设计

轻轨交通是指在城市地面或地面上空行驶的轨道交通。它的车站建筑属于交通建筑设
计,轻轨车站保留了交通建筑的一般共性。车站客流主要以上班族及城市居民为主体,轻轨
交通车次间隔时间少,发车定时。因此,客流在车站候车滞留的时间短,具有城市地面公共
交通的特征,所以不需要设置过大的候车面积,车站主要任务之一是解决在短时间内安全和
顺畅的客流集散。车站建筑通常呈线状布置,主要建筑于地面上空,有时也可设置于地面或
地下。

车站间距通常为 1.0～1.5 km,一般不大于 2.0 km。

车站的建筑造型应力求简洁明快,新颖脱俗,外形与城市景观相协调。建筑装修应使车
站富有个性和时代感。

1. 车站的平面设计

若以高架轻轨车站为例,一般由站台、站房、站前小广场、升降设施及跨线设施等构造物
组成。其中站台是最基本部分,其余几部分,在一般情况下,均需设置;但在特定的情况下,
在满足功能要求的前提下,它们中的某些部分可被省略。

轻轨车站平面设计与地铁车站相比,有其相似之处,但也有它的不同的特点。相同处在
于站台候车方式、站台长度(根据车辆编组确定)、售票检票方式等;不同处在于一个在地下,
一个在地上。客流引进的方向和站厅站台的组织顺序相反。轻轨车站的站台层在最上层,
客流向上经站厅层检票后到达站台层候车。因此车站总体布局时,应按照客流的活动顺序,
合理布置进出站线路,减少干扰。要求客流线路简捷通畅。

站台布置的位置为了满足功能要求,可以采用侧式站台布置和岛式站台布置。侧式站
台又可分为横列和纵列两种形式,一般的侧式站台以候车为主,有利于城市架空桥道铺设。

升降设施和跨线设施。高架车站与地面联系必须通过升降设施来疏导乘客。因此,车
站的站台、站房、站前小广场及升降设施和跨线设施必须进行统筹考虑,使车站建筑设施布

局合理,紧凑,节约用地,成为建筑体量相宜、和谐统一的整体,既满足轨道交通的运营功能,又起到美化城市景观的作用。

本车站分为站厅层和站台层。在站厅层设置客流出入大厅及售、检票厅,利用回栏分隔付费区及非付费区。车站的过街人行天桥或地道的出入口必须设于非付费区内。管理及设备用房尽量设置于一端。车站站台候车方式不同,带来站厅层楼梯位置及组合方式的不同,同时也影响到管理用房的布置及检票口位置的设置。

2. 车站建筑的剖面设计

剖面图分为水平剖面图和竖直铅垂剖面图。水平剖面图又简称为平面图,所以,剖面图通常指的是竖直铅垂剖面图。根据车站高度及规模的不同,在地面上有二层、三层的,甚至高达四层的车站,而真正作为车站本体所有仅为二层。竖直剖面图则表示了车站铅垂方向的结构方案、结构各部分的安装关系、采用的材料、构造做法、有关高程、站台候车方式、构件尺寸、车辆尺寸、桥孔下净空、车辆运行限界等。

车站建筑结构以钢筋混凝土框架为主,也有车站在升至站台层后采用钢结构,上覆轻型钢结构屋盖。屋顶可以是全部覆盖,也可以在候车站台上部只作局部覆盖。

3. 立面造型设计

车站形体及立面设计对周边环境及城市景观有一定的影响,同时,车站周边的环境及城市的景观同样对轻轨车站的造型设计也会产生一定的制约。

决定轻轨车站的造型主要由功能确定,车站是沿轨道线路走向布置而呈长条形的建筑。有时车站建在曲线上,它就成了弧形的条状体建筑。车站本体一般为二层的车站建筑,但由于线路高程的高低差别,车站建筑必须有与之相对应的不同层数。为了不影响城市周边的其他交通,在车站的两侧不可能有过多的外凸体,车站建筑通常只能以其简洁、明确的构造,去充分体现其内部功能,是城市轨道交通的特性。如上海轨道交通明珠线一期工程,沿线19座车站绝大部分车站建筑的构造物立体处理统一于车站基本功能所形成的三段式,顶部是架在钢筋混凝土框架上的轻型屋架金属屋面板及条形采光板,中间是体现站台和站厅的车站主体围护墙体,下部绝大部分车站是架空层,体现了明珠线一期车站建筑的共性。又根据各车站所处的线路位置、周边环境的不同,再对其立面造型适当作不同的处理,形成各自的个性。

造型设计中的基本处理手法有:

车站立面形式、造型与内部功能合理结合。窗户的开设,结合车站各层功能,使立面形式充分反映内部功能。

合理采用顶部轻型屋架的结构形式,形成车站外部的不同造型。

窗子的位置、大小、所用材料及做法、车站名牌位置及大小直接影响立面造型。

车站下部架空处理或入口大厅等尽量处理成虚的空间,或向内收进,使车站建筑轻巧地飘浮于空间,同时,还可利用过街人行天桥的造型,增添车站美观性。

(二)轻轨高架车站结构选型

轻轨高架车站结构形式的确定,首先考虑满足车站功能布置要求,其次结合场地的城市规划、地面道路及工程地质条件等综合考虑而定。

高架车站结合车站功能,结构体系分为空间框架体系结构,桥梁体系结构,框架、桥梁结构。

1. 空间框架结构

钢筋混凝土框架结构适用于用地范围大、车站体积大的地段,可做成双层甚至三层,以利开发利用。轨道交通的桥梁架设在框架体系的主横梁上,桥墩则是车站框架结构体系柱网的一部分。结构受力合理,结构整体性和稳定性好。框架的纵、横梁对桥墩均能起到约束作用,可节省工程造价。

但高架车站所承受作用与一般房屋建筑承受的作用完全不同,高架车站的可变作用所占比例大。而且,由于列车荷载作用点不断变化,框架结构受力复杂。高架车站的框架结构由于受载的不均匀,容易造成基础的不均匀沉降,尤其在地质条件不良的地段。一旦发生基础不均匀沉降,变位作用将损坏结构,并且修复困难。其次由于框架结构的动力稳定性一般比桥梁结构差,因此,框架结构的振动控制,是结构分析和设计的关键问题之一。

2. 桥梁结构

高架车站的桥梁建筑方案,是先形成桥梁结构,即建好基础墩柱、梁跨后,然后再在桥上布置车站。

桥梁桥跨结构可供选择的断面形式有箱梁、T 梁、空心板梁和槽形梁等。箱梁断面抗扭刚度大,整体受力性能和动力稳定性好。T 梁刚度大,材料用量省,可采用预制吊装施工。

墩柱常用结构形式有 T 形墩、双柱墩、V 形墩和 Y 形墩。高架车站中的柱墩应具备足够的强度和稳定性,应避免在承受轨道列车作用而产生的较大位移。

3. 框架、桥梁结构

高架车站的主体结构分为两部分,即车站建筑和高架桥建筑。车站包在高架桥之外,高架桥的车站在房屋建筑中穿过,二者在结构上完全分开,受力明确,传力简洁。

车站结构与桥梁结构在受力上自成体系,避免了列车运行对车站建筑结构的影响,解决了基础不均匀沉降和车站建筑结构的振动问题。

上述三种结构体系,从使用功能上看,桥梁结构体系适用于小型车站和中间站,其他两种结构体系适用于大中型车站。

就大型车站而言,从结构性能上进行对比,框架桥梁结构优于空间框架建筑结构,其理由为:

框架桥梁结构体系中避免列车动荷载对车站建筑结构的不利影响。由于桥梁结构和车站建筑结构是两个完全独立的力学系统,受力传力明确简洁,解决了车站振动控制和基础沉降控制这两个结构设计和施工中的难题。

高架桥适用于承受列车快速移动荷载,而框架建筑结构给车站的功能布置和使用带来方便,框架桥梁结构体系发挥了二者的优点。

框架桥梁结构体系使高架车站的结构设计简化,高架桥梁结构和车站建筑结构可以分别依据现行的国家规范进行独立的结构设计和计算。

二、轻轨高架桥梁断面设计与构造

(一)轻轨高架桥梁断面形式

轻轨高架桥桥面主要承受列车荷载,一般宽度较小。

轻轨高架桥梁断面设计实际上是桥梁的上部结构设计。其断面的建筑高度、断面的形式、材料的选用,必须从实用、经济、施工及美观等方面综合考虑。一方面,要求结构安全、经济美观、满足桥下交通要求等,另一方面要结合工程及场地的特点,采用既经济又成熟的施工工艺、施工方法与结构形式,再则,还需满足无砟、长枕式整体道床及长钢轨结构对高架桥梁结构的特殊要求。目前比较合适城市轨道交通高架桥梁的上部结构有预应力混凝土箱梁、后张法预应力混凝土 T 形梁、下承式槽形梁、脊梁式箱梁和槽形梁结构。

1. 预应力混凝土箱梁

桥梁上部桥跨结构的箱形断面,是目前比较先进且已被广泛采用的梁跨断面形式,这种闭合薄壁断面抗扭刚度大,整体受力性能好。尤其对于弯桥、斜桥,优点更是突出。同时,梁顶部和底板都具有较大的面积,所以能够满足配筋要求,并能有效抵抗正负弯矩等作用效应。箱形断面具有良好的动力特性,其收缩变形系数小,材料用量小,箱形断面外形整洁,箱底面平整,线条流畅,再配以造型简洁的圆柱墩或 Y 形墩,非常适宜于现代化的城市桥箱形断面有各种形式:单室双箱梁宜作为标准区间梁使用,适用于景观要求高、设备技术好、施工能力强、场地干扰少的环境条件。单室单箱以及单箱双室梁材料用量少,外形可做成流线型,造型新颖美观、景观效果好,常用现浇法施工,可以用在大跨度桥梁或曲线桥梁上。

2. 预应力混凝土板梁

板梁结构建筑高度小,外形简洁,便于预制吊装施工。预应力板梁的经济跨度为 $16\sim20\ m$,板梁断面主要有空心板、低高薄板和异形板,空心板梁每跨可根据桥宽采用 $4\sim8$ 片梁拼装成桥,每片梁吊重 $40\sim50\ t$;而低高度板梁采用 2 片拼装,吊装重力相对较大,异形板梁在美观上占有优势。桥跨的单片梁形式,一般采用支架现浇施工,可以用在斜桥和曲线桥梁上,但工期相对较长。板梁的抗扭刚度小,对抵抗列车偏载不利。多片空心板梁也可用在道岔区及有配线的地段。

3. 预应力混凝土 T 形梁

T 形梁与箱梁同属肋梁式结构,它兼具箱梁刚度大、材料用量省的特点,主要采用预制场预制,运输至现场吊装,每跨梁由多片预制主梁相互连接组成,吊重小,构件容易修复或更换,施工便利。简支 T 梁经济跨度为 $20\sim25\ m$。

4. 预应力混凝组合箱梁

预应力混凝土组合箱梁,即用先张法预制槽形梁,吊装就位后,再在它上面现浇筑钢筋混凝土连续桥面板,将槽形梁联成整体,形成组合式箱梁。每跨区间由四片简支梁组成,经济跨度 23 m,吊重约 25 t。本方案兼具箱梁整体性好、抗扭刚度大的优点,同时通过现浇连续桥面结构克服了简支梁接缝多的缺点,并使行车条件得到改善。从施工上讲,组合梁预制、运输、吊装方便,架桥速度快。缺点是桥面板需就地浇筑,增加了现场混凝土施工量,且先张法只能直线预制,不适于弯梁桥,美观上也逊色于其他方案。

5. 钢—混凝土组合梁

钢板梁或钢桁架梁通过剪力连接件与钢筋混凝土桥面板结合成主梁的一种桥梁,称为组合梁桥。这种构造形式的实质是剪力连接件使钢筋混凝土板与钢梁在竖向荷载作用下共同受弯,钢梁上的上翼缘或上弦杆的承压面积可以减少,充分发挥了混凝土和钢材的受力特征。

高架轨道交通中,采用组合梁的优势为:

(1) 钢筋混凝土与钢梁结合成一体,其断面刚度增大而钢材用量减少。

（2）与同跨径钢桥相比,梁高可以减低约 20%。

（3）组合梁在可变作用的作用下的噪声比全钢梁桥小。

（4）钢梁由工厂化生产,运输现场吊装,并以钢梁为依托进行桥面的混凝土施工,从而免除桥跨下的支架搭设,减少了施工期间的城市交通干扰。

6. 其他形式的桥梁

一般认为:任何形式的桥梁都有可能成为城市轨道交通高架桥,从景观出发,各种形式的拱桥、拱梁组合梁,包括斜拉桥都有可能成为城市轨道交通中的桥梁。

综上分析,如果从构件系统化、标准化、便于从工厂化生产预制和机械化施工的原则出发,那么在同一条高架桥线路上的结构类型不宜过多。综合进度工期、施工工艺及经济造价等方面的要求,应当优先推荐中、小跨径的预制梁桥方案。在特殊的地理条件下,考虑环境的协调、美观等因素,特殊类型的桥梁也常常成为因地制宜的合理选择。

（二）高架桥上部断面构造

目前,轻轨高架桥上通常以无砟整体道床为主,且桥面采用无砟无枕承轨台结构。因此,进行桥面施工时应预留足够空间,以便于施工承轨台。

桥面断面构造尺寸应根据轨距宽度、轨道限界、设备、管线布置所需断面设定。断面构造尺寸的拟定必须符合各相关规范的构造要求。

三、轻轨桥梁下部结构设计

轻轨桥梁墩台的基础形式应根据地质资料确定。当地质情况良好时,应尽可能采用扩大基础。若为软土地基,为确保基础安全,满足承载能力的要求,并尽可能减少沉降,则宜采用桩基础。如采用沉桩工艺,应根据地面建筑和地下管线的分布状况确定可否使用。大部分高架桥的下部结构一般采用施工速度快、工艺成熟的打入桩基础,对于局部离已有建筑物较近的地段宜选用钻孔桩。钻孔桩施工时,应采取有效措施,防止泥浆外溢污染道路,影响正常交通和道路排水设施,保持环境清洁。

桥墩除应有足够的强度和稳定性外,还应结合上部结构的选型使上下部结构协调一致,相互辉映、轻巧美观、与城市景观相和谐,尽量少占地,透空性好,保证桥下行车有较好的视线,给行人一种愉快感。

轻轨桥梁常用的桥墩形式有以下几种。

1. T 形桥墩

T 形桥墩占地面积小,是城市轻轨交通高架桥常用的桥墩形式。这种桥墩既为桥下交通提供最大的空间,又能减轻墩身重量,节约圬工材料,外形轻巧美观,特别适用于高架桥和地面道路斜交的情况。T 形桥墩由基础之上的承台、墩身和盖梁组成。墩身断面一般为圆形、矩形或六角形的普通钢筋混凝土结构。桥墩的大伸臂盖梁由于承受较大的弯矩和剪力,可采用预应力混凝土结构。墩身高度一般不超过 8~10 m。

2. 双柱式桥墩

双柱式墩在横桥向形成钢筋混凝土刚架,受力情况清晰,横桥向稳定性好,因其盖梁的工作条件比 T 形桥墩的盖梁好,可不必施加预应力,其墩身使用高度一般在 30 m 以内。为了避免河中桥墩被较大的漂流物卡在两柱之间影响桥梁安全,桥墩断面可做成哑铃式。在城市立交桥中,哑铃式墩可抵抗更大的侧向撞击力。同样,也可在高水位以上或撞击高度以上为两柱,以下部分则为实体圆端形墩。上海明珠线(3 号线)的双柱式桥墩设计成无盖梁结构,上部箱梁结构直接支承在双柱上,双柱之间加设了一横系梁。

3. Y 形桥墩

Y 形桥墩,结合了 T 形桥墩和双柱式墩的优点。桥墩下段成单柱式,占地面积小,透空性好,有利于桥下交通,而上段分叉做成双斜柱式与盖梁相连,对盖梁工作条件有利,也可不必施加预应力,且造型轻巧,比较美观。虽然施工相对比较复杂,但困难并不太大。墩身高度可根据设计计算确定。

轻轨高架桥车站及线路的施工要进行施工方法的选择,做到因地制宜,施工方案合理,工艺科学,技术先进,施工简便快捷,对城市交通干扰少,同时,所指"施工"还应包含施工组织和管理。合理施工组织,科学的管理,可以做到统筹全局、增强预见性、把握主动性,使得工程项目高工效、低能耗、高质量,并在预定的工期内投产使用。本章内容着重叙述轻轨高架结构的施工方法及技术问题。

四、轻轨桥梁上部结构设计

轻轨轨道交通体系的高架桥同公路交通体系的桥梁一样,在设计计算过程要考虑构件自重力的永久作用、列车荷载的可变作用及其他偶然作用对于桥梁的影响。城市轨道交通高架桥结构应参照铁路桥涵设计基本规范,车辆荷载根据所采用的车辆确定,对高架建筑结构的作用参照建筑结构规范规定采用。

(一) 设计的各类作用

在高架桥上和高架车站上的作用主要有:

1. 永久作用

结构自重力、上部建筑重力、预加应力、设备重力、混凝土收缩徐变作用和基础沉降的变位作用。

2. 可变作用

(1) 车辆荷载(根据车辆选型资料,确定荷载图式,双线段按 90% 车辆荷载计):地铁或轻轨列车的冲击力。曲线地段应考虑离心力,离心力作用点在列车的重心位置,距轨顶高度为 18 m。区间高架桥应考虑双侧人行道荷载。

(2) 附加力:制动力或牵引力、风力、列车的横向摇摆力以及超静定结构考虑温度变化的作用。

(3) 若高架桥上轨道采用无缝线路,还要考虑线路产生对桥墩的水平附加力。

(4) 区间高架结构的挡板设计,除考虑其重力及风载外,还应考虑 0.75 kN/m 的水平推力。

(5) 车站站台、楼板和楼梯部位的人群均布荷载(采用 4.0 kPa)。

3. 偶然作用

(1) 地震作用(设计时根据工程所处场地条件,按《铁路工程抗震设计规范》计算)、施工阶段作用效应组合以及汽车对道路范围内和接近路边的桥墩撞击力。

(2) 高架桥结构边缘应考虑 30 kN/m 的脱轨力。

① 车辆荷载。

② 车辆制动力、牵引力及横向摇摆力。

③ 长钢轨纵向力。当桥面上铺设无缝线路时,长钢轨除受到温度力的作用,还受到梁、轨相互作用的两项纵向附加力作用,即伸缩力和挠曲力。此外,如果桥上发生断轨或无缝线路伸缩区设置在梁上时,梁跨(支座)和墩台又受到断轨力。作用在桥上的长钢轨纵向力包括伸缩力、挠曲力和断轨力三项。

长钢轨纵向力与桥跨结构的跨度、体系、钢轨重量及钢轨本身的温度力有关。其中作用在桥梁墩台及固定支座上的断轨力按一跨简支梁长或一联连续梁长内的线路纵向阻力之和计算,但断轨力不得超过最大温度拉力。无论单线还是双线桥梁,计算取一轨断折的断轨力。

4. 混凝土收缩、徐变的作用

混凝土收缩、徐变作用的直接影响,相当于混凝土变形模量的降低,导致预应力损失,使构件应力增大,变形也随之增大。并导致曾经出现了铁路桥梁上道砟越来越薄,无砟无枕桥梁的轨顶高程无法调节的现象。

设计时,可以在构件中预留二、三根备用索。施工时,根据梁的状态,利用备用索调节预加力的增减来控制梁的上拱或下挠,可不必要求拱度为零,只要控制在毫米级,就可以保证混凝土收缩、徐变的作用下,使构件缩短而不会产生无法调节的拱度。

(二) 作用效应

1. 作用效应组合

高架桥梁设计时,应对最不利作用效应组合情况进行计算。作用效应组合分为六类,其中基本组合三类,另有撞击力组合、施工阶段作用效应组合和地震作用组合各一类,分述于下:

基本组合Ⅰ:永久作用中的一种或数种(视可能同时出现的情况而定,下同),加基本可变作用的一种或数种,加其他可变作用的一种或数种。分别给出强度极限状态和使用极限状态的分项系数。

基本组合Ⅱ:永久作用中的自重力、附加力和基础变位作用(根据设计需要参与组合),加基本可变作用效应组合(不计制动力或牵引力),加其他可变作用中的风荷载。此类组合只需验算强度极限状态。

基本组合Ⅲ:永久作用和基本可变作用同上,加其他可变作用中的温度作用。此类组合也只需验算强度极限状态。

撞击作用效应组合Ⅳ:除永久作用的一种或数种及列车荷载外,只考虑船只或车辆的撞击作用。分别给出强度极限状态和使用极限状态的分项系数,使用极限状态的容许应力限值应依据有关规范适当提高。

施工组合Ⅴ:除永久作用中的一种或数种,加其他可变作用中的一种或数种外,再加上施工阶段作用效应组合,分别给出强度极限状态和施工状态的分项系数,施工状态的容许应力限值可参阅相关文献。

地震作用效应组合Ⅵ:除永久作用的一种或数种加基本可变作用的一种或数种外,再加上地震作用。分别给出强度极限状态和使用极限状态的分项系数,使用极限状态的容许应力限值应依据有关规范适当提高。

2. 作用效应组合的分项系数

城市轨道交通桥梁的作用效应组合及其分项系数是依据国家标准《工程结构可靠度设

计统一标准》和《铁路工程结构可靠度设计统一标准》规定的原则制定的一本地方性标准,具有广泛的适用性和先进性。

(三) 轻轨高架结构计算

轻轨线路高架结构目前尚无系统的设计规范,现暂用《铁路桥涵设计基本规范》《地铁设计规范》《建筑结构设计规范》并参考其他有关规范,建议按以下原则进行:

(1) 结构构件的内力按弹性受力阶段计算。

(2) 预应力混凝土桥梁结构应按《铁路桥涵设计基本规范》规定验算其强度、抗裂性、稳定性、应力及变形。

(3) 计算预应力混凝连续梁内力时,应考虑温差、基础不均匀沉降以及由于混凝土收缩、徐变和预应力所引起的二次内力。计算二次内力时,还应考虑体系转换的影响。

(4) 结构应满足《铁路桥涵设计基本规范》要求的最小配筋率和最大裂缝宽度的要求。

(5) 箱梁应考虑抗扭计算。

(6) 墩顶允许位移除满足行车安全及桥梁自身的受力外,还应结合轨道结构形式做具体分析,保证轨道结构的正常使用。

(7) 计算桥墩内力时,应特别注意考虑无缝线路引起的墩顶水平力。

(8) 墩台身应验算强度、纵向弯曲稳定、墩顶弹性水平位移。

(9) 墩顶弹性水平位移、墩帽尺寸及构造要求,暂执行《铁路桥涵设计基本规范》的规定。

(10) 桩基设计考虑土的弹性抗力可按 k 法或 m 法计算。

(11) 摩擦桩设计,按土的摩阻力验算桩的承载力,按材料强度验算混凝土及钢筋应力验算桩身开裂宽度。

(12) 基础的允许沉降量应满足列车安全运营和乘客舒适度的要求,并控制在轨道结构允许变形的范围之内。

(13) 特别重要或复杂的高架结构,应进行抗震危险性评估。

1.4　轻轨桥梁结构的施工

一、轻轨桥梁下部结构施工

高架桥的下部基础形式有扩大基础、桩基础、管桩(柱)基础和沉井基础几种。它们的施工基本类同于公路桥梁的基础施工。由于基础形式的采用主要受到工程地质、水文环境、施工技术、施工进度等因素的控制。因此城市轨道基础中,较多地采用预制钢筋混凝土方桩、钻孔灌注桩等基础和单柱桩式桥墩的下部结构。

1. 基础的施工

轻轨高架桥桥墩及车站框架柱对沉降限制,要求严格。因此墩基、柱基均采用独立承台下桩基础,同时对于车站框架结构还另加连系梁,以确保整体框架结构整体性。

(1) 桩基施工

桩基规格主要有:① 预应力钢筋混凝土桩,桩径 600 mm;② 预制钢筋混凝土方桩,一般断面为 450 mm×450 mm;③ 钻孔灌注桩和挖孔桩,桩径有 800 mm、1 200 mm 和 1 500 mm 等。桩长由地质情况和承载力确定。桩基底一般埋置于粉细砂等承载力较高的持力层或基岩上。

预制桩可分为上、下两节,上节桩为 C40 混凝土,下节桩为 C35 混凝土。吊运时混凝土强度达到设计值的 85%,打桩时混凝土强度达到 100%,且龄期不小于 28 d。对打桩要求满足贯入度控制为 30～70 mm/10 击。

以下两种情况的处理:一是贯入度满足要求,但桩顶高程大于设计高程,其值小于 500 mm 时,继续锤击 30～50 次,如异常可停锤;如其值大于 500 mm 时,与设计单位联系研究决定。二是沉桩达到设计高程,但最后十击贯入度超过要求时,应超打 60 次,使贯入度满足要求。如贯入度仍不满足时,停锤 10 d 后再复打,复打后仍不满足,同样需与设计单位联系研究决定。对于与灌注桩距离小于 50 m 范围内的沉入桩,应在灌注桩龄期 28 d 后进行,或者先施工沉入桩,后施工灌注桩。

钻孔灌注桩采用强度等级不低于 C25 的水下混凝土。施工方法同公路桥梁钻孔灌注桩。当钻孔达到设计高程后,利用钻机反循环系统的泥浆持续吸砟,使孔底沉砟基本清除,并同步灌入相对比重较小的泥浆。

(2) 承台施工

当承台土方即将挖到桩顶高程时,宜改为人工挖土,避免抓斗碰坏桩头。为防止土方塌陷,应采取放坡或打钢板桩、加木支撑等支护方式。承台位于河沟范围内,如承台底高程高于河床底高程时,挖去剩余淤泥,填充碎石,排清积水后再浇混凝土。

承台模板采用大型木模,尺寸为 1.83 m×0.914 m,表面为七夹板,模板拼装采用 12 mm 拉条螺栓,拆模后凿除外露螺栓,并用砂浆修补。

2. 桥墩施工

(1) 立柱施工

为保证立柱外观的光滑、平整及内在质量,又能加快施工进度,应使用拆装方便的大型整体式钢模。施工时要现场预拼装,符合要求后,再由吊车整体吊装就位。在吊装前,须对拼缝进行嵌密处理,钢模内表面涂两次脱模剂。立柱混凝土必须连续浇筑,避免产生冷缝。对于双柱有连系梁的立柱,由于立柱模板的模数可能与连系梁位置错位,为了保证立柱混凝土外观质量,立柱采用一次成型再做连系梁的施工方法,连系横梁内预留 16 mm 钢筋,采用预埋钢筋接驳器施工。

(2) 盖梁施工

盖梁分为预应力钢筋混凝土盖梁和普通钢筋混凝土两种。盖梁自重力较大,其支架下的地基应进行预先处理,先对原状土进行压实,铺设厚 30 mm 砟石砂压实,再在支架水平投影范围内铺设厚 150 mm 强度等级为 C25 素混凝土。

盖梁脚手架采用直径 48 mm 钢管脚手,脚手管层高不大于 1.7 m,剪力管布置密度一般不小于立杆总数四分之一。脚手架的顶部水平管控制高程层,应严格按换算的高程布置,并且该管的连接扣件需要加强。

盖梁模板采用大模板形式,九夹板直接铺设于下层的 50 mm×150 mm 木板之上,50 mm×150 mm 木板平铺于下层 75 mm×150 mm 木格栅和牵杆之上。铺设前预先计算好夹板尺寸,使拼缝对称合理,并牢固密封。盖梁侧模也为木模,木模外侧设围檩,采用对拉方式固定。

3. 高架下部结构基础的基本施工方法

高架下部结构基础施工方法与公路工程结构基础施工方法基本类似。采用何种基础形式,应根据工程地质、水文地质、环境要求、施工进度等实际情况选用。如上海明珠高架轻轨线上的高架桥基础多为打入预制钢筋混凝土方桩,浇筑桩平台,其上浇筑桥墩;南京地铁1号线南北端高架桥多为钻孔灌注桩基础,单柱式桥墩。

二、轻轨桥梁上部结构施工

轨道交通的高架桥上部结构施工方法受到桥梁类型、跨径、城市环境要求、施工机械化水平等因素影响,主要有就地浇混凝土、移动模架逐孔现浇、预制拼装、顶推施工、悬臂施工、提升浮运。各种施工方法各具有优缺点和适用条件,在选择施工方法时,应做到因地制宜。

1. 无支架施工

T 梁、空心板梁一般采用预制场制作,运输至现场,运用设备进行吊装成桥或由架桥机铺设。因此采用无支架施工的方法。下面以板梁施工为例说明。

板梁分为先张法预应力空心板梁和后张法预应力空心板梁。板梁长度大,重量重,吊装高度高,一般采用双机台吊的方法。使用两部 50 t 履带吊,把杆长 22 m,把杆仰角 $75°\sim80°$,起吊质量 $19\sim31$ t,幅度 $7\sim15$ m,吊钩高度 19 m。实现双机抬吊作业的关键是因地制宜地选择吊车的最佳作业位置和动作协调,大都采用隔跨同向位或同跨同向位作业,板梁运输进入的位置基本和架设方向平行。

2. 有支架施工

对于箱梁结构或曲线桥梁等某些桥梁结构需要现场就地浇筑混凝土,就必须采用有支架施工的方法,下面以箱梁施工为例说明。

某高架桥的桥跨断面设计采用单箱双室截面,桥跨结构主要采用简支梁,标准跨径为30 m,主梁高 1.90 m,梁宽 9.00 m,腹板厚 $200\sim300$ mm。预应力钢筋采用♯15.24 mm 高强度低松弛钢绞线,标准强度 1 860 MPa,预应力系统采用每束 7 股钢绞线,在标准跨径断面上配置了 21 束,锚具采用 OVM15 – 7。

箱梁施工流程:地基处理→测量放样→脚手架→底模→第一次钢筋绑扎→钢绞线及波纹管安装→第一次混凝土浇筑→第一次拆模→第二次钢筋绑扎→钢绞线及波纹管安装→第二次混凝土浇筑→拆模→张拉→落架。

（1）基础处理

施工过程中分批张拉预应力,箱梁自重力逐步从临时支架转移到永久桥墩上,在施工过程中,临时支撑出现了较大反力,因此搭设支架前必须对地基进行处理。处理方式同盖梁脚手塔设对地基处理要求。

（2）支模体系

支模采用两种形式:一是妙 8 mm 钢管满堂脚手排架,用于不影响交通的部位,在08 mm 脚手管上端放置 75 mm×150 mm 板组成牵杆格栅,满铺九夹板。二是钢支撑平台排架用于交通要道处,确保交通的正常通行。

（3）绑扎钢筋及安装预应力波纹管

由于是预应力构件,普通钢筋的用量并不多,但梁端头的锚具区钢筋较密,因此在钢筋绑扎同时,必须注意到波纹管安放的位置,部分钢筋要等到波纹管穿好后再进行绑扎。波纹管在安装中一是要确保位置的正确性,二是要满足线形的连续性畅顺。管道与管道的接口用密封胶带缠紧,并保证接口的严密性,张拉端与固定锚垫板后通常设有螺旋筋和钢筋网。在浇混凝土时要预防管道漏浆而造成穿索和张拉困难。

另外,钢筋焊接时严格控制火星溅落,防止模板烧焦。对于使用的张拉设备,要提前进行标定检查,保证油表数据的准确性。

(4) 混凝土施工

箱梁混凝土分两次浇筑:第一次先施工箱梁翼缘以下部分,第二次施工翼缘以上部分。混凝土施工缝严格按图纸设置,水平方向在翼缘的下口设置。第二次浇筑混凝土前,按要求对施工缝进行凿毛处理。由于每次浇筑混凝土数量都较大,因此在每一次浇筑前需协调混凝土的供应,充分做好混凝土浇筑准备工作,每次混凝土浇筑应在初凝前完成。要求混凝土供应有连续性,并控制混凝土初凝时间。混凝土浇筑由一端向另一端进行(由低向高处),泵车放料控制好速度,浇筑高度要均匀。在混凝土浇筑过程中,避免振捣器直接碰撞波纹管和预埋件等。施工的同时对支架体系及模板体系进行观测,防止发生过大变形。

箱梁混凝土在养护过程中必须严防发生裂缝等现象,宜采用湿润养护。当混凝土收水结束后,用土工布覆盖并浇水保持浸湿状态。对于处在冬季施工,要采用必要的防冻措施。一般在收工后先盖一层塑料薄膜,再覆盖土工布进行保温养护。

2. 桩基支墩和贝雷架平台支模方案

对于特别软弱的地基,又要跨越一定跨度的障碍时,可以选用桩基支墩和贝雷架平台支模方案。跨中布置两排桩基支墩,两侧用原结构系梁(承台)作支墩,实际形成 10 m+10 m+10 m=30 m 的跨度布置。跨中每排桩基支墩设 3 个支承台,每个支承台下布置 2 根直径 400 mm 长约 20 m 的水泥粉煤灰碎石桩。

贝雷架平台以纵横梁形式布置,横梁为主梁,双榀贝雷片组合,横桥向搁置于支承台上。纵梁为次梁,双榀贝雷片组合,纵桥向搁置于贝雷片横梁上。在贝雷桁架平台上布置双榀 20 号槽钢作为枕梁,间距为 1 m。槽钢枕梁之上为常规的直径 48 mm 钢管支架及竹夹板底模。

3. 预制节段拼装施工

箱梁跨径比预制空心板梁大,桥梁完成后也较之美观,但箱梁施工中一般要搭设满堂脚手架,因此在施工过程中有时会严重妨碍周围环境和现有交通,增加了施工组织难度,难以把握施工质量,也难以形成产业化。为此,设计把箱梁按模块进行,采用体外预应力结构设计方案。相应的施工方法即根据跨径把箱梁分成 3 m 的标准节段和 1.5 m 的墩顶锚固节段,并对节段进行编号。

在预制过程中,下一节段的接头利用已预制好的上一节段混凝土箱梁的连接面作为模板,进行镶接预制,确保接头接触面的密贴吻合。

现场施工过程中,采用架在桥墩两侧支架上的钢制架梁来架设预制箱梁节段,在钢制架梁上拼装预制节段。钢制架梁比跨径尺寸略长。

为确保节段之间的密贴,各预制节段接头接触面还预留有安装齿块。预制节段逐块镶接拼装,待全部在钢制架梁上就位后,再布置并张拉体外预应力钢索。张拉结束后,将钢制架前移并安装到下一跨,依此类行。

(1) 施工下部结构,同时预制上部结构箱梁节段。

（2）上部结构逐跨施工，拼装桥墩支架，架设钢制架梁，梁上拼装预制节段。

（3）张拉体外预应力钢索，形成整跨结构。

（4）前移墩支架和钢制架梁，进行下一跨施工。

三、轻轨高架车站施工

轻轨高架车站通常为地上三层钢筋混凝土框架体系结构，顶盖为轻型钢网架，上覆盖彩色钢板屋面。

轻轨车站框架结构的地面框架部分按房屋建筑框架结构施工。

轻轨车站的框架结构与线路轨道结构分离的结构中的线路结构按高架桥结构施工，车站框架结构则按房屋建筑的框架结构施工。

任务 2　寒区桥梁施工

一、桥涵冬季施工要求

冬季施工是指根据当地多年气温资料，室外日平均气温连续 5 天稳定低于 5 ℃时混凝土、钢筋混凝土、预应力混凝土及砌体结构工程的施工。冬季施工应遵照以下规定内容：

（1）冬季施工的工程，应预先做好冬季施工组织计划及准备工作，对各项设施和材料应提前采取防雪、防冻等措施，对钢筋的冷拉和张拉，还应专门制定施工工艺要求及安全措施。

（2）冬季施工期间，用硅酸盐水泥或普通硅酸盐水泥配制的混凝土，在抗压强度达到设计强度的 40％及 50 MPa 前，用矿渣硅酸盐水泥配制的混凝土，在抗压强度达到设计强度的 50％前，不得受冻。未采取抗冻措施的浆砌砌体，在砂浆抗压强度达到 70％前不得受冻。

（3）基础的地基（永冻地区除外），在工程施工时和完工后，均不得受冻。

（4）冬季铺设防水层时，应先将结构物表面加热至一定温度，并应按防水层冬季施工的有关规定执行。

（5）冬季施工时，应制定防火、防冻、防煤气中毒等安全措施，并与当地气象部门取得联系，做好气温观测工作。

二、钢筋混凝土及预应力混凝土冬季施工

（一）钢筋的焊接、冷拉及张拉的技术要求

（1）焊接钢筋宜在室内进行，当必须在室外进行时，最低温度不宜低于 −20 ℃，并应采取防雪挡风措施，减小焊件温度差，焊接后的接头严禁立刻接触冰雪。

（2）冷拉钢筋时的温度不宜低于 −15 ℃，当采取可靠的安全措施时可不低于 −20 ℃；当采用控制应力或冷拉率方法冷拉时，冷拉控制应力宜较常温时酌予提高，提高值应经试验确定，但不得超过 30 MPa。

（3）张拉预应力钢材时的温度不宜低于 −15 ℃。

（4）钢筋的冷拉设备、预应力钢材张拉设备及仪表工作油液，应根据实际使用时的环境温度选用，并应在使用时的环境温度条件下进行配套校验。

（二）混凝土配制和搅拌的技术要求

（1）配制混凝土时，宜优先选用硅酸盐水泥、普通硅酸盐水泥，水泥的强度等级不宜低于42.5，水灰比不宜大于0.5。采用蒸汽养护时，宜优先选用矿渣硅酸盐水泥。用加热法养护掺加外加剂的混凝土，严禁使用高铝水泥。使用其他品种的水泥时，应注意其掺合材料对混凝土强度、抗冻、抗渗等性能的影响。

（2）浇筑混凝土宜掺用引气剂、引气型减水剂等外加剂，以提高混凝土的抗冻性。在钢筋混凝土中掺用氯盐类防冻剂时，氯离子含量不得超过规定，且不宜采用蒸汽养生。当采用素混凝土时，氯盐掺量不得大于水泥质量3%。预应力混凝土不得掺用引气剂、引气型减水剂及氯盐防冻剂。掺用的引气剂、引气型减水剂及防冻剂，应符合现行国家标准《混凝土外加剂》（GB8076）的规定。

（3）拌制混凝土的各项材料的温度，应满足混凝土拌和物搅拌合成后所需的温度。当材料原有温度不能满足需要时，应首先考虑对拌和用水加热，仍不能满足需要时，再考虑对集料加热。水泥只保温，不得加热。各项材料需要加热的温度应根据相关公式计算确定，但不得超过表6-2-1规定。

表 6-2-1 拌和水及骨料最高温度（℃）

项　　目	拌和水	骨料
强度等级小于52.5的普通硅酸盐水泥、矿渣硅酸盐水泥	80	60
强度等级等于或大于52.5的普通硅酸盐水泥、矿渣硅酸盐水泥	60	40

注：当骨料不加热时，水可以加热到100℃，但水泥不应与80℃以上的水直接接触。投料顺序为先投骨料和已加热的水，然后再投入水泥。

（4）冬季搅拌混凝土时，骨料不得带有冰雪和冻结团块。严格控制混凝土的配合比和坍落度；投料前，应先用热水或蒸汽冲洗搅拌机，投料顺序为骨料、水，搅拌，再加水泥搅拌，时间应较常温时延长50%。混凝土拌和物的出机温度不宜低于10℃，入模温度不得低于5℃。

（三）混凝土运输和浇筑的技术要求

（1）混凝土的运输时间尽可能缩短，运输混凝土的容器应有保温措施。

（2）混凝土在浇筑前应清除模板、钢筋上的冰雪和污垢，成型开始养护时的温度，用蓄热法养护时不得低于10℃；用蒸汽法养护时不得低于5℃，细薄结构不得低于8℃。

（3）冬季施工接缝混凝土时，在新混凝土浇筑前应先加热使接合面有5℃以上的温度，浇筑完成后，应采取措施使混凝土接合面继续保持正温，直至新浇筑混凝土获得规定的抗冻强度。

（4）浇筑预应力混凝土构件的湿接缝时，宜采用热混凝土或热水泥砂浆，并应适当降低水灰比。浇筑完成后应加热或连续保温养护，直至接缝混凝土或水泥砂浆抗压强度达到设计强度的75%。

（5）预应力混凝土的孔道压浆应在正温下进行，具体要求按规定执行。

图 6-2-1　冬季施工暖棚

图 6-2-2　冬季施工暖棚

图 6-2-3　冬季施工暖棚

(四) 混凝土养护的技术要求

(1) 混凝土的养护方法,应根据技术经济比较和热工计算确定。当气温较低、结构表面系数较大,蓄热法不能适应强度增长速度要求时,可根据具体情况,选用蒸汽加热、暖棚加热或电加热等方法。

(2) 用蓄热法养护混凝土时,应符合下列规定:

① 蓄热方法应根据环境条件,经过计算在能确保结构物不受冻害的条件下采用。

② 应采取加速混凝土硬化和降低混凝土冻结温度的措施。

③ 混凝土应采用较小的水灰比。

④ 对容易冷却的部位,应特别加强保温。

⑤ 不应往混凝土和覆盖物上洒水。

(3) 用蒸汽加热法养护混凝土时,除按规定执行外,混凝土的升、降温速度不得超过表 6-2-2 规定内容。

表 6-2-2　加热养护混凝土的升、降温速度(℃/h)

表面系数(m⁻¹)	升温速度	降温速度
≥6	15	10
<6	10	5

注:1. 大体积混凝土应根据实际情况确定;
　　2. 表面系数系指结构冷却面积与结构体积的比值。

(4) 用电热法养护混凝土时,一般采用电极法和电热器加热法。

(5) 用暖棚法加热养护混凝土时,应符合下列规定:

① 暖棚应坚固、不透风,靠内墙宜采用非易燃性材料。

② 在暖棚中用明火加热时,需特别加强防火、防煤气中毒措施。

③ 暖棚内气温不得低于 5 ℃。

④ 暖棚内宜保持一定的湿度,湿度不足时,应向混凝土面及模板上洒水。

(6) 模板的拆除应符合下列规定:

① 根据与结构同条件养护试件的试验,证明混凝土已达到要求的抗冻强度及拆模强度后,模板方可拆除。

② 加热养护结构的模板和保温层,在混凝土冷却至 5 ℃ 以后方可拆除。当混凝土与外界气温相差大于 20 ℃ 时,拆除模板后的混凝土表面应加以覆盖,使其缓慢冷却。

(7) 掺用防冻剂的混凝土养护应符合下列规定:

① 在负温条件下严禁浇水,外露表面必须覆盖养护。

② 养护温度不得低于防冻剂规定的温度,当达不到规定温度,且混凝土强度小于 3.5MPa 时应采取加热保温措施。

③ 当拆模后混凝土的表面温度与环境温度差大于 15 ℃ 时,混凝土表面应覆盖保温养护。

(五) 灌注桩冬季施工

灌注桩混凝土的冬季施工,主要是保证混凝土在灌注时不冻结,能顺利灌注,一般情况不需要养护,只有在桩头露出水面或地面或虽未露出水面、地面,但在冰冻范围之内时,才进行桩头混凝土的覆盖保温养护,覆盖的厚度应当考虑到钢筋导热的影响。灌注桩混凝土冬季施工的要求如下:

(1) 灌注桩混凝土的配制和搅拌同前面规定,灌注时对拌和物的温度要求不低于 5 ℃。

(2) 混凝土的运输要求同前面规定。

(3) 混凝土不准掺防冻剂、抗冻剂。

(4) 混凝土灌注的其他要求不变。

三、砌体工程冬季施工

(一) 材料

(1) 砌体应干净,无冰霜附着;砂中不得含有冰块或冻结团块。遇水浸泡后受冻的砌块不能使用。

(2) 冬季施工的砌筑砂浆必须保持正温,砂浆与石材表面的温度差不宜超过 20 ℃。石灰膏不宜受冻,如有冻结,应经融化并重新拌和后方可使用,但因受冻而脱水者不得使用。

(3) 冬季砌筑砌体,只准使用水泥砂浆或水泥石灰砂浆,不准使用无水泥配制的砂浆,砂浆宜采用普通硅酸盐水泥拌制。砂浆应随拌随用,搅拌时间应比常温时增加 0.5~1 倍,砌石砂浆的稠度要求 40~60 mm。

(4) 小石子混凝土的配制和使用,应符合有关规定。

(二) 保温法砌筑

(1) 砌体在暖棚中砌筑时,应符合下列规定:

① 砌块的温度应在 5 ℃ 以上。

②砂子和水加温后拌制的砂浆,其温度不得低于15℃,加温计算方法同混凝土。

③室内地面处的温度不得低于5℃。

④砂浆的保温时间应以达到其抗冻强度的时间为准。

⑤养护时应洒水,保持砌体湿润。

(2)冬季施工前后气温突然降低时,正在施工的砌体工程应采取下列措施:

①拌和砂浆的材料加热,水温不得超过80℃,砂子不得超过40℃,使砂浆温度不低于20℃。

②拌制砂浆的速度与砌筑进度密切配合,随拌随用。

③砌完部分用保温材料覆盖,气温低于5℃时,不得洒水养护。

(三)抗冻砂浆砌筑

氯化钠或氯化钙掺量超过早强水泥砂浆或水泥混合砂浆,称为抗冻砂浆。

(1)抗冻砂浆在严寒地区宜采用硅酸盐水泥或普通硅酸盐水泥,其他地区可采用矿渣水泥、火山灰水泥或粉煤灰水泥。

(2)抗冻砂浆使用时的温度不得低于5℃。当一天中最低气温低于-15℃时,承重砌体的砂浆强度宜按常温时提高一级。

(3)用抗冻砂浆砌筑的砌体,应在砌筑后加以覆盖,但不得浇水。

(4)抗冻砂浆的抗冻剂掺量可通过试验确定。

(5)桥梁支座垫石不宜采用抗冻砂浆。

(四)工程质量检查

1.桥涵工程

冬季施工时,混凝土、钢筋混凝土、预应力混凝土工程的质量除应检查规定内容外,还应检查混凝土在浇筑及养护期间的环境温度。冬季施工还应进行下列检查:

(1)混凝土用水和骨料的加热温度。

(2)混凝土的加热养护方法和时间等。检查结果应分别记入混凝土工程施工记录和温度检查记录。

(3)骨料和拌和水装入搅拌机时的温度、混凝土自搅拌机倾出时的温度及浇筑时的温度,每一工作班应至少检查3次。

(4)混凝土在养护期间温度的检查,不应少于下列次数:

①用蓄热法养护时,每昼夜定时4次。

②用蒸汽加热法及电加热法养护时,升温及降温期间每小时1次,恒温期间每两小时1次。

③室内外环境温度,每昼夜定时定点4次。

(5)检查混凝土温度时,应符合有关规定。

(6)混凝土冬季施工时,除留标准养护试件外,并应制取相同数量与结构同条件养护的试件。冬季施工混凝土质量的评定方法与常温施工混凝土相同。

2.砌体工程

(1)砌体冬季施工时,应注意进行下列检查并记入施工记录:

①室外气温、暖棚气温及砂浆温度,每昼夜定时检查不少于3次。

②抗冻剂的掺量,每一工作班检查不少于1次。

（2）砌体冬季施工时，砂浆强度应以在标准条件下养护 28 d 的试件试验结果为准。试件制取组数不应少于常温下施工的试件组数。每一单元砌体应同时制取与砌体同条件养护的试件，以检查砂浆强度实际增长情况。砂浆强度的评定方法与常温施工的砂浆相同。

四、工程实践案例：大体积混凝土冬季施工控制技术

（一）工程概况

哈尔滨绕城高速公路西段松花江大桥是我国高寒地区首座大跨径公路斜拉桥。大桥全长 1 268.86 m，主孔全长 696 m，主桥横向全宽 33.2 m，双向四车道。主桥的结构型式为双塔双索面、钢—砼结合梁斜拉桥，由三跨斜拉桥和两个过渡跨结构组合而成；塔墩固结一体、塔与主梁纵向活动支承，属塔墩固节、塔梁支承式半悬浮体系，过渡跨与斜拉桥主梁连续。

松花江大桥主墩承台尺寸为 54.5 m×15 m×5 m，砼标号为 C30，砼量为 3 674.5 m^3，属于大体积砼。其施工期正值 11 月份，此时黑龙江省日平均气温已经远远低于 5 ℃，早已进入冬季施工阶段。因此，在大桥主墩承台施工时考虑重点如何降低大体积砼内部的最高温升和提高砼外部的环境温度，使其内外温差控制在 25 ℃以内，从而避免由于温差过大而使砼产生温度裂缝。针对大体积砼的施工特点并结合施工时的具体情况，采取了"内降外保"的施工技术及先进的温度测控技术。

（二）施工技术

1. "内降"技术

所谓"内降"，就是在保证砼强度及品质的前提下通过降低水泥用量、加入外掺料和外掺剂、降低砼入模温度，分层浇注、布设冷却水管等措施来降低砼的内部温升。

（1）砼原材料的选择

① 水泥选择

水泥选用低水化热水泥，我们选取了哈尔滨水泥厂的 PO32.5 水泥进行了水化热和强度实验，实验证明哈尔滨水泥厂的 PO32.5 水泥发热量小、强度高，能够满足本桥大体积砼施工的技术要求。具体实验结果如下：

表6-2-3　水泥水化热数据

序号	样品名称	1 天放热量(cal/g)	3 天放热量(cal/g)	7 天放热量(cal/g)	最大温升(℃)
1	哈水 PO32.5	33.15	54.44	67.83	14.5

表6-2-4　水泥强度实验数值

序号	样品名称	抗折强度（Mpa）		抗压强度（Mpa）	
		3 d	28 d	3 d	28 d
1	哈水 PO32.5	4.5	8.8	18.1	50.7

② 粉煤灰选择

在保证砼强度的情况下，大体积砼中掺入一定量的粉煤灰可以降低砼的早期水化热，提高砼的可泵性，我们选取了阿城热电厂的一级增钙粉煤灰进行了实验，实验结果表明阿城热电厂的一级增钙粉煤灰的各项性能指标均符合要求，可以在本工程中使用，实验结果如下：

表6-2-5 粉煤灰性能指标

样品名称	性能指标				
	细度(%)	需水量比(%)	烧失量(%)	含水量(%)	三氧化硫(%)
阿城热电厂一级增钙粉煤灰	3.5	94.8	0.2	0.01	0.06

③ 外加剂选择

大体积砼中掺入一定量的缓凝剂,可以降低大体积砼早期的水化放热速率、降低水泥水化过程中的放热峰值,从而达到降低砼内部温升的目的。我们选取了黑龙江省寒地建筑科学院的 LNC-51 型外加剂进行了实验,实验结果表明,掺入 LNC-51 型外加剂砼具有特别好的流化效果和较小的坍落度损失。

④ 集料选择

要求级配良好,质地坚硬,颗粒洁净。细集料细度模数在 2.5～3.0 之间,含泥量≤2%;粗集料要求 5～31.5 mm 连续级配,含泥量≤1%。

(2) 砼配合比设计

大体积砼配合比应满足设计标号、泵送工艺性、低水化热、缓凝等要求。根据大体积砼施工的实际情况,我们选取水泥用量、粉煤灰用量、砂率、缓凝剂掺量四个因素进行水平正交试验,然后进行极差分析、绘出影响因素与强度的关系曲线,最后确定出施工配合比。

表6-2-6 28天强度极差分析结果

列号	1	2	3	4	抗压强度(Mpa)
因素	水泥用量(kg/m³)	粉煤灰用量(占水泥用量的%)	砂率(%)	缓凝剂(占水泥用量的%)	X_i
1	310	25	36	0.15	47.3
2	310	30	38	0.20	48.8
3	310	35	40	0.25	56.4
4	330	25	38	0.25	58.5
5	330	30	40	0.15	54.2
6	330	35	36	0.20	62.9
7	350	25	40	0.2	53.3
8	350	30	36	0.25	65.4

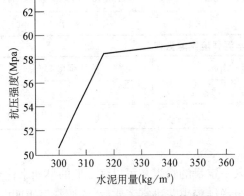

图6-2-4 水泥用量与强度的关系

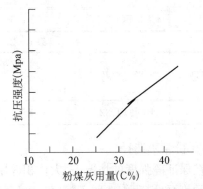

图6-2-5 粉煤灰用量与强度的关系

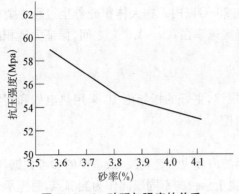

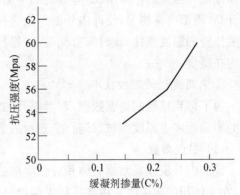

图 6-2-6　砂砾与强度的关系　　　　　图 6-2-7　缓凝剂掺量与强度的关系

根据 28 天强度极差分析结果,确定的施工配合比及性能指标如下表:

表 6-2-7　砼配合比及性能检验

设计标号	配合比	水胶比	砂率(%)	水泥用量(kg/m³)	粉煤灰用量(kg/m³)	外加剂用量(%)	石料品种
C30	1:1.73:2.58	0.38	40	310	109	1.6	碎石

坍落度(cm)	凝结时间		抗压强度(MPa)				容重(kg/m³)
185	初凝	终凝	3 d	7 d	28 d	60 d	2 390.8
	27 h 48 min	33 h 42 min	15.8	28.0	46.4		

（3）分层浇注

为了减少砼内部的发热量,降低温升峰值,承台大体积砼施工时采用分层浇注、设置水平工作缝的施工方法。第一次浇注 3 m,第二次浇注 2 m。待第一次砼强度达到 10 Mpa 以上进行凿毛处理。砼内部温度降到 35 ℃以下后进行第二次砼浇注,浇注时严格控制砼的入模温度,保证第一、二层砼的温差在 25 ℃以内,避免由于温度梯度过大而造成砼衔接部位的裂缝。

（4）布设冷却水管

在砼浇注前埋置 5 层 ϕ25 mm 冷却水管,水平布置在砼不同层面内,层间距 1.0 m。管间距 1.2 m。当砼浇筑至冷却水管标高后,立即通入冷却水,利用循环水带走砼内部的部分热量,从而有效降低砼水化热最高峰值,减小砼内外温差造成的拉应力,防止裂缝的形成。循环水要随时调节水温,保证循环过程中与砼内部的温差在 20 ℃～25 ℃之间,流量控制在 10～20 升/分,控制降温速率,避免由于温差过大和温降过快而造成砼的内部裂缝。

2.“外保”技术

由于承台施工正值 11 月份,此时日平均气温已远远低于 5 ℃,早已进入了冬季施工阶段,施工时采用蒸气锅炉加热,暖棚蓄热的方法进行保温。棚内设置蒸气排管,内通蒸气进行加热。在承台砼浇注完成、收浆后,用一层聚乙烯塑料和一层麻袋片覆盖,进行保水养生,从而保证砼强度的正常增长,降低砼的干缩应力,防止砼表面裂缝的产生。随着砼内部温度的升高,逐渐提高棚温,使砼内外温差始终控制在 25 ℃以内。在大体积砼养生过程中要密切关注砼的温度变化,随时调节棚温,严格控制降温速率在 0.9~1.5 ℃之间,保证大体积砼的内在质量。

3. 采用先进的温控技术

为了得到精确的测温数据,掌握温升与温降规律,更好的指导施工,采用热电偶和高精度的多功能多点温度测试仪进行全过程的温度测控。

(1)温点布置

砼的内外温差是监测大体积砼强度形成早期的内部应力最直接、最重要的参考数据,因此,在大体积砼施工时采用高灵敏度的热电偶埋置于承台的不同层面作为测温点,每座承台共计 61 点,具体布置如图 6-2-9。

(2)测温数据分析

2001 年 11 月 6 日和 2001 年 11 月 17 日分别进行了 8♯承台第一、二层砼浇注,砼浇注持续时间分别为 64 小时和 44 小时。入模平均温度分别为 11 ℃和 12 ℃。根据多功能多点测温仪的记录结果,绘制出 8♯承台砼 B3 点的温度变化曲线。

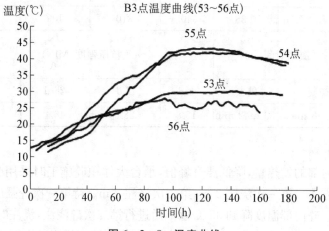

图 6-2-8 温度曲线

由温度记录结果及温度变化曲线可以看出:

① 8♯承台第一次砼浇注,入模温度 11.37 ℃,砼内部最高温度 43.36 ℃,最高温升 21.99 ℃,达到时间 114 小时。出现在距底面 2 m,第 55 个测温点处。

② 由砼底面向上第 53、54、55、56 点温度峰值分别为 30.36 ℃、42.04 ℃、43.36 ℃、27.88 ℃,达到时间分别为 140、126、114、94 小时,可以看出由砼底面向上温度峰值逐渐增高,达到时间逐渐提前。但接近砼表面时,温度峰值突然下降,并且波动较大,说明砼表面温度受外部环境温度影响较大。

③ 由温度曲线可以看出,砼内部的降温速率比砼表面要快,说明冷却管的降温效果比较明显。

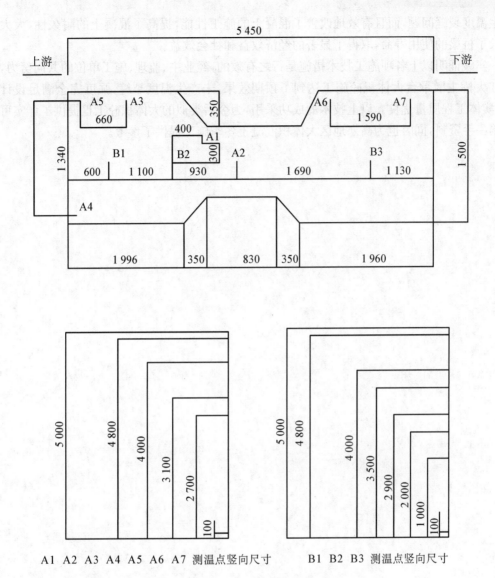

A1 A2 A3 A4 A5 A6 A7 测温点竖向尺寸   B1 B2 B3 测温点竖向尺寸

图 6-2-9 测点布置图

说明：1. 本图尺寸以 cm 计。

2. 边缘点距砼外边缘 80 cm。

3. 测温点编号 A5(1～5)；A2(6～11)；A3(12～16)；B1(36～40)；A4(24～28)；B2(29～35)；A1(36～40)；A7(41～47)；B3(48～54)；A6(55～61)

（三）结论

（1）通过"内降外保"技术的应用，实现了温度控制、裂缝控制的目标，达到了很好的工程质量效果，取得了寒冷地区大体积混凝土冬季施工宝贵经验，实体工程质量优良。

（2）"内降"技术在优化混凝土配合比设计、选取原材料、测定混凝土工作性能和力学性能、测温控温等方面取得了大量的试验数据，从而成功地实现了寒冷地区桥梁冬季施工大体积混凝土温度裂缝的有效控制。

（3）施工配合比中通过采用双掺技术，不仅成功地解决了高寒地区大体积混凝土施工产生温度裂缝问题,而且有效地改善了混凝土的施工性能,提高了混凝土的耐久性,大大地延长了桥梁的使用寿命,取得了显著的经济效益和社会效益。

实践证明以上各项施工技术措施是行之有效的,经业主、监理、施工单位的共同努力,松花江大桥主墩承台大体积砼施工达到了预期效果,未产生温度裂缝,强度完全满足设计要求,实体工程质量优良。以上技术的成功采用,为今后类似的大体积砼工程提供了详实可靠的第一手资料,同时也为高寒地区大体积混凝土冬季施工提供了参考。

附 表

计 划 单

学习领域	桥涵工程施工			
学习情境		学 时		
工作任务		学 时		
计划方式	小组讨论、团结协作共同制定计划			
序号	实施步骤		使用资源	
1				
2				
3				
4				
5				
6				
7				
8				
9				
制定计划说明				
计划评价	班 级		第 组	组长签字	
	教师签字		日 期	
	评语：			

决 策 单

学习领域	桥涵工程施工		
学习情境		学　时	
工作任务		学　时	
方案讨论					

方案对比	组号	方案合理性	实施可操作性	安全性	综合评价
	1				
	2				
	3				
	4				
	5				
	6				
	7				
	8				

方案评价	班　级		第　组	组长签字	
	教师签字			日　期	
	评语：				

实　施　单

学习领域	桥涵工程施工		
学习情境		学　时	
工作任务		学　时	
实施方式	小组成员合作、动手实践		
序　号	实施步骤		使用资源
1			
2			
3			
4			
5			
6			
7			
8			
9			
10			

实施说明：

实施评价	班　级		第　　组	组长签字	
	教师签字			日　期	
	评语：				

检 查 单

学习领域	桥涵工程施工			
学习情境			学时	
工作任务			学时	
序号	检查项目	检查标准	学生自查	教师检查
1	咨询问题	回答得认真、准确		
2				
3				
4				
5				
6				
7				
8				
9				

	班　级		第　组	组长签字	
	教师签字			日　期	
检查评价	评语：				

评　价　单

学习领域		桥涵工程施工			
学习情境				学时	
工作任务				学时	
评价类别	项　目	子项目	个人评价	组内互评	教师评价
专业能力	资讯(10%)	搜集信息及引导问题回答			
	计划(5%)	计划可执行性和安排合理性			
	实施(20%)	实施的完整性、合理性及可执行性			
	检查(10%)	全面准确性和特殊情况处理			
	过程(5%)	安全合理、符合操作规范			
	结果(10%)	准确性、快速性			
社会能力	团结协作(10%)	合作情况及对小组贡献度			
	敬业精神(10%)	吃苦耐劳及遵守纪律			
方法能力	计划能力(10%)	计划条理性			
	决策能力(10%)	方案正确性			
评价评语	班　级		姓　名		学号　　总评
	教师签字		第　组	组长签字	日期
	评语:				

教学反馈单

学习领域	桥涵工程施工			
学习情境		学时		
工作任务		学时		
序号	调查内容	是	否	理由陈述
1				
2				
3				
4				
5				
6				
7				
8				
9				
10				
11				
12				

你的意见对改进教学非常重要,请写出你的建议和意见。

被调查人签名		调查时间	

参考文献

[1] 中华人民共和国行业标准.公路桥涵施工技术规范(JTG F50—2011)[S].北京:人民交通出版社,2004.

[2] 中华人民共和国行业标准.公路桥涵设计通用规范(JTG D60—2004)[S].北京:人民交通出版社,2004.

[3] 中华人民共和国行业标准.公路桥涵地基与基础设计规范(JTG D63—2007)[S].北京:人民交通出版社,2004.

[4] 中华人民共和国行业标准.公路钢筋混凝土及预应力混凝土桥涵设计规范(JTGD62—2004)[S].北京:人民交通出版社,2004.

[5] 王瑞雪.桥梁工程施工技术[M].北京:中国铁道出版社,2018.

[6] 杨化奎,温巍.大跨径桥梁工程施工技术优化方法研究[M].长春:吉林科学技术出版社,2019.

[7] 杨化奎.寒区路桥工程施工技术[M].北京:中国铁道出版社,2013.

[8] 申爱国.桥梁工程施工技术[M].武汉:武汉大学出版社,2016.

[9] 中华人民共和国行业标准.公路桥涵养护规范(JTG H11—2004)[S]. 北京:人民交通出版社,2011.

[10] 中华人民共和国国家标准.钢—混凝土组合桥梁设计规范(GB 50917—2013)[S].北京:中国计划出版社,2013.

[11] 张庆芳,张志国.公路桥梁混凝土结构设计原理[M].天津:天津大学出版社,2010.

[12] 姚玲森.桥梁工程[M].北京:人民交通出版社,2008.

[13] 中华人民共和国行业标准.公路圬工桥涵设计规范(JTG D61—2005)[S].北京:人民交通出版社,2005.

[14] 张树仁,黄侨.结构设计原理[M].北京:人民交通出版社,2010.

[15] 中华人民共和国行业标准.钢结构设计规范(GB 50017—2003)[S].北京:中国计划出版社,2003.

[16] 叶见曙.公路旧桥病害与检查[M].北京:人民交通出版社,2012.